谷|园|讲|通|鉴

这才是秦汉

谷园／著

天地出版社｜TIANDI PRESS

图书在版编目（CIP）数据

谷园讲通鉴：这才是秦汉 / 谷园著. —成都：天地出版社，2018.1（2021.9重印）

ISBN 978-7-5455-2835-0

Ⅰ. ①谷… Ⅱ. ①谷… Ⅲ. ①中国历史—秦汉时代—通俗读物 Ⅳ. ①K209

中国版本图书馆CIP数据核字（2017）第196929号

谷园讲通鉴：这才是秦汉

出 品 人	杨 政
著 者	谷 园
责任编辑	张秋红
内文插图	多多卡通工作室
封面设计	思想工社
电脑制作	思想工社
责任印制	葛红梅

出版发行	天地出版社
	（成都市槐树街2号　邮政编码：610014）
网 址	http://www.tiandiph.com
	http://www.天地出版社.com
电子邮箱	tiandicbs@vip.163.com
经 销	新华文轩出版传媒股份有限公司

印 刷	廊坊市印艺阁数字科技有限公司
版 次	2018年1月第1版
印 次	2021年9月第2次印刷
成品尺寸	160mm×240mm　1/16
印 张	20
字 数	280千字
定 价	68.00元
书 号	ISBN 978-7-5455-2835-0

历史是生活的老师

有道是，计划赶不上变化。这也算是一条历史经验吧。

我本来计划只写八本国学励志书，分别是关于曾国藩和"四书"、《易经》、"黄老"、《庄子》《韩非子》《史记》《资治通鉴》的。要把这些最重要的国学经典的老酒装进励志书的新瓶子，接上地气，让普通老百姓都能看得懂、学得会，我就算功德圆满了，既为往圣继绝学，又开创了一个新的图书门类——国学励志。

按照这个计划，写完《吃透曾国藩》《人生四书》《简易经》之后，我就应该接着写道家的黄老。写到十几万字时，我感觉得调整一下。因为道家出于史官，道家的理念得用历史来验证和支撑，如果没写过历史方面的书，上来就写道家，会单薄，不让人信服。

于是，我把计划中对《资治通鉴》的解读提前。之所以不是《史记》，是因为王立群讲《史记》比较有名，易中天讲《三国》比较有名，没人讲《资治通鉴》比较有名，我希望自己是那个人。

然后，写了四十多万字的书稿，写到了南北朝，大致还得四十多万字，可以写完。这时，开始担心这么厚的书没人买。

怎么办？改变计划，做视音频。

当下基于电视与互联网的视音频技术的发展，对中国文化传播意义非凡。我认为，中国文化在一百年前经历了一次大变化，从文言文过渡到白话文。现在，又经历一次大变化，就是从文字过渡到视音频。文言文好比马车，白话文好比汽车，视音频好比动车。我要让国学经典接地气，就得把马车上的东西，搬到汽车上，也搬到动车上。

于是，在黄骅电视台的支持下，有了这个中国首档国学励志脱口秀节目《谷园讲通鉴》。现在您拿在手上的这本书，是被我改到吐血的终极文字版。我先前写的那四十多万字初稿是非常简洁的风格，适合出书，不适合演播，做节目时完全推倒重写；写出演播稿来，现场录制时还要调整；录完后，节目制作时还要修订，时不时得插入个"谷园补白"；然后，从节目再还原成书稿的形式，又费了很大的功夫；最后，按出版标准，编辑还要修改。

在这个艰苦的过程里，内容更加严谨了，同时，计划又变了，想法更大了。

本来，只计划把《资治通鉴》里精华精彩的思想和故事从头到尾串下来，让它生动好看，也就完了。可是，一旦做成节目，一期期地播放，就希望每一期节目的内容都是越丰富越好，越生动越好，越有思想越好，越准确越好。

于是，很自然地，内容不再局限于《资治通鉴》，而是着眼于《史记》等第一手史料，还有相关的各种国学经典。《资治通鉴》则成为一个讲述的框架，一个筐。您会看到，很多直接引用文言文的地方，标注的都是《史记》中的出处。后面，直到汉武帝之前的内容，也都会是这样的，我把大半部《史记》都装进了这个筐里。

以第一部《这才是战国》来讲，不少内容是从《战国策》里选的，《资治通鉴》中没有。在讲到吕不韦和韩非子时，则花了很大的功夫讲《吕氏春秋》和《韩非子》。我把这三部经典中的精彩思想也都装进了这个筐里。

我这样做，其实有人早就帮我做好了背书，就是英国哲学家柯林伍德，他有句名言：一切历史都是思想史。我就是在讲一部有思想的历史。

这也正是中国传统的历史观。中国史家的宗师是孔子，孔子作《春秋》为的是微言大义，建立中国人的价值传统。司马迁著《史记》为的是究天人之际，通古今之变。司马光编《资治通鉴》为的是教给皇帝如何治国平天下。二十四史不是人物事件的罗列，不是故事会，而是中国人曾经的思想、智慧、精神的总结。用曾国藩的话讲，就是：经济之学，诸史咸备。历史是经世济人的思想学问。

还有一位给我背书的哲学家是意大利的克罗齐，他讲：一切历史都是当代史。中国人爱讲，以史为鉴。把历史当镜子，照见的肯定是当下的自己。立足当下，既是研究历史的态度，又是讲历史的手段。我尽量多地把当下的元素，包括热门的人物、事件、电影，甚至段子，也都装进这个筐里，让历史变得更加亲和、生动。

历史本来离我们也不远，秦皇汉武踩过的大地，仍然在我们脚下。很多表面的东西可能变了，而更多本质的东西都没变。

克罗齐还讲过一句西方的老话：历史是生活的教师。

这跟我的国学励志理念非常契合。历史包含着海量的人生经验，教给我们怎样思考和解决生活所面临的各种问题。

以我自己为例，我是一个小城中的小人物，像上蔡的李斯一样，过着平凡的日子，揣着伟大的梦想。

李斯怎么办呢？他怎样追求梦想，实现人生价值呢？他分两步走：先是学习，拜荀子为师，努力提高自己的学识；然后上到更高的平台上，继续学习，等待机会，等机会一到，他有能力抓住，就成功了。

我也可以这样。为了生计而努力的同时，坚持学习；而互联网就是一个更高的平台，我把书和节目搬上了互联网，在这个平台上继续努力。

我真诚地感谢黄骅电视台节目组，感谢天地出版社编辑团队，感谢爱奇艺和蜻蜓FM的朋友，感谢黄骅市委领导，感谢张洪瑞、关世杰、王英明、曹胜高等前辈，谢谢你们的支持与包容。

最后，再打两句小广告吧。

一是，宣传我的国学励志理念的：

激励精神、广求智慧，让国学经典接地气。

二是，宣传《谷园讲通鉴》的：

最牛的人、最酷的事儿、最经典的智慧、最极致的精神，上下千年、生死兴衰，尽在谷园讲通鉴。

谷园讲通鉴，这才是历史。

刘邦让身处底层的我们看到希望

这是上承战国时期，《资治通鉴》记载的第二段历史：秦汉时期。

严格来讲，这个时期是从公元前221年秦朝建立，到公元前202年刘邦即皇帝位。然后就是西汉了。

不过，《谷园讲通鉴》不单纯是讲历史的发展，更主要是讲人，讲那些历史上最牛的人怎样处理各种关系和问题，然后又是怎样一步步走向成功，以及最后怎样的结局。这些对于我们自己的人生会是一种参照。所谓"国学励志"的意义就在于此。

秦汉时期出了很多牛人：秦始皇、陈胜、项羽、刘邦、李斯、韩信、张良、范增、田横、郦食其、张耳、陈馀等等，都有非常精彩的故事，要么励志，要么发人深省。

这些牛人中的主角，当然是刘邦。

刘邦是一个底层崛起的样本，他的故事让身处底层的我们看到了希望。

刘邦出生在一个小县城下面的小村庄，没有任何背景，没有文化，也没有什么机会，更没赚到钱，甚至很可能在他四十岁之前都没娶上媳妇。家人都不待见他。有一次去大嫂家吃饭，大嫂见他来了，赶紧拿起饭勺来刮锅底，嘎嘎嘎地响，那意思：饭已经吃完了，你别进来了。他的父亲也总骂他：你怎么就不能跟你二哥学学啊？老老实实种地养家吧！

他活了四十年，最好的年华都混过去了，乏善可陈，一点出彩的事儿也没有做出来，出丑的事儿倒是不少，要么欠人家酒馆的钱不还，要么跟人打架被官府追捕，要么把人家的肚子搞大却不能娶人家。

这样的人会有未来吗？

有一次，他去咸阳，看到了秦始皇豪华气派的出行车队，羡慕得要死，心想：大丈夫当如此，这才是男人啊！我得奋斗！

可是，他奋斗又能奋斗成什么样子呢？还不错，人到中年时，他考上了公务员，当了一个亭长。放在今天，大致是一个副乡长，或者是一个乡村的派出所所长。有了这个身份，才终于娶上了媳妇，一边种地，一边上班，过上了正常的贫贱夫妻的生活。

这样的日子过了没几年，他在48岁一次执行公务时，出了大差错，犯了死罪。怎么办？逃亡吧，安稳日子过不了了，他丢下年轻的媳妇、年幼的孩子，逃进了大山里。

这样的人生，还会有转机吗？这种处境，这个年纪，接下来，能凑合着活着就不错了吧。谁会想到，就是一个这样的人，三年后带着大军攻入了秦帝国的首都，七年后成了皇帝！

刘邦当皇帝后的情况是怎样的呢？如果因为秦汉时期结束了，本书的内容就此打住，不接着把他讲完，大家一定会感觉意犹未尽。

所以，本书一直讲到了公元前195年刘邦去世。这仍然不是他完整的结局，他完整的结局，还包括他最爱的戚夫人和几个儿子，都被他媳妇吕雉害死，这就到了公元前181年。

这样的人生，你怎么看？

目 录

史上最牛的皇帝和丞相

公元前221年，39岁的秦王嬴政统一天下。这也不全是他自己的功劳，这是秦国数世攻伐——从公元前362年商鞅变法那会儿开始，秦孝公、秦惠王、秦武王、秦昭王、秦惠文王、秦庄襄王，然后到嬴政，一百四十年来，就跟接力赛跑似的，一棒传一棒才完成的事业。

李雪健演过一回嬴政，那个电影里有个情节，就是讲这个意思。那时，还没灭六国，嬴政每天出入宫门，门口都站着一个小太监，只要见到嬴政来了，就大喊一声：嬴政，你忘记秦国历代先君一统六国的大愿了吗？嬴政就扯着嗓子喊一句：我没忘！

有时我自己冒傻气也这么喊两声，有种发泄的感觉，挺痛快的。

不过，真实的历史上，喊这一嗓子的，不是嬴政，而是吴王夫差。

战国最酷的事儿，莫过于嬴政一统六国。

春秋最酷的事儿，莫过于吴越恩仇。

很多人都知道，越王勾践被吴王夫差打败后，去给夫差当马夫，卧薪尝胆，最终灭了夫差。其实，在此之前，勾践就曾打败过吴国，而且还把夫差的老爹阖闾打死了。于是，夫差发誓复仇，《左传》里是这样写的：

夫差使人立于庭，苟出入，必谓己曰："夫差！而忘越王之杀而父乎！"

则对曰："唯，不敢忘！"

三年乃报越。

——《左传·定公十四年》

寥寥三十来个字，神完气足。实在比《资治通鉴》写得好，比《史记》写得也要高明。苏东坡说过，论写文章，秦汉以后跟先秦没法比。

接着说嬴政。统一天下之后，第一件事干什么呢？

正名。以后，你们别管我叫秦王了，这名太小。

今名号不更，无以称成功，传后世。

——《史记·秦始皇本纪》

咱现在干这么大，还叫小卖部，那哪儿行啊，得叫超市！叫公司也不行，得叫集团！这才跟咱的事业匹配。

这不无道理。人能不能成功，事业能不能传世，确实跟名字有关系。所以，作家常会起个笔名。比如，我就随便说几个名字，你凭感觉，判定一下谁的文章写得好？鲁迅、茅盾、曹禺，周树人、沈德鸿、万家宝。

好了，你感觉感觉吧。

或者再简单点，现在有两个外国姑娘，一个叫伊丽莎白，另一个叫萨达姆，你可以约一个，你约谁？

肯定会约伊丽莎白吧。这就是名字的意义。

再比如，拿书法家来讲，启功为什么有名，欧阳中石为什么有名。写得好，只是一方面，名字好，有个性，也是关键。

还说嬴政。他不叫秦王，那叫什么呢？

李斯等大臣们帮着想：大王，上古最牛的是三皇五帝，三皇即天皇、地皇、泰皇，五帝即黄帝、颛顼、帝喾、帝尧、帝舜。其中，泰皇最尊贵，您就叫泰皇吧。

嬴政感觉还是差点：我给修改一下吧，不是三皇五帝嘛，我干脆，皇也要，帝也要，我就叫"皇帝"——"德兼三皇，功过五帝"。

活着称皇帝，死后叫什么谥号？按以前，谥号的选定是根据一套固定的谥法的，比如秦孝公、秦昭王，这个"孝""昭"可不是随便起的，都有讲究。

嬴政觉得这样太麻烦，不好，要改革。

朕为始皇帝，后世以计数，二世、三世至于万世，传之无穷。

——《史记·秦始皇本纪》

于是，嬴政史称"秦始皇"，其实是个谥号。

他后面传到万世了吗？当然没有，秦二世而亡。但这不影响秦始皇本人的伟大，这一点，随便翻一下历史地图册就可以知道。

夏朝时期的地图上，还只是一个个分散的小黑点，标示着一些散居的原始部落而已。商朝的"小黑点"比夏朝密集多了。西周的"小黑点"更密集，但还是分散的一个个小城邑的感觉。秦朝才真正使其成为一个完整的版图。

秦始皇缔造了现代意义上的完整统一的中国。

那么，这个全新的帝国或者说天下该怎样治理呢？能不能继续套用此前夏、商、周的做法，把天下划分成若干诸侯国，分封给儿子们、功臣们各自去镇守、管理，也就是所谓的封土建侯。

秦始皇的儿子们、功臣们当然都乐意这样，都去当诸侯国君，多爽。丞相王绾便极力主张，实行封建制。

秦始皇问他的大红人廷尉李斯：你什么意见？

李斯反对：皇上，封建制不好。拿周朝来讲，它是封建制，弄出那么多诸侯国来，整天互相掐，把整个天下弄得乱腾腾的，结果不就亡了吗？咱可不能再走这条老路，好不容易统一了天下，再给分开，不能这样。皇子们、功臣们，可以赏赐金银财宝，不要再封土建侯了。

秦始皇点头：有道理，不能再走回头路！那么，咱怎么弄呢？李斯，你拿个方案吧。

于是，李斯被任命为丞相，领导了秦朝郡县制体系的建设。

分天下以为三十六郡，郡置守、尉、监。

——《史记·秦始皇本纪》

划分天下为三十六个郡，大致相当于现在的省，每郡设三大长官：郡守、郡尉、郡监。一个管行政，一个管司法，一个管监督。这跟现代社会的行政权、司法权、立法权三权分立已经很接近了。

这样，一个统一的政体大框架就出来了。然后：

一法度衡石丈尺，车同轨，书同文字。

——《史记·秦始皇本纪》

用教科书里的话讲，就是秦始皇统一了法律制度，统一了度量衡，统一了文字。

"车同轨"是什么意思呢？有种说法讲，当时使用一种原始的轨道交通，就跟现在的火车似的，车辖辕都是轧着固定的木制轨道跑的，不是直接轧在土路上。车同轨就是把车轮轴距都给统一了，这样一来，全国各地的轨道交通便能统一连贯起来。

《史记》还记载了，秦始皇修了三条"驰道"——马车可以在上面奔驰的道路，类似今天的高速公路，加起来有数千里之长。

今天，咱们国家的高铁、高速公路也是世界上最长的，这是有传统的、有原因的。什么原因？就在于咱们国家太大、人员分布太广、物资太多，整个国家系统要完全流转起来，交通就必须够发达。这是统一的一大项。

总之，一法度衡石丈尺、车同轨、书同文字，实际上代表着政治的统一、经济的统一、文化的统一。中华民族的大一统，在秦始皇这，打下了一个大基础。

秦始皇和李斯还推进了两项大举措：一是，把原来六国的兵器都收到咸阳销毁，化成铜水，铸成大钟，还做了十二个铜人，每个铜人重达12万斤。这叫偃武修文，马放南山。以后天下太平，不打仗了，

兵器用不着了；二是，

徙天下豪富于咸阳十二万户。

——《史记·秦始皇本纪》

把原来东方六国的豪门富户都迁至咸阳。为什么？省得他们在下面闹事，弄到眼皮子底下好管理，也方便中央收租收税。这叫强干弱枝、强本弱末，用现在的话讲，就是加强中央集权。

在整个建国创制的过程中，李斯的才能得到了充分发挥和展现。他可不是只会玩间谍战，只会在老同学背后捅刀子。他比韩非更伟大，韩非是动嘴的，是纸上的理论；而他是实干的，他在按他的思想去实践，把思想变成现实。思想家写的是书，实干家写的是什么？是历史，是直接影响并创造历史。而且，李斯的才情也不比韩非差，他前期可能有自卑心，嫉妒韩非，但后期他在不断成长，鲁迅就曾讲：秦之文章，李斯一人而已。

何止文章，李斯的书法也很了不起。

刚才说了"书同文字"，那这是什么意思？这说明当时六国的文字写成什么样儿的都有。如果没有秦始皇的统一，各国最终就得使用不同的文字，就跟现在日本、韩国、越南的文字似的，虽然同出于汉字，但演变来演变去，便分道扬镳了。而文字不同了，文化也就不同。各自有了各自的文化认同之后，就真统一不了了，中华民族的苦难就更无尽头了。后面五胡十六国的情况，便能证明我所言不虚。

那么，书同文字，同成什么样的文字呢？得有个标准的样本吧？有，就是小篆。

小篆正是李斯所创。当然，不可能是他自己一个人干的，估计也是领导着一个班子，对原来的字体做了简化规范，形成了小篆。

李斯亲自用小篆写了一套识字课本《仓颉篇》，作为标准字向全国推行，可惜这个版本没有流传下来。不过，他亲笔书写的几块碑，包括峄山刻石、泰山碑、会稽刻石等都传了下来，成为后代无数文人学习小篆的法帖，影响十分深远。

可以说，李斯是中国最早的书圣，比王羲之还牛。因为，王羲之同时代，还有很多书法高手，而整个小篆书体就是李斯所创，起码传下来的，就他一人的作品。

那么，刻着李斯小篆的这几块石碑是干什么的呢？都是给秦始皇立的。

秦始皇统一天下之后，前后五次巡游天下，到峄山、泰山去封禅，还到会稽等各地视察。走到哪儿，就立块石碑，刻上字：秦始皇到此一游——差不多这个意思吧——写些歌功颂德的话。

封禅是怎么回事呢？封是祭天，禅是祭地。就类似是跟天地汇报一下：我把天下打下来了，以后，上面的，天管；下面的，地管；中间的就归我管啦。

对于秦始皇的五次巡游，后世很多人不赞成，认为秦始皇是暴君，没事找事，给老百姓增加负担，劳民伤财。实际上，秦始皇可不是出来玩的，出来这一趟，很辛苦，跟现在坐着专机、专列的一样，那是坐在马车里，颠簸劳碌，也有危险。有次车队走到一个叫博浪沙的地方，咣当一声，一个大铁锤从天而降，差点就把秦始皇砸死，砸在旁边的副车上，给砸了个稀巴烂。怎么回事？有刺客！

谁这么大胆？这是哪路英雄？这个，咱以后再讲。

还有一次，秦始皇乘船渡江，忽然狂风大作，差点把船刮翻。秦始皇大怒：这片归谁管？

手下赶紧打听，一会儿，回来禀报：启禀皇上，这片归湘君管。

这湘君是郡守吗？不是。是船政管理、交通部长吗？也不是。是个神仙。旁边山上有个湘君祠，供着湘君。

秦始皇问：他是哪路神仙啊？敢跟我过不去！

手下：启禀皇上，湘君是尧帝的女儿，舜帝的夫人，就葬在这江边的山上。

秦始皇：好了，甭说了，我管她是谁的家属呢，她管这片是吧，你们去，把这山上的树全部砍光。她竟敢跟我过不去，我也不让她好受。

确实是暴君做派。秦始皇的这一面，咱们放到下回再分析。我主要还是说，秦始皇巡游天下是个苦差事，他完全是为了工作，用胡亥的话讲：

> 先帝巡行郡县，以示强，威服海内。
>
> ——《史记·秦始皇本纪》

他就是要让天下人都看看皇帝的威仪，让那些六国遗民臣服。

只不过事与愿违，这个作用并没起到，反而起了反作用。这一点，以后再说。

秦始皇巡游是为了工作，不巡游时，在咸阳宫里，照样非常勤政，《史记》讲：

> 天下之事无小大皆决于上，上至以衡石量书，日夜有呈，不中呈不得休息。
>
> ——《史记·秦始皇本纪》

天下之事，事无巨细，秦始皇都亲自抓。每天批阅的公文要用地磅称，不分白天黑夜，日清日毕，批不完不睡觉。

说这段话的是谁呢？是两半仙方士，侯生和卢生——这两位都是帮着秦始皇求仙问药的。这又是秦始皇让人诟病的一大问题：迷信神仙，妄图长生不老。他身边弄了很多半仙，投入大量人力物力，找神仙、找神药。

不能因为这个就说秦始皇多么狂妄。咱们不能用今天的眼光去看历史中的问题，他就是那个时代的人，观念就是那个时代的观念。连孔子都讲：敬鬼神而远之。《论语》里还记述了学生向他请教怎样"事鬼神"，即跟鬼神打交道。《资治通鉴》中也提到，齐国、燕国的鬼神观念就格外浓厚，齐威王、燕昭王这样的战国雄主都组织过大量人力去找神仙、找长生不老之药。

可是，上哪儿找去啊？找不着，又没办法交差。怎么办呢？就得弄点东西回来，应付一下。有一次，卢生回来便说：皇上，神仙虽然没找到，但找到一道神谕———一道图谶、谶语，就是一种神秘的预言，五个字：

亡秦者胡也。

——《史记·秦始皇本纪》

灭亡秦国的是胡人。

这还了得？打！

公元前215年，也就是统一之后的第四年，秦始皇派大将蒙恬率领三十万大军北击胡人。把胡人全部赶到了黄河以北，然后继续打，打出来的地盘，又新设了好几十个县。随后，蒙恬主持着，开始修建万里长城，西起临洮，东到辽东。

这其实也无可厚非，前面赵国、燕国为了防胡人，都修过长城，后面历朝历代也都在修长城，这就跟人家住房要修个院墙似的。这当然要投入大量人力物力，弄得老百姓压力山大，但这个投入值不值得呢？咱也不能把古人想得太傻，不值得，还修它做什么？这个问题，以后咱也会细说。

另外，南方也在打。秦始皇把社会上的闲杂人员，什么逃亡的、要饭的、走街串巷做买卖的，都召集起来，凑了十几万人，把南越地区都给打下来，并入版图，新设了桂林、南海、象郡等几个郡。这些地方，当时都是蛮荒之地，有些原住民，估计人数也不多。秦始皇一想：这么大地，别空着啊，干脆，我给你迁点人去吧。良民留下，不是良民的，挑出五十万来，都迁到南越。

总之，我们在历史地图册上看到的秦朝版图，不是统一了六国就成了这样的。而是统一六国之后，秦始皇又经过好一番征伐才打下来的。

秦始皇和李斯开创的这套大一统的中央集权的制度，包括经济、文化的统一，是被历代因袭的。两汉、隋唐、宋元明清的皇帝怎么治天下？主要的，还是用秦朝这套政法。这个底儿是秦始皇给打下的。这算是软件方面。

硬件方面，就是疆域，也是秦始皇给打下的底儿。

所以，不论后人怎么骂秦始皇，就凭这两条，他都当之无愧是史上最牛的皇帝、最伟大的皇帝，NO.1，没有之一。

李斯也同样了不起。一个好汉三个帮，秦始皇的军功章上一少半也得是李斯的，作为大政治家、大学者、大书法家这样复合型的人物，后代极少有。拿司马光来讲，他也是大政治家、大学者，但书法一般般，政治作为跟李斯也差得很远。

好了，这两位，咱先捧到这；下回，咱再捧捧他们。

秦始皇是个暴君吗

　　上回说到，有两个方士，一个卢生、一个侯生，给秦始皇找神仙，找长生不老之药。肯定找不着呗，怎么交差呢？就想各种办法应付，今天说，皇上啊，我找到一条谶语，"亡秦者胡"；明天又说，我找到一本神书；后天又说，有什么什么线索。最后，实在应付不了，怎么办呢？

　　散布谣言。说，之所以找不着神仙，这都得怪秦始皇自己。秦始皇太世俗了，太贪恋权势，每天批阅那么多文件，都得"衡石量书"，什么事都不放手，尘缘太重，神仙不待见这样的人，所以就躲着，不让我们找着。

　　撂下这话之后，两人溜之大吉。

　　这事搁谁谁不生气啊，把秦始皇气得够呛。

　　还有一个著名的方士徐福，也把秦始皇气得够呛。他忽悠秦始皇：海中有三神山，蓬莱、方丈、瀛洲。您给我拨几艘大船，外加几千童男童女，还有各种花销费用，我带着出海给您找神山去。

　　结果，一去不回，据说去了日本。他出海的地方叫艸（guàn）兮城，就在我的家乡黄骅。

　　总之，新恨旧怨加在一起，秦始皇就怒了：杀！

　　犯禁者四百六十余人，皆坑之咸阳。

　　　　　　　　　　　　　　　　　　——《史记·秦始皇本纪》

　　把相关的460多个人都给活埋了。这就是著名的"坑儒"，也就是秦始皇的千古罪行之一。实际上，这里面有很多细节需要澄清。

首先，秦始皇杀这些人，不是不分青红皂白，逮过来就推坑里的。《史记》中记载，秦始皇在听说侯生、卢生背地里说他坏话时，"大怒曰"：

> 吾前收天下书不中用者尽去之。悉召文学方术士甚众，欲以兴太平。
>
> ——《史记·秦始皇本纪》

我前一年，就是公元前213年，把"天下书不中用者尽去之"，把不中用的书都给收上来烧了——这是说"焚书"，在坑儒之前——我烧的都是不中用的书，没实用价值，我留它们干吗，把人都给看神经了，看成近视眼啊。我这绝对是好心好意，绝不是为了毁灭什么。相反，焚书之后，我就把全国各地的"文学方术士"都召集来，想让他们来辅助我，开创太平之世。可是呢？

> 方士欲练以求奇药。
>
> ——《史记·秦始皇本纪》

其中一些方士，不帮着我研究治国理政，却非要给我找什么长生不老的神药。那，找就找呗。可是呢？

> 今闻韩众去不报，徐福等费以巨万计，终不得药，徒奸利相告日闻。
>
> ——《史记·秦始皇本纪》

韩众，也是一个方士，找着找着就跑了。那个徐福，在这方面花费的钱就更多了，最终药也没找到，带着三千童男童女，好几十艘大船，还都装备着弓弩什么的，一去不回了。

而且，每天就光听这些"文学方术士"之间互相告发了，这个说那个怎么怎么着，那个说这个怎么怎么着。这种文人的德性，太让人厌恶了。

> 卢生等吾尊赐之甚厚，今乃诽谤我，以重吾不德也。
> ——《史记·秦始皇本纪》

卢生、侯生，我够尊重他们了，赠予他们的金银财宝不计其数，可是他们竟然背地里诽谤我，坏我的名声。

> 诸生在咸阳者，吾使人廉问，或为妖言以乱黔首。
> ——《史记·秦始皇本纪》

其他的，据我调查，也没干好事，好多妖言惑众的，忽悠老百姓（秦朝管老百姓叫黔首）。

总之吧，这些人太可恶了，真该杀！

逮过来就杀？没有。秦始皇虽然恨这些人，但还是要走法律程序，派御史把这些人抓起来，挨个审问，结果这些人又是一通互相告发、互相咬。具体有没有刑讯逼供、屈打成招，咱就没法深究了。反正，最后按着法律程序，审出460多人有罪。

《史记》讲：

> 犯禁者四百六十余人，皆坑之咸阳，使天下知之，以惩后。
> ——《史记·秦始皇本纪》

注意后面这几个字啊，"使天下知之"，这不是秘密处决，是特别公开的，就跟当年商鞅在河边举行公审大会一样，要的就是杀一儆百的震慑作用。

这个处置太严厉了，多数人可能罪不至死。不过，这就是法家的风格，重轻罪。

那么，这些"文学方术士"是不是儒生呢？是不是儒家流派的人呢？

确实是。杀他们的时候，皇长子扶苏曾给这些人求情，提到一点，就是"诸生皆诵法孔子"，意思是这些人都是学孔子的。自然就是儒生。

可是，怎么儒家还搞这些求仙问药的事呢？以我们现在的认识，这应当是道家，或者什么阴阳家干的。怎么回事呢？

章太炎、胡适都讨论过这个问题，都没讲清楚。

钱穆在《国史大纲》里有个说法：儒家其实有两大分支，一是齐学，一是鲁学。

齐学流于怪诞，其病在不经。

鲁学流为训诂，其病在尊古。

这个解释挺好的。那些半仙方士，确实是儒家的，只不过，是属于齐学这一派的，他们就是研究这种怪诞不经的学问的。

这样的儒生被"坑"了，就坑了吧。他们总是装神弄鬼的。

后来，鲁学这一派慢慢成了儒家的主流，尊古，重视教育和文化传承，还是很不错的。

一般人不知道这个区别，便以为这么好的儒家，怎么能给坑了呢，秦始皇真是大暴君。

好了，说完了坑儒，咱再说说焚书。

坑儒前一年，有一天，秦始皇大宴群臣。大臣们分组来向秦始皇敬酒。其中有七十位博士——跟现在的博士是两码事，当时是掌管书籍文典、通晓史事的一种官职，类似皇家顾问、大秘，这帮人来给秦始皇敬酒。有个领头的拍马屁，他说：皇上，您废除封建制，推行郡县制，这个改革太好了，老百姓们都叫好，自古以来也没有您这样的功德！

秦始皇听了挺美，很受用。

可是，有个叫淳于越的博士开腔了：皇上，我有一言，您别不爱听。您只看到分封诸侯国之后的互相攻伐，没有看到他们之间也是彼此支撑的。以后，真要有个田氏代齐那样的事发生在朝廷，您就得干瞪眼，因为外部没有支撑，皇室子弟们都没有封地兵权，谁都阻止不了。商朝、周朝，正是因为实行封建制，才能传国上千年之久。所以，封建制是有好处的，总之：

事不师古而能长久者，非所闻也。

——《史记·秦始皇本纪》

传统的那些东西也是有用的，做事情您要是光图创新，而不尊重传统，不学习前代的经验，那就长久不了。

刚才那谁，那都是拍马屁，您别听他的，他不是忠臣。

秦始皇的心里一下子就沉重了：这个淳于越说得不无道理，这样吧，各位爱卿，大家一起再议议这个事。

别人没怎么着，李斯反应很激烈，一下子就急了，因为，郡县制是他极力主张的。心说：你淳于越读了几本破书，一书呆子，竟敢来非议我？

他运了好几天气，给秦始皇写了一篇奏折：

五帝不相复，三代不相袭，各以治，非其相反，时变异也。

——《史记·秦始皇本纪》

自古以来，三皇五帝都不一样，一个朝代有一个朝代的治理之法，各有不同，因为时代在变化，怎么能都用商朝、周朝的办法呢？淳于越这种愚儒，哪懂这个道理。

先把淳于越给批倒。

然后，李斯又把这个问题给上纲上线：淳于越其实就是要以古非今，拿古人那套学说，来否定今天的大好局面，惑乱人心。像他这种人还不少呢，大有人在。他们之所以敢这样做，根子就是他们读了乱七八糟的这派那派的书。

> 人闻令下，则各以其学议之，入则心非，出则巷议，夸主以为
> 名，异取以为高，率群下以造谤。
>
> ——《史记·秦始皇本纪》

每当国家推出一项政策，他们不是好好执行，而是拿着他们那套学说对这个政策品头论足，然后各种不满，各种批评，谁批得最狠、最能骂，谁就是名士、高人，老百姓们也不能明辨是非，就跟着起哄。

> 如此弗禁，则主势降乎上，党与成乎下。禁之便。
>
> ——《史记·秦始皇本纪》

如果放任这种局面，那么皇帝、国家的权威就降低了，民间的这派那派就得坐大。所以，最好是查禁。

李斯绝对是辩论高手，他是玩了一种辩论技巧——诡辩。他没有去回应淳于越提出的问题，即一旦出现田氏代齐那种权臣篡夺皇位的情况，外部皇室兄弟都没有诸侯的势力，不能阻止遏制这个情况，怎么办。李斯没回应这个，而是直接去攻击对方，你非议政策这个做法就不对，就贬损了皇帝和国家的权威，这样一棍子把你这个人给否定了，你的说法、想法，自然就给否定了。

那么，怎样查禁呢？

李斯提出了方案：

> 史官非秦记皆烧之。非博士官所职，天下敢有藏《诗》《书》、
> 百家语者，悉诣守、尉杂烧之。
>
> ——《史记·秦始皇本纪》

> 所不去者，医药卜筮种树之书。
>
> ——《史记·秦始皇本纪》

焚书这个事，是场文化浩劫。这一点，谁也给秦始皇、李斯平不了反。不过，作为当事人，他们肯定有自己的立场。

首先烧的是六国国史，除了秦朝历史，别国的国史都烧掉。这一手反证了历史的意义，现在日本或者台湾地区的民进党，没事就想从历史教科书上打主意，也是这么回事。没有历史，就没有了国家、民族的认同感。欲亡其国，先灭其史，狼子野心，何其毒也。

然后，《诗经》《尚书》和诸子百家的书要烧。用秦始皇的话讲，这些都是不中用的书。其中，《诗经》《尚书》较多涉及古代政治，经常被人拿来以古非今，尤其得烧。

那么，有没有不烧的书呢？有。就是中用的书，医药啊，占卜啊，农业种植啊，这些书中用，不烧。

另外，不中用的书，也并非全部烧掉，"博士官所职"即博士官手里的书可以留着，就是说，这些书皇帝还是可以看的，他的大秘、顾问们，还是可以参考的，只是不让老百姓们瞎掺和了。你们该种地种地，该做工做工，你要是士，既不种地，也不做工，有点文化想当公务员，好，"以吏为师"，你就好好学习国家法律法规就行了，别学那些乱七八糟的了。

于是，就焚书了。对于这场浩劫，我还是坚决批判的。

不过，明朝人陈继儒，即著名的《小窗幽记》的作者，他有两句诗：

雪满前山酒满瓿，一编常对老潜夫。尔曹空恨咸阳火，焚后残书读尽无？

你光知道骂秦始皇焚书，可是，那些没焚的，传下来的先秦著作，你读过几本啊？你有资格骂吗？

其实，该传下来的，多数还是传下来了，各种藏呗，有藏墙里面的，有藏到名山里的，还有藏在坟墓里的。《汉书·艺文志》里编辑整理的前代图书有上万卷之多，多数都是先秦的。到今天传世的先秦著作还有六十来种。有多少人一本都没有读过？

焚书坑儒这个事，站在历史的角度，大政治家的立场，还是应当冷静审视的。秦始皇、李斯的本义，不可能是为了找骂，他们也是为了巩固统治，只是路子不对。因为，最终推翻秦朝统治的人，根本就不读书。

> 坑灰未冷山东乱，刘项原来不读书。
>
> ——唐·章碣《焚书坑》

刘邦、项羽根本不读书。你烧书有什么用呢？

那么，刘邦、项羽，还有他们前面的陈胜、吴广为什么要起来推翻秦朝统治呢？

这个问题的根儿，确实是在秦始皇这儿。虽然，那时候他已经死了——他活着的时候，偌大的帝国，一次动乱也没出现过，他镇得住。他死之后，就不行了，很快便压不住了，天下大乱。

为什么呢？钱穆讲：

> 秦代政治的失败，最主要的在其役使民力之逾量。
>
> ——《国史大纲》

秦朝把老百姓用得太狠了。开疆辟土，打仗，几十万人；打完仗，还得修长城防守，又是几十万人。更要命的是修陵墓、修阿房宫，搭上的人更多。其实就是阴阳宅，中国人有点钱就往这上面造，秦始皇算是带了个坏头，他在这上面玩得比谁都大，前无古人后无来者了。还有直道、驰道等大量的政府工程，用的人很多都是徒役，都是犯了法的。

哪儿那么多犯法的呢？这要看法律严到什么程度了。重轻罪嘛，《韩非子》里讲，商朝也用重法，有一条是"弃灰于公道者断其手"，把锅灰倒在大街上，这个罪，就得把手剁了。吐口痰，就劳教你三年。所以，犯人太多了，都去给国家白干活，而且都是非常艰苦的活，好多人累死或被打死了。

最后，老百姓们受不了了，要么战死，要么累死，要么被苛政逼死，索性造反。

所以，秦始皇的问题，究其根本，还是贾谊说的那句话：

仁义不施而攻守之势异也。

——贾谊《过秦论》

打天下与守天下的方法是不一样的。守天下，得讲仁义，得仁爱。

秦始皇呢？恰恰没有仁爱之心，冷酷无情，对于死人没感觉。他这种性格适合去推动战争，有句话叫"慈不掌兵"，打仗就得死人，讲不得爱心。也适合搞法家，讲法不讲情。或者说，这也是法治的局限，长期在这种讲法不讲情的文化中，就会人情冷漠。

秦始皇的冷漠、冷酷无情，有一件事让我印象很深刻。

有一次，他发现，丞相李斯的随从有好多人，规格也太高了、排场也太大了。他很不高兴，可也没说什么。

结果，转过天来，再看李斯，后面没人了，随从都撤了。

噢，秦始皇想，闹了半天李斯在我身边有眼线，有点什么事就给他通风报信。查！看看到底是谁报的信。结果，谁都死活不承认。最后怎么办？就把那天在他身边的，知道他那天不高兴的人全部杀掉。

为什么这件事让我印象深呢？你想，打仗、修宫室陵墓死多少人，也都不在他眼皮子底下，跟他也不沾亲带故的，他不动心，这不算什么。而这次，他杀的，可都是身边人，都是亲信，朝夕相处的。正常人，即便小狗、小猫天天跟着，那也得有感情。可秦始皇说翻脸就翻脸，说杀就杀了，这就太冷血了。

还有，就是，后世别的皇帝都有个皇后、宠妃，有各种跟女人的故事。秦始皇在这方面，一点没有，史书里一点也没提到——他也没立皇后。搞得拍电视剧的都没法拍了，没有女一号。怎么办呢？生造。所以，1986版的电视剧里，孟姜女就跟秦始皇搞到一起了。实际，孟姜女只是个文学人物，到明朝，孟姜女哭倒长城的故事才成形。

总之，秦始皇是孤独的、冷血的。

对于他的这种性格特点，后世有很多讨论。比如，郭沫若认为，亲政之前的秦始皇，"身体既不健康，又受人轻视，精神发育自难正常"。

怎么知道秦始皇身体不健康呢？《史记》里有一段。

前面讲过，秦始皇重用李斯大搞间谍战，其实间谍战最早不是李斯提的，而是尉缭。现在传世的有一部很著名的兵书，就是此人所写——《尉缭子》。秦始皇很欣赏他，拿他当朋友，见面都不行君臣之礼，平等相待，赏赐也很多。可是，尉缭却跑了。为什么？尉缭有段话：

> 秦王为人，蜂准，长目，挚鸟膺（yīng），豺声，少恩而虎狼心，居约易出人下，得志亦轻食人。
>
> ——《史记·秦始皇本纪》

他给秦始皇——当时还是秦王——看相了。后世很多兵家人物都会看相的。他说秦王的相貌：蜂准，大高鼻梁；长目，大长眼睛；挚鸟膺，猛禽的胸脯，说白了就是"鸡胸"；豺声，说话的声音跟豺狼似的，呼噜沙哑。这样的人，多数都是寡恩少情，有虎狼之心的。他不行的时候特别能讨好人；等他得志时，就得吃人。

郭沫若从秦始皇的"鸡胸"和声音沙哑，推断秦始皇有类似佝偻病、气管炎之类的。

而且，史书里还提到，嫪毐曾跟赵太后说过，等嬴政死了就让他跟赵太后生的儿子继位。当时嬴政不过二十来岁，嫪毐这样讲，说明秦始皇的身体肯定不健康。他要好好的，能说等他死了如何如何吗？

秦始皇的心理，就更不健康了。三岁时就被抛弃，亲爹、假爹——吕不韦和嬴异人都跑了，只留下他和母亲赵姬孤儿寡母在赵国，在姥姥门上，也算寄人篱下。整个童年肯定没少受气，所以，赵国刚一打下来，他就亲自回了邯郸，把仇家全部杀光。可见，童年的怨恨他一天也没忘。

十三岁时当了秦王，也不能亲政，被吕不韦压着。他母亲又是跟吕不韦，又是跟嫪毐，他也不知道自己到底是谁的儿子，背后得多少人议论。更主要的是，他的亲妈好像还跟嫪毐站在一起，想害自己。你说，他还信谁。

最终，秦始皇便形成了一种报复性的人格，成为一个暴君。

那么，我一会儿说秦始皇伟大，一会儿又说他是暴君，一会儿又说他人格不行，我到底要说什么呢？我要说的就是一个道理：历史人物是复杂的，不是非黑即白的，看人要全面。

好了，下回讲秦始皇之死和他身后的大悲剧。

秦始皇
身后的阴谋

公元前211年10月，秦始皇最后一次巡游，左丞相李斯跟着，还有一位右丞相留在咸阳主持政务。秦始皇还带上了他很疼爱的小儿子胡亥。

《史记》中详细记述了这次的巡游路线：

从咸阳出发，经东南边的武关，进入原楚地，走了一个来月——可能走的是汉水，汉水是长江最大的支流。11月到达云梦泽，这是一个大的湖泊区，大致在今天武汉这块，就上了长江了。

然后，"望祀虞舜于九嶷山"，遥望远处的九嶷山，祭祀舜帝。因为舜帝墓就在九嶷山。

接下来就"浮江下"，坐着船，沿长江东下，到了丹阳上岸，奔钱塘，之后到达会稽山。在会稽山祭祀大禹，大禹葬在这里。李斯的会稽刻石，即为此时所立。

祭完大禹，秦始皇北上，经过吴地，即今天的苏锡常这块，然后到江乘，又上长江，向东出海。

说到这儿，你可能奇怪，长江出海口不是在上海吗，怎么跑北边去了呢？要不怎么说，沧海变桑田呢？两千年前的地理情况，跟现在比，变化太大。当时就是在北边，后来才改道到上海这边的。前面咱说的云梦泽，后来也都干了，早就没了。

秦始皇由海路北上，到了琅琊，在今天青岛南边。这时，他做了个梦，梦到和海神打仗，是个噩梦。之前徐福常说，之所以到不了蓬莱，找不回仙药，就是因为海神海怪作梗。所以，他的船上得装备强弩之类的武器。其实，他是准备打殖民地用的。到日本，得打原住民。

秦始皇不知道这个底细，正好做了这样的梦，便怒了，非要会会海神。海神什么样呢？怎么会？他手下有位博士说，就打那种巨鱼、大鱼就行，它大得出奇了，不是海神、海怪，也得是海神海怪的喽啰。

结果，船到芝罘（fú）岛附近时，就是烟台这块，真就遇到巨鱼了，可能是鲨鱼或鲸，秦始皇用连弩将其射杀。连弩是了不起的兵器，在冷兵器时代，大致相当于迫击炮。

最后，遂并海西，至平原津而病。

——《史记·秦始皇本纪》

"遂并海西"，这是说最后到了渤海的西边；"至平原津而病"，平原津是古黄河上的一个渡口，位置就在今天的德州。由此，可以分析出，秦始皇是从渤海西边，进入古黄河入海口，沿黄河而上。而这个古黄河入海口在哪儿呢？正是在我家乡黄骅。

历史离我们是这么近。

秦始皇在平原津病倒，继续西行，换陆路，在沙丘就病死了，享寿五十虚岁。沙丘在河北邢台广宗县内。生在邯郸，死在邢台，两地紧挨着，貌似也有宿命在里面。

这时，已经是公元前210年的7月了。

这一趟走了大半年，所以说，秦始皇的巡游是个苦差事。而且，如果他在宫中待着，生病能得到更好的救治护理，也许还能长寿些。

秦始皇生前特别忌讳说"死"，所以群臣没人敢跟他提身后事。

可是，他的陵墓一直在修，从十三岁即位就开始修，投入的人力物力比修长城、打匈奴还要多，可见他的观念里对死后的世界还是充满信心的，以为到下边去之后，还可以继续当皇帝。那他怎么还讳言死呢？挺奇怪的。

总之，因为秦始皇没有提前安排好传位的事，没有明确太子是谁。到病危之际，才仓促立下遗诏，装在"信封"里——那时的信封，可能是这样的：一卷子竹简卷起来，字朝里，外面拿绳子捆好，拴个扣。再在这个扣上沾上一团胶泥，在这个胶泥上盖上印章。只要拆开过的，这个印章就复原不了了。这个加了印章的胶泥就叫封泥，这是研究先秦书法艺术的一个重要载体。

当然，皇帝的信包装得可能更高级些，大致这么个意思吧。

秦始皇的这篇遗诏已经封好了，封泥，盖上玉玺，准备让使者给皇长子扶苏送去。可是，这封信还没交给使者，秦始皇就崩了——天子死曰崩。

于是，遗诏落在大宦官赵高手里。赵高当时是"中车府令"，是掌管着秦始皇车马出行的官，而且"行符玺事"，兼职保管秦始皇的玉玺。

> 始皇帝至沙丘，病甚，令赵高为书赐公子扶苏。
>
> ——《史记·李斯列传》

就是说，秦始皇的遗嘱是赵高执笔写的。他又管车马，又管玉玺，又管执笔写这么重要的文件，用现在的话讲，就是"一秘"，绝对的亲信。职务未必多高，但权势不在丞相之下。

以后的历史，还要讲到很多这样的人物，就是一个宦官、太监，也有不是太监的，反正就是一个皇帝身边的人，也没多高的官位，但是非常牛，在皇权斗争中，他都是主角。

那么，赵高什么来头呢？《史记》这样讲：

> 赵高昆弟数人，皆生隐宫，其母被刑僇（lù），世世卑贱。
>
> ——《史记·蒙恬列传》

他兄弟几个人，"皆生隐宫"，隐宫什么意思？《史记正义》中讲：古代被施了宫刑的人，阉割了，睾丸割了，得在屋里面隐蔽休养

秦始皇病危立遗嘱，结果遭篡改

百十来天，这就叫隐宫。

《史记索隐》里面讲：赵高的父亲是被宫刑的，然后他母亲和兄弟们也都没身为奴，而且小哥几个也都被阉割了。这就是"皆生隐宫""世世卑贱"，是底层的底层了。

然后，《史记》又讲：

秦王闻高强力，通于狱法，举以为中车府令。

——《史记·蒙恬列传》

那时还没统一六国，还叫秦王。秦王听说赵高强壮有力，又精通刑狱法律。

他怎么听说的呢？是听他的一个近臣说的，当时赵高在这个官员家里打杂，深得其欣赏栽培。后来在这个官员手下做刀笔吏，处理各种法律事务，展露了才干。然后，秦王就把他给召到宫里来了，提拔成中车府令，一干就是二十来年。

赵高还写得一手好字。前面讲，书同文，李斯写了一本标准的小篆字帖《仓颉篇》，其实不全是李斯自己写的，有一部分是赵高写的。

秦始皇还让赵高做他小儿子胡亥的老师，教胡亥书法和法律政策，可见他有多红。

这挺励志的，他从最底层一直走到了这样的位置。

那么，他是不是也有一种报复性人格呢？咱就不费这个脑子了。

接着说秦始皇那份遗嘱，上面写的什么内容呢？主要是这么一句话：

以兵属蒙恬，与丧会咸阳而葬。

——《史记·李斯列传》

前面说过，秦始皇"坑儒"时，皇长子扶苏给这些人求情。当时，扶苏肯定跟秦始皇起争执了，秦始皇怒了：你别在我跟前了，别在咸阳了，你去北疆跟蒙恬防卫匈奴去吧。

但在秦始皇心里，还是挺认可扶苏的。所以，遗诏中吩咐扶苏把军队交给蒙恬，赶紧回咸阳，给他主持葬礼。这意思很明确，就是让扶苏继承皇位。

可是，赵高不是这么想的。他拿着秦始皇的这份遗嘱琢磨：绝不能让扶苏即位。扶苏要是成了皇帝，蒙恬跟扶苏那么好，蒙家不就更得势了吗？蒙家跟我是仇人啊！

此前赵高曾经犯过一个案子，蒙恬的弟弟蒙毅负责查办。当时，蒙毅给赵高定为死罪，幸亏秦始皇出面给保着，赵高才没死。所以，赵高恨蒙恬兄弟，便不想让扶苏即位。

那么，谁即位对他最有利呢？当然是他的学生胡亥。赵高在心里打了一通如意算盘：如果胡亥当了皇帝，我就是皇帝的老师了，我玩胡亥手拿把掐，那时候，大秦帝国不就是我的了吗？干！

怎么干呢？不能着急。当务之急，得把秦始皇驾崩这个事处理好，这得听丞相李斯安排。

秦始皇死的时候，守在身边的只有李斯、胡亥、赵高，还有五六个贴身宦官。其他随从的官员平时根本没机会见秦始皇，有什么请示汇报的事，都是通过李斯和宦官来回传话的。

李斯就召集这几个人开了个会：这个事一定要保密，咱们这是出游在外，咸阳那边一旦知道了皇帝驾崩，也没太子，还不知多少人要起来争夺皇位呢，非出大乱子不可，咱们能否回得去都难说了。

于是，都假装什么事也没发生，这几个人照常早请示、晚汇报，每天按时送饭、倒马桶之类的。

随后，尸体腐烂，臭了，怎么办呢？拉两车臭鲍鱼，来压这个臭味，掩盖这个事，咱就不细说了。总之，一边演戏，一边抓紧回咸阳。

赵高的计划，在路上就搞定了。

他先找胡亥：殿下，等回到咸阳，您大哥扶苏就当皇帝了。按大

秦汉

秦的政策，不封诸侯，也就没你啥事了。有啥想法不？

胡亥说：这，这有什么办法啊？

赵高亮出底牌：

臣人与见臣于人，制人与见制于人，岂可同日道哉！

——《史记·李斯列传》

当皇帝跟当大臣，管人的和被管的，那可就差太多了。我有办法说服李斯，一起拥立您做皇帝，您敢不敢？

胡亥吓了一跳，又惊又喜，不过嘴上说：不不不，跟大哥抢皇位是不义；违背父皇的意志，是不孝。我不能做这样的事。

这孩子还不错，可是，好孩子架不住坏老师往坏里教。

赵高接过话来说：什么不忠不义啊，这是两回事。

大行不小谨，盛德不辞让。

——《史记·李斯列传》

节操，确实很重要，但你要办大事，就不能拘于小节操；辞让是美德，但真正的高行大德，做事情，是不辞让的，当仁不让嘛。

乡曲各有宜而百官不同功。

——《史记·李斯列传》

一个地方有一个地方的风俗，一个官职有一个官职的考核办法，凡事都不能一概而论。

总之，这会儿，您就先别拿道德来说事了。

中国文化可能就是这点不好，怎么说都有理。没有刚性的东西，太灵活，总能给自己做恶事、错事找到理由。赵高继续讲：

030

> 顾小而忘大，后必有害；狐疑犹豫，后必有悔。

> ——《史记·李斯列传》

您要是因为这种"小节"而放弃，而犹犹豫豫的，将来"见制于人"时，就后悔也来不及了。

> 断而敢行，鬼神避之，后有成功！

> ——《史记·李斯列传》

您只要当机立断，敢闯敢干，连鬼神都得给您让路，眼前的什么困难都会解决，最终就能成功。

您快下决心，干吧！

胡亥服了：老师，您说的太对了，我听您的。可是，您怎么去说服李斯丞相啊？现在父皇还没下葬，就去找丞相说这事，不妥吧？

> 赵高曰：时乎时乎，间不及谋！赢粮跃马，唯恐后时！

> ——《史记·李斯列传》

《史记》真不愧是"史家之绝唱，无韵之离骚"啊，这一句话，把赵高那种兴奋与焦急一下都展现出来了。时机稍纵即逝，一旦错过，什么谋划都得泡汤。我整天就像带着干粮骑快马狂奔，就是怕被时机甩掉，就是要一直抓住它。

可能，每个创业者，每个奋斗中的人，都有类似的感受吧。

随后，赵高立即去找李斯，开门见山：丞相啊，皇帝的意思是立扶苏，可是，您知道扶苏为人刚毅勇武，连他爹都敢顶，对您主持的好多工作都有看法。他如果继了位，肯定得提拔蒙恬当丞相。我在宫里待了二十多年了，经历过朝中几次更换丞相的情况，还没见哪个被罢免的丞相最终能保住命的。

简单几句话，针针见血。李斯心里一惊，不过，他嘴上不服：赵高啊，你管好你自己就行了，我做我的忠臣孝子，生死由命。

赵高继续讲：

安可危也，危可安也。

——《史记·李斯列传》

怎么能听天由命呢？这是智者说的话吗？安危是靠自己把握的。只要您和我达成一致，拥立胡亥，就可以转危为安。然后，丞相您可以一直做，子孙可以长保平安富贵。

而且，您同意也得同意，不同意也得同意。现在可是胡亥说了算，对吧？他要硬上，您挡得了吗？您要把胡亥也得罪了，可就两头都抓不住了。

来句痛快话，您打算怎么办吧？

李斯也服了。

长话短说。赵高、李斯改了秦始皇的遗诏，改立胡亥。给扶苏的信也改了：你跟蒙恬带着数十万大军，那么多年没立什么功，还整天怪皇帝不把你立为太子，太不孝了，赐死！蒙恬在这中间也没起点好作用，失职，也赐死！

扶苏真信了。看来他对父亲真有误解啊。

蒙恬拉着他：这么大的事，咱再复个函，再请示一下。

扶苏说：这个玉玺印、文字文风、使者什么的，都半点假也没有，还请示什么啊？

真就自杀了。

为人父、为人子者，于此当有所警醒。怎么父子之间的误会这样深呢？

蒙恬不肯自杀，但也束手就擒，放下自己亲手带了十几年的三十万秦国主力军，坐上囚车。他想回咸阳见秦始皇，好好解释解释。

上哪见去啊。半路上也被弄死了。整个蒙家都完了。

这也可见秦始皇帝王手腕之强！要赐死你，你手下有三十万大军，也不敢反，连这想法都不敢有！

那么，蒙恬走了，这三十万边防军交给谁统领呢？交给蒙恬的神将，即副将王离。王离就是战神级的王翦之孙、王贲之子。关于他，以后还有故事要讲。

回到胡亥、赵高、李斯，他们在公元前210年9月，拉着秦始皇的遗体，还有那两车鲍鱼回到了咸阳，将秦始皇安葬在骊山陵墓。

这座陵墓到现在仍是世界上最庞大的陵墓之一，只拿出陵墓里的一个兵马俑坑就是"世界第八大奇迹"，别的就不用提了。从嬴政十三岁当上秦王就开始修，统一天下后，更是征调了七十多万人继续修，总共修了三十九年。

七十多万什么人呢？

《史记》中讲，是"隐宫徒刑者七十余万人"。隐宫，咱们刚才说了，就是宫刑；徒刑，多少年有期徒刑，多少年无期徒刑，关在监狱里不让出来，监狱里还有工厂，每天干活，这就是徒刑。说白了，就是七十万劳改犯，干这个活。并不是说，平白无故，你在家种着地就把你抓来修陵墓了。

不过，当时全国也就三千来万人口，七十多万服刑犯人，这个比例也确实太高了。我看了一个数据，说是2013年，美国服刑人员近160万，但它整个国家是3亿人口。你可以对比一下。

那么多人，建了那么多年，那得建成什么样啊？

《史记》中讲：

以水银为百川江河大海，机相灌输，上具天文，下具地理。以人鱼膏为烛，度不灭者久之。

——《史记·秦始皇本纪》

大致意思就是，在地下营造了一个小宇宙，有天空，有繁星，也有大地，有山河湖海，到处都是奇珍异宝，用蛙蛙鱼的油做的烛火，长明不灭。

所以，这个墓肯定是史上最让盗墓者向往的墓。

怎么办呢？

令匠作机弩矢，有所穿近者辄射之。

——《史记·秦始皇本纪》

找了很多能工巧匠，设置了很多机关暗器，有盗墓者一触发就会被射死。

这些工匠们都知道这些机关，他们要盗墓怎么办呢？

就在安葬完了秦始皇，工匠们也把机关都安排好，闭合第一道墓门，工匠们出来再闭合第二道墓门时，外面的人直接把最后一道墓门落下，封死。这些工匠也就都死在里面了。

可是，这管用吗？

几年后，项羽打进咸阳，把地面以上的都给烧了，地面以下的也给挖了一通。

后来赤眉军、后赵石虎、唐末黄巢，据说都来挖过。

今天的兵马俑坑是考古大发现，也是世界游客非常热衷的观光点。站在秦始皇的角度，他肯定也不乐意吧，被人挖开，敞亮着，欣赏。这比被人偷看洗澡，估计要尴尬得多。

一座陵墓用七十多万人、三十多年去建，一个秦始皇嬴政怎么够埋呢？它埋葬的是整个大秦王朝。

而此时，那个埋葬大秦王朝的人，正在为他押送着来修陵墓的犯人一个个逃跑而发愁呢。

这是怎么回事呢？稍后再说。

秦朝历史的男主角

上回讲到秦始皇在最后一次巡游的路上驾崩，赵高联合李斯，改了遗诏，让秦始皇的小儿子胡亥继承了皇位。

胡亥从他爹身上别的没继承来，就继承了一样：残暴。

他接手皇位，面临的第一个问题是：他爹后宫的女人们怎么办？

虽然在秦始皇的历史里，没有女人的故事。但他作为皇帝，后宫当然有不少女人的。

后来的皇帝后宫动辄有成千上万的女人，这大概是皇权的一种表现形式。这么多女人，能怀胎生子的是极少数。这极少数的女人，母凭子贵，即便孩子当不上太子，也是皇子或公主，她在皇室里总算有一席之地了。可那些没有生过的，甚至没被皇帝临幸过的女人怎么办呢？皇帝死了，皇子即位了，她们都成了新皇帝的小妈了。新皇帝怎样处置这些小妈呢？

一般有四种方式：

最好的是遣散回家，爱嫁人就嫁人，爱怎么地就怎么地。这样的皇帝是不错的，多数都是这样的。

其次，是全部出家，当尼姑，或者都弄到皇宫外面一个什么地方，养起来，不能再嫁人了，老皇帝战斗过的地方不让别人来了。这样的皇帝也还过得去。

第三种比较狗血，新皇帝直接给收了。匈奴都这么干，很正常。华夏的皇帝这么干的，都是那种最荒淫的。不过呢，这也算一条活路，不是最坏的。

最坏的、最惨的是第四种，给老皇帝殉葬。

所以，很多清宫剧里，那些嫔妃们争风吃醋，打破了脑袋也要让皇帝多多临幸自己，就为的这个，为了将来自己能在皇室有一席之地。这种清宫剧，很多女人还都爱看，我就奇了怪了，一大帮小女人围着个老男人，天天这个那个的，这有多贬低女性啊！还爱看，真是理解不了。

胡亥选的正是第四种方式，后宫中凡未生子女的全部杀掉殉葬。

殉葬，实在是中国文化中很卑劣的一部分，由来已久。前面讲过宣太后——"芈月"就想让情夫魏丑夫殉葬。再往前，《诗经》里有一篇《黄鸟》，讲春秋时的秦穆公死后，让他三个贤臣殉葬：

交交黄鸟，止于棘。谁从穆公？子车奄息。
维此奄息，百夫之特。临其穴，惴惴其栗。
彼苍者天，歼我良人！如可赎兮，人百其身！

——《诗经·黄鸟》

意思是：黄鸟交交叫，落在荆棘丛。谁在给穆公殉葬啊？原来是子车奄息。这位子车奄息是百里挑一的贤能人才啊，围观的人们都为他痛哭颤抖。苍天啊，为什么让这么好的人殉葬？如果可以交换，我们宁可自己换下他来。

还有一个挺有名的故事：吴王阖闾的女儿因为跟阖闾怄气而自杀。阖闾很痛苦，给这个女儿修了大大的坟墓，下葬时，找人搞来几只白鹤表演节目，边走边演，吸引了很多老百姓围观，都跟着下葬的队伍看，一直跟进了墓里面还看呢。阖闾在外面，咣当一下，放下巨大的墓门，把墓封死，这些看鹤的人便都跟着殉葬了。

《墨子》也有一段话讲殉葬：

天子杀殉，众者数百，寡者数十；将军、大夫杀殉，众者数十，寡者数人。

——《墨子》

墨子是春秋末、战国初的，从他这段话，可见当时殉葬之普遍。国君死了，就几十几百人殉葬；将军、大夫死了也有几十人殉葬。

太不人道了。很多人都反对，墨子讲这句话，明显也是反对殉葬。

另外，孔子也有一句著名的话：

始作俑者，其无后乎！

——《孟子·梁惠王上》

他不但反对拿活人殉葬，而且拿人形俑陪葬，他也认为非常不好。他认为，第一个制作俑的人，该断子绝孙。因为，有这个想法就不对。

说到人形俑，最著名的肯定是秦始皇陵的兵马俑。有人惊叹，这么多兵马俑，竟然各个容貌表情不同，千人千面。为什么呢？很简单，秦始皇要的就是真人的效果，他就是希望在死后的世界里，这些殉葬、陪葬的人还能像活着时那样伺候他，供他享用、使唤。

这个话题不说了，不舒服。不过，它确实反映了中国人的生死观，也是一个严肃的宗教、哲学问题。

接着说秦二世胡亥，他把秦始皇的后事安排完，开始坐江山当皇帝。皇帝怎么当呢？模仿！我爹怎么当，我就怎么当。我爹巡游天下，我也得巡游。于是，他把他爹走过的路重走了一遍。

然后，再干点啥呢？有一天，胡亥跟赵高说：

人生居世间也，譬犹骋六骥过决隙也。

——《史记·李斯列传》

人生在世，就像动车驶过站台，太快了。我既然已经当上皇帝了，也没什么更高的目标了，就想及时行乐。

悉耳目之所好，穷心志之所乐，长有天下，终吾年寿。

——《史记》

接下来我这辈子，就想着怎么高兴怎么来了。

赵高说：恐怕还不行。您现在的皇位还不稳当，您的那些皇兄们，还有那些老臣、重臣，他们对您还都不服气呢。背地里，都怀疑遗诏是咱改过的，都虎视眈眈地在旁边盯着您呢，瞅着机会就得整事，您还怎么及时行乐啊？

胡亥一听：对啊，那怎么办呢？

赵高讲：

明主收举馀民，贱者贵之，贫者富之，远者近之，则上下集而国安矣。

——《史记·秦始皇本纪》

意思就是，您得懂得一朝天子一朝臣的道理。您是新上任的皇帝，要想稳固自己的地位，就得提拔起新的团队来给自己保台，本来贫贱疏远的，靠边站的，您把他提起来，让他富贵，成为近臣，那他们得多感激您，多死心塌地支持您啊。

老的那些呢？都是先帝提起来的，您对他再怎么好，他也不知您的情，跟您不是一条心。所以，就干脆多拿他们开刀，来树立您的威信。

胡亥：好，我明白了，开刀，开杀戒。

于是，胡亥把秦始皇另外的十二个儿子、十个女儿全部杀掉。秦始皇所谓的"近官三郎"，亲信的外郎、中郎、侍郎，类似赵高这种大秘们，整套班底，也全部杀掉。

皇上杀人也不能随便杀，大秦帝国是讲法治的，得走法律程序，得调查你，你得有个该杀的罪名。结果，这一弄，每杀一个人，都得牵扯十几上百人，搞得整个朝廷人人自危。

同时呢，继续大兴土木，修阿房宫。先帝生前没修好，这工程不能烂尾，得完成先帝遗愿，继续投入大量人力物力。

而且，赵高是刀笔吏出身，是玩法律、打官司的，他是那种以恶制恶、以暴制暴的思维。于是，在整个国家治理层面，他把秦始皇时期的严刑峻法又向前推进了一步。

老百姓们的生存状况比秦始皇时期更差，没活路了。怎么办呢？不在沉默中爆发，就在沉默中灭亡！爆发了！陈胜、吴广起义，在大泽乡打响了反秦的第一枪，时间正好是秦始皇去世一周年。秦始皇是公元前210年7月死的，陈胜、吴广起义是公元前209年7月。

然后，短短两个月时间，整个秦帝国就像一锅水，开起来了，沸腾了，天下大乱。刘邦、项梁、田儋等豪杰们也都起来了。

> 山东郡县少年苦秦吏，皆杀其守尉令丞反，以应陈胜，相立为侯王，合从西乡，名为伐秦，不可胜数也。
>
> ——《史记》

这个"山东"，不是现在讲的山东省，而是指崤（xiáo）山山脉以东的区域。在原来秦国人的眼里，崤山以东就是东方六国，崤山西边就是秦国的地儿。崤山山势险峻，下面的函谷关，易守难攻，一夫当关万夫莫开。此前，秦国以一敌六，一定程度上就得益于这道关隘，它是道屏障，东方六国打不过来。以后的历史中，这个地方战争故事太多了，"山东"这个词也会经常提到。

山东少年苦秦吏，造反的多数是年轻人，血气方刚，受不了底层官吏的欺压，早就憋着火呢，一旦有人挑头，立马就起来了。

怎么应付呢？山东的地方官赶紧派人回朝廷报信：皇上啊，大事不好了，哪哪老百姓都起来造反了，声势太大了，控制不了了。您快想想办法吧。

胡亥一听就烦了：胡说，你这是妖言惑众。咱们这么努力地治理国家，政策这么好，怎么可能有人造反呢？把他们抓起来！

后面再来报信的，都学乖了：皇上啊，也没多大事，就是些鼠窃狗盗之辈，动静稍微大点了，我们县长、郡守都能应付，都搞定了，您放心吧。

胡亥一听，挺高兴：大老远来了，挺辛苦的，赏赐你点什么什么吧。

好笑吗？其实一点也不好笑。王小波有篇文章《花剌子模信使问题》，专讲这个问题，你可以百度一下看看。

就是因为执政者的这样一个问题，不想听坏消息，坏消息传不进来，大秦帝国对于山东的形势没能及时作出反应，没能将其消灭于萌芽状态，致使各路起义军迅速壮大。

当年冬天，陈胜的一支大军在大将周文的带领下，竟然打进了关中，数十万兵马紧逼咸阳。兵临城下了。这简直跟做梦一样。胡亥着慌了，吓坏了，一面派大将章邯带兵迎战，一面责问李斯：你这个丞相是干什么吃的？怎么出这么大乱子呢？你看怎么办吧？

李斯也吓一跳，他倒不是害怕起义军，战争他经历得多了，都是诸侯国打诸侯国，底层的黔首庶民能有多大能耐，还能改朝换代吗？亘古未有。夏、商、周、秦，那都是贵族政权，平民百姓也想建立政权吗？不可思议。

李斯害怕的是什么呢？前面胡亥不是一朝天子一朝臣，正大批地砍掉秦始皇的旧臣吗？他害怕胡亥就着这个事，把自己免了，夺了自己的权。

他揣摩胡亥的心理：你问我，我看怎么办？我看怎么办有用吗？我的看法要是跟你的看法不一样，不还得按你的办吗？

那么，胡亥是怎么想的呢？

李斯想了想，心里有数了，便说：皇上啊，

夫贤主者，必且能全道而行督责之术者也。

——《行督责书》

贤明的君主都会充分运用督责的办法——督责，督导问责。之所以出这么大乱子，根本原因还是督责落实不到位，管得不够严，刑罚不够重。老百姓不怕官吏，官吏不怕朝廷——他这又是法家的思维方式，治乱世要用重典。

胡亥一听：正合朕意，办！

于是，老百姓们更遭罪了。

刑者相半于道，而死人日成积于市。秦民益骇惧思乱。

——《资治通鉴·秦纪二》

治乱世用重典，这话不错，可也得有讲究。局部的问题，用重典，杀一儆百，应当管用。可是，这种全国性的大乱，用重典只能是火上浇油了。

李斯虽然暂时把胡亥的问责给应付过去了，但他在胡亥心中的地位、形象，已经有问题了。

这时，赵高乘机出手。

此前，赵高忽悠胡亥：陛下富于春秋，意思就是您还很年轻，可是，说皇帝年轻好像有点不恭敬，就说"富于春秋"——富于春秋，执政经验就少一点呗，每天接见群臣，面对面交流就容易露怯，这样一来，在大臣们心目中高大威严的皇帝形象不就打折扣了吗？

胡亥：对啊，有时真有点力不从心，怎么办呢？

赵高：您看，皇帝不是自称为"朕"吗？朕字的本意就是只闻其声不见其人。按这道理讲，大臣们只能听令行事，是不能跟皇帝见面的，这样才有神秘感。以后，再有大臣汇报工作，就让他们提前写好了，以书面形式报上来。然后，我们帮着您一起答复他。那就比较周密了，既能让大臣服气，也能维护您的形象。

胡亥被忽悠住了，照办，平常谁也不见，弄得连李斯跟他见一面都难。

这时，赵高来找李斯：李丞相啊，我跟您说个事。您看天下都乱成这样了，皇上还可劲儿修阿房宫，还每天玩，我就是一个宦官，位卑言轻的，也不好进谏。您得说话啊！

李斯以为赵高是好意：老赵啊，我是想进谏，可见不着皇上啊。

赵高：这好办，我天天在皇上身边，哪天他闲着，我就派人来叫您过去。

李斯：好吧。

过了两天，胡亥跟一帮美女玩得正高兴呢。赵高派人去叫李斯：皇上正闲着呢，赶紧过去吧。李斯急忙进宫。

小太监们先进来通报：皇上啊，丞相求见。

胡亥很扫兴，把美女们打发走了，整理衣冠：好吧，让他进来。

李斯进来，一通进谏。胡亥耐着性子听完，把李斯打发出去，再玩，也没什么兴致了。

李斯不知道啊。过了两天，赵高的人又来叫，李斯又赶紧进宫，又扫一次胡亥的兴。有了这么几回之后，胡亥彻底烦了：噢，我天天闲着他不来，专挑我玩到兴头上来败兴，太可恶了！

赵高立马接上话：皇上啊，您要不说这个，我还不敢说呢，李斯确实是别有用心。您当上皇帝，他出力不小，可是没得到什么好处，丞相还是丞相，他有怨言。他的长子李由当三川郡的郡守，造反的就数那里闹得最凶。为什么？因为，李由跟那些反贼有串通，背后李斯也支持着。不过，我这也是听人说，是不是真事还得调查调查才知道。

李斯这时才知道赵高在给自己下套，他想反击，告赵高有谋反之心，为时已晚。很快，胡亥委派赵高查办李斯父子，"收捕宗族、宾客"，李斯的家族、亲信、朋友，全抓了。然后，往死里打。说，是不是串通反贼了？最终屈打成招。

李斯在狱中给胡亥上书，列举自己三十多年来为大秦王朝所作的贡献，希望胡亥睁睁眼，放自己一条活路。

平心而论，没有李斯，可能真就没有这个王朝。可是，他这封上书，怎么可能送得到胡亥手里，赵高是干什么的啊。

最终，公元前208年，李斯父子被腰斩于市，夷三族。临行刑时，李斯对着绑在一边的儿子讲：

> 吾欲与若复牵黄犬，俱出上蔡东门逐狡兔，岂可得乎！
>
> ——《史记·李斯列传》

　　还记得你小时候，咱们在老家上蔡，虽然穷，但是，我经常带着你出了东城门，牵着老黄狗去野地里追兔子玩吗？那时多快乐啊！回不去了！

　　此番悲叹，千载有回声！

　　那么，这样的结局，李斯是否曾经想到过呢？想到过。此前有一次，他的长子李由回家。李由担任三川郡的郡守，三川郡是中原大郡。李斯其他的几个儿子，官也都不小，而且娶的都是公主，女儿们嫁的都是皇子，可见他跟秦始皇关系不是一般的铁啊，宠盛无比。

　　大儿子休假回家看自己，李斯很高兴，便摆下酒席，请些朋友来家中小聚。结果，满朝的官员都听到信，都来李斯府上祝贺捧场，府门前停的车马数以千计。

　　在一派人声鼎沸、喧嚣热闹之中，李斯的心忽然一紧：我老师荀子说过一句话——

> 物禁大盛。
>
> ——《史记·李斯列传》

　　凡事凡物不能太盛，物极必反，盛极必衰。真不知道哪天我衰落是怎样的光景？

　　从前面第18回就开始讲李斯，一直讲到第28回这儿，终于讲完了。他是平民出身，有才华、有权谋，奋斗过，也努力经营过，有荣誉、有卑贱，有兴、有败。相对秦始皇，李斯的人生更可以作为我们这些平民的一个参照，有经验可以借鉴，有教训可以自警。所以，他才是秦王朝历史的男主角。现在主角死了，戏也就快结束了。

　　秦朝的戏究竟是怎样结束的呢？咱们下回再说。

两句话就灭掉
一个王朝

上回讲到，胡亥即位之后，继续施行严刑峻法，一方面在高层大开杀戒，杀兄弟、杀大臣，来巩固权力；另一方面对老百姓实行高压政策。整个国家都很紧张，就像一根弦绷着，绷到一定程度，便绷断了，农民起义爆发了。

打响第一枪的是陈胜。

陈胜，名胜，字涉。古人都是有名又有字的。孔子，名丘，字仲尼；诸葛亮，名亮，字孔明。称呼一个人，要喊谁，一般是叫他的字，孔明先生怎么着怎么着，这样显得很尊重人家。直呼其名的，一般是领导或长辈，或者自己称自己就是名，比如诸葛亮要跟刘备讲个什么建议，会说：亮以为如何如何。

不过，也有所谓"以字行"，人们提到某人时，习惯用他的字，名反而很少有人知道了。比如项羽，名籍，字羽；医圣张仲景，名机，字仲景；蒋介石，名中正，字介石。

另外，国学大师章太炎，"太炎"既不是名，也不是字，而是号。古代文人都有个号。前面提到过，孟尝君、春申君，这都是国君给的封号。后来文人没人给封号，索性自己起个号。

还有，孙中山的"中山"既不是名，也不是字，也不是号。他名文，字载之，号逸仙，"中山"是怎么回事呢？是因为他早年从事地下反清革命活动时化名"中山樵"，慢慢地，孙中山就成了对他的通用的称呼了。

史书里提到陈胜，多用其字，即"陈涉"，不过，现在历史课本里都用"陈胜"，咱也用陈胜吧。

陈胜出身底层，非常穷，贾谊《过秦论》中讲：

陈涉瓮牖绳枢之子，氓隶之人。

——贾谊《过秦论》

瓮牖绳枢，是说他住的那个破房子，墙上随便掏个窟窿，跟个瓮口这么大，就是窗户了。弄几块破木板，拿绳子一系就是门了，小篱笆门。平时就是给人家扛活的那么个人。绝对是底层的底层。

然而，人贵有志。他相信，自己不会一辈子这样，总有出人头地的一天。有一次，在地里干活，中间歇着，跟一帮干活的同伴闲聊天，他冒出一句：

苟富贵，无相忘。

——《史记·陈涉世家》

哪天咱们弟兄，谁要是富贵了，可别忘了兄弟们啊。

哥几个都乐了：兄弟啊，你快别做梦了，咱就一帮扛活的，还富贵呢？赶紧干活吧。

陈胜弄了个大红脸，心说：做人没有梦想，那跟咸鱼有什么区别呢？我有梦想，错了吗？没错！没错！

于是，陈胜发了一句感慨——这是第一句话：

嗟乎，燕雀安知鸿鹄之志哉！

——《史记·陈涉世家》

我的梦想没有错，只是以他们的层次，根本没办法理解，以小麻雀的格局怎会懂得雄鹰的心？

陈胜可能还会气呼呼地想：苟富贵，必相忘。哪天我要富贵了，你们这群人，可别找我！

其实，"苟富贵，无相忘"，实在是个人生大问题。

比如好多同学之间，上学时，一个宿舍，一起踢球，一起逃课，吃喝不分。然而，毕业若干年后，你大富大贵了，真的还能看得起那个混得灰头土脸的兄弟吗？你是不是觉得他游手好闲、没有上进心，混得不好是他不争气，是活该呢？

怎么看待这个问题呢？孟子有段话非常好：

中也养不中，才也养不才，故人乐有贤父兄也。如中也弃不中，才也弃不才，则贤不肖之相去，其间不能以寸。

——《孟子·离娄下》

这话不用我解释，多念几遍就能明白的。

接着讲陈胜。这样有志气的人，总会比较打眼，很容易从人堆里被挑出来。所以，公元前209年，当陈胜和900多个穷乡亲被征调去边疆戍守时，他被选出来，成为这900人的头目，另外一个头目是吴广，他俩的关系很好。在他们上面还有正式的秦朝军官是总负责。

这支队伍当时驻扎在大泽乡，就是今天的安徽省宿州市的大泽乡镇，是原来楚国的地方。他们要去的是渔阳郡，大致就是今天北京八达岭长城这边。距离真的很远。

当时正是七月，盛夏，雨季，连日大雨，这900人的队伍滞留在大泽乡，走不了了，一晃就是半个月，肯定不能按期到达渔阳了。按照当时秦朝律法，不能按期到达就得杀头。

怎么办呢？陈胜找吴广商量：继续去渔阳，误期得杀头，那是死路；逃跑也不容易，抓着也得杀头，也是死路；干脆反了吧，咱们光复楚国。

吴广赞同：好，干！

怎么干呢？

陈胜提出一个大的思路：要以扶苏、项燕的名义，打着他们的旗号起事，这样才有号召力。

扶苏是皇长子，理应即位，却被胡亥害死。咱就说，他根本没死，而是隐姓埋名，藏在民间了，现在作为咱们的领袖，要把皇位夺回来。项燕是楚国最后的名将，是跟王翦对阵的楚军统帅，最后兵败自杀，在楚人心目中有崇高的威望。咱就说，他也没死——民间也有这个说法，他现在跟扶苏联合在一起了，也是咱们的首领。

这叫什么？用三十六计的说法，这叫"借尸还魂"，用现在的说法叫"借壳上市"。总之，就是借势、造势。

思路有了，然后怎么办呢？

要占卜。这是老传统，古代两国开战之前，都要占卜一下。《左传》里面有类似的二十多处记述，有用《周易》占卜的，也有用龟甲占卜的。我在《简易经》里有篇文章叫"周朝人怎样玩周易"就是分析《左传》和《国语》里涉及的全部占卜案例。陈胜这900人中藏龙卧虎，所谓高手在民间，里面真就有个占卜师，跟陈胜、吴广关系也很好。这人讲：现在这个大思路不错，咱们抬出扶苏、项燕来造势，这是人助。在这个基础上，再有鬼神之助，就更强了，得再抬出鬼神来造势。

怎么造鬼神之势呢？

他们想了一个办法，在一块帛上写了三个红字：陈胜王，偷偷掖进鱼肚子里面。然后，伙房里做饭的师傅收拾这条鱼时，就看见这字条了，觉得很神奇，以为是神启。

另外，他们半夜里找了几个亲信的人，装狐狸叫，让那个叫声就像狐狸在喊，"大楚兴，陈胜王"。

这样，慢慢地，一种神秘的传言就在这支队伍中流传开了，陈胜有了一种神秘的威望。

接下来，这第一枪怎么打呢？总不能，陈胜、吴广两人站在空地上，喊一嗓子"咱们革命啦"，人们就跟着如何如何吧。还需要一个导火索来引爆人们的情绪，也就是得有个引爆点。

于是，他们策划了一场苦情戏。有一天，押送他们的一个军官喝醉了，吴广故意在他面前犯了点小错误。这个军官大怒，抢鞭子就打，借着酒劲，越打越来劲，打得吴广满地滚。人们都看不下去了，想阻止，可没人敢，都憋着气。吴广突然翻身而起，夺了军官的剑，就把这个军官给杀了。

与此同时，陈胜也杀了另外的两个军官。

人们一见了血，眼睛都红了。杀得好！这些畜生平常不拿咱们当人，穷凶极恶，早该杀了他们！你们是好样的！一下子沸腾了。

于是，陈胜、吴广振臂高呼——这是第二句话：弟兄们，

　　王侯将相宁有种乎！

——《史记·陈涉世家》

就像一道闪电，这一句诘问，击中了每个底层草民的心灵。凭什么？凭什么他们做王侯将相，锦衣玉食，操纵生杀大权，凭什么他们生来就可以这样，我们却生来就在泥土里？

前两天我看刘强东有个演讲，讲他从小生长在苏北最穷苦的农村里，第一次看外面的世界是中考完，穿着拖鞋、跨带背心坐火车去南京。那是他第一次从村里出来，看着火车上一个同龄的小姑娘，人家吃的、穿的，那叫一个好啊，自己在村里都没见过，村长家也没有，平生第一次感觉到深深的自卑。然后，到了南京，他绕着当时南京最高的一栋大楼，转了三十多圈。他一边转一边想的也是这个问题：凭什么啊？

王侯将相宁有种乎？！

这是超越时代的所有心怀梦想的草根的共同宣言。

这时的陈胜、吴广，虽然只是草根，但有大思路、有神奇的故事、有最富鼓动性的宣言，有共同的国民情绪和共同的诉求，所以，立即形成巨大的势能。

极短的时间内，900人的队伍扩大到几万人，挥师西进，顺利打下了陈郡。在这里，陈胜被拥立为王。成国王了，什么国？张楚。不叫楚国，我叫张楚国，我就是张楚国的王。

陈胜、吴广杀死监押的军官，发动起义

建国称王，这是一个战略性的大问题。对此，有两个人反对。谁啊？张耳和陈馀。这是两位高人，将来也是整个秦末汉初混战中的主角一级的人物，他俩的故事可以说是史上最让人唏嘘感叹的故事之一，以后会专门讲。现在他们都在陈胜麾下，被重用。他俩给陈胜出主意：您先别急于称王，这样就显得您起义是为了自己。当务之急是，抓紧举兵西进，表现出咱就是要推翻秦朝这个残暴政权的。同时，搜求原来六国的王族子孙，恢复他们的王位，让他们领着各国的遗老遗少遗民，各自发展，一起起来对抗秦朝政府军。

对秦军来讲，"敌多则力分"，多一个敌人，就得分出一部分兵力对付。

对咱们来讲，"与众则兵强"，多一支力量，就更强大一分。

最终，等到打下了咸阳，那时候，还是您拿大头，您做皇帝是水到渠成的。

陈胜没有采纳这个建议。可能他对形势的估计过于乐观了，因为当时胡亥还没进入状态，还犯着"花剌子模的信使"的毛病呢，大将章邯还没有出马。所以，他很快就称王，建立政权了。

接下来，陈胜坐镇陈郡，进行了一个全国的战略规划。他派吴广去打三川郡的荥阳城；派大将武臣跟张耳、陈馀北上打原来赵国那一片；派大将周市去打魏国那一片；派大将周文带大军向西直逼咸阳。

另外，也有向西的、向东的。而且，兵马一旦朝哪边打过去，不可能跟直线似的，都是随机应变。武臣、张耳、陈馀这一支便继续向北打到燕国地界；周市这支打到了齐国地界。这个过程里，起义军内部又有各种分裂，打着打着，人马越来越多，跟陈胜这边也经常联系不上，没什么制约，干脆各自称王。先是张耳、陈馀在邯郸拥立武臣称赵王。后来武臣被手下杀死，张耳、陈馀死里逃生，之后又拥立了一个赵国王孙做赵王。武臣手下的韩广，在燕国这边称燕王。周市在魏国这边拥立原来魏国的公子魏咎为魏王。

齐国这边，田儋自立为齐王。项梁、刘邦等也都乘势而起。

群雄逐鹿，天下大乱。

这时候，秦朝政府开始全力以赴应对，主要的带兵大将是章邯。他一出咸阳，就先打散了周文这支起义军主力。继续东进，又打散了围荥阳的吴广部起义军。在此之前，吴广已经被手下杀死。章邯继续南下，来打陈郡，将陈胜主力打败。

稍后，公元前209年腊月，陈胜被自己的司机——负责驾车的，给杀了。

这个时间，我说得不大规范，规范说，应当是阴历癸巳年腊月，而"公元前多少多少年"这是阳历的说法，咱们知道，一般阴历的某年腊月，就到了阳历的第二年的1月甚至2月了。所以，一般资料上写陈胜的卒年为公元前208年。后面讲到很多地方，都可能涉及这个问题，一到年底的时间就乱套。

还有一个原因，秦始皇统一六国之后，其中一项改革就是：

改年始，朝贺皆自十月朔。

——《史记·秦始皇本纪》

什么意思呢？就是每年的开始不是从正月开始算的，而是从头一年的十月就开始算。从十月初到转过年来的九月底，这是一年。别扭不？古代历法太复杂了，还有什么干支纪年、帝王年号纪年，太复杂，为了好理解，咱们约定一下，说哪年就用公元纪年，阳历的；说月日，就用史书上的阴历的。

接着说陈胜，他从起义到死，大致也就半年时间。他的生命就像一道闪电，光芒万丈，却极其短暂。

对于陈胜的失败结局，史书认为，问题出在，陈胜未得人心。你想，司机应当是最亲信的手下，却对他下毒手。别人跟他的关系，也就可见一斑了。

据说，陈胜称王之后，很多亲朋故旧都来投奔他，包括他老丈人也来投奔他。按当时的礼节，见了老丈人得跪拜，行大礼。可是，陈胜只作了个揖。老丈人烦了：你真拿自己当王了，礼节都不要了，这么骄傲，怎会长久？说完，扬长而去。

还有一个穷哥们，当年跟陈胜一块扛活种地的，投到陈胜手下之后，天天跟身边人吹牛：当年陈王那是跟我混的。他怎么怎么要饭，怎么让地主打之类的，陈胜各种糗事都被他抖搂出来。

陈胜听到之后，怎么办呢？竟然把这个人给杀了。

这让人们挺寒心。

他平时对于手下的管理，也是用法家的手段，特别严厉，少恩寡情，慢慢便失了人心。不过呢，虽然陈胜大事未成身先死，但他点起的这把火，已成燎原之势。

陈胜死后，他的部下们拥立景驹为王，继续打着张楚这竿大旗。不久，项梁带着他的楚军，从南方打上来，跟景驹的这支部队遭遇。虽然两支部队都有共同的敌人，都是反秦，但他们之间并没想团结起来。于是开打。景驹兵败，战死，整个军队被项梁收编。

接下来，项梁跟章邯打，战死，楚军首领换成宋义。稍后，项梁的侄子项羽，杀了宋义，夺得领导权，带领楚军破釜沉舟，巨鹿之战大败秦军。然后，又接连打败章邯好几次。

章邯有点吃不住劲了，而且后院起火，朝中大奸臣赵高摆出架势要收拾他。最终，章邯向项羽投降。而此时，刘邦带的起义军已经打到了武关。

眼瞅着，秦帝国大势将去。秦二世胡亥坐卧不安，焦躁、暴躁，瞅谁都不顺眼，动辄杀人。赵高心想：瞅这架势，不知哪天胡亥就得把气撒我头上，干脆我先下手为强。

他就想发动政变，杀死胡亥。不过，他又想：我要政变，朝臣们会不会抵制我呢？我这边杀死胡亥，他们再联手把我杀死，那怎么办？不能贸然行事，我得找个机会先试探一下。

于是，有一天，胡亥跟几个大臣正在一起，赵高给弄来一只鹿，指着这个鹿说：皇上啊，新近我得了一匹很奇特的马，跟一般的马不一样，我想献给您。

胡亥瞅了一眼：噢，不对吧，这不是马，分明是鹿。

赵高：不可能，鹿都长犄角，这个没犄角。这是一种特殊品种的马。您让大家都说说，这是鹿还是马？

结果，旁边的大臣们，绝大多数都顺着赵高的意思说：皇上，这确实是马。事后，凡说是鹿的，赵高全部想办法铲除掉，随即发动政变，让他女婿阎乐带兵打进了皇宫。胡亥猝不及防，抵挡不住，打到最后，身边只剩下一个心腹的宦官。他问这个宦官：事情怎么到了这步田地，你们怎么不早点提醒我？

宦官：我要早点告诉您，就活不到现在了。

胡亥又问政变的首领：阎乐啊，咱商量一下，皇帝我不当了，只当一郡之王行不？

阎乐：不行！

胡亥：只让我当个万户侯行不？

阎乐：也不行！

胡亥：我只要自己的老婆孩子，当个平头老百姓行不？

阎乐：还是不行。

最终，胡亥自杀。

胡亥死后，国不可一日无君，赵高想拥立子婴继位。子婴，有说是扶苏的儿子的，也有说是秦始皇的弟弟的，这不重要了。

子婴一点也不领情，他深知赵高的狼子野心，称病不出。谁来请，他都不出门。

赵高没办法，别人请不来，只好亲自出马。他一进子婴的府门，就被埋伏好的武士给杀了，然后，被夷三族。

再然后呢？四十多天后，公元前207年10月的一天，子婴向刘邦投降。刘邦没杀他，把他交给了稍后进咸阳的项羽，项羽杀之。秦朝灭亡。

这么强大的一个帝国怎么就亡了呢？

也许只是因为一个底层草民的两句话吧：

燕雀安知鸿鹄之志哉！

王侯将相宁有种乎！

——《史记·陈涉世家》

好了，下回开讲刘邦。

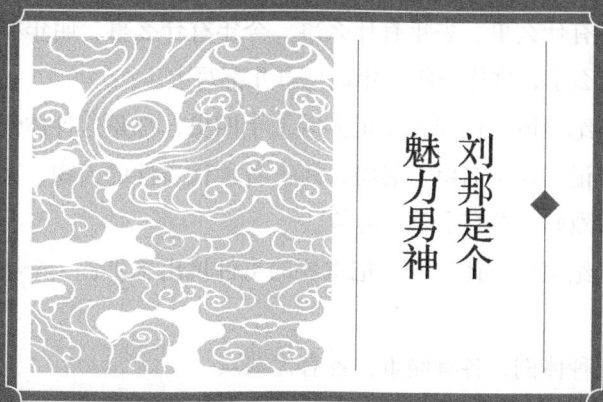

刘邦是个
魅力男神

中国史书有三种体例：

一是编年体，比如《左传》《资治通鉴》，内容是按着时间顺序排，前年有什么事，去年有什么事，今年有什么事，明年有什么事，后年有什么事，这样一年一年地把事儿都写上。

二是纪传体，比如《史记》等二十四史，都是这种体例，每个皇帝一个传记，每个名臣、名将，还有各种代表性的人物，甚至包括著名的贞洁烈妇，都有个单独的传。

三是纪事本末体，专门把重要的事件挑出来讲，一个事件，再一个事件。

这三种体例，各有侧重，各有优缺点。

比如，《资治通鉴》是编年体，它重在讲某年发生了某事。这个事儿要涉及很多人物，其中主要的人物，《资治通鉴》会简略地追述一下他之前的生平；次要人物往往只交待一下他是前面已经提到过的某个人物的儿子或者兄弟之类的人物关系，也就完了。总之，编年体对人讲得不细。

纪事本末体更是只重事，不重人。

将人讲得细的是纪传体，以人为中心，生平故事、性格言行，都讲得比较细。但它有一个大问题，就是传记与传记之间，有很多交叉重复的内容。比如《史记》，项羽的本纪里有很多地方都讲到刘邦，刘邦的本纪里也有很多内容讲到项羽，还讲到韩信、萧何。讲到谁的传，都得从头往下再捋一遍。

所以，我的讲述，单独参照哪种体例都不行，必须结合起来。整体上，要把历史全景呈现出来，就得是《资治通鉴》这种编年体，按着时间排。具体到某一回，要突出人、突出事，就得找纪传体或纪事本末体的感觉。

上一回讲陈胜，一下子就讲到了秦朝灭亡，这就是纪传体的感觉。

接下来，讲刘邦、项羽，还得返回去，从秦朝还没灭亡时，甚至从秦始皇那会开讲。这一层您得理解，这还是纪传体的感觉。

前面讲过，秦始皇五次东巡，巡游天下，为的是让原来东方六国的那些遗民们，都见识一下天子的威仪，让老百姓们知道：如今这个皇帝多么威武，这么多人保着，神圣不可侵犯，简直是在天上的，是天子；咱小老百姓是在地底下的，跟人家差着一天一地，咱就老实巴交地当顺民吧，别有什么想法啦。

秦始皇是这么想的，貌似不错。

可看的人并没这样想。秦始皇最后一次东游，到了会稽山。当时，围观群众里有叔侄二人，都长得高大威猛，气宇不凡，在人群中一站，如鹤立鸡群，很打眼。这位叔叔不过三四十岁，侄子不过二十二三。他们是谁呢？正是后世大名鼎鼎的项梁和项羽。

当时，项羽远远瞅着秦始皇的车队，看着那个场面，脱口而出：

彼可取而代也。

——《史记·项羽本纪》

他可以被取代，咱能拿下他，他那位置咱也能坐坐。

吓得项梁伸手把他嘴给捂上：小兔崽子，你说这个，是灭门之罪。

项羽梗梗脖子，不说话了，可还是不服气。

项梁呢，别看他嘴上这么说，可心里对这个侄子却暗挑大拇指：好小子，有志气，真是我们老项家的种。

他们老项家确实了不得，世代都是楚国名将。上回说，陈胜刚起义的时候，为了造声势，是打着扶苏和项燕的旗号的。扶苏那是秦始皇的长子，这个名头就不用说了，绝对是牌子够亮。项燕比扶苏的名头一点也不小，他是楚国最后的名将，是跟王翦对阵的，是楚国的中流砥柱。虽然最后没能顶住，那也不能怪项燕，一个人再能耐，也扭转不了天下大势。最终，兵败自杀。

项梁就是项燕的儿子，在国破家亡之际，带着侄子项羽，还有几个兄弟子侄，一起逃到了吴中，也就是会稽郡的治所。

会稽郡本来都是原来楚国的地盘，项家又有崇高的威望，项梁又极有才华，所以他很快就成为吴中的民间领袖。

项羽刚到吴中时，还只是个十多岁的少年，但是，一长就不一样，基因好、壮实，十六七岁就力能扛鼎，高大威猛。而且才气过人，十分聪明。

不过，人太聪明，心就高，学什么就不那么踏实。项梁教他读书、习剑，他都没兴趣：读书有什么用啊，能认点字，会签个名，日常所用就足够了。学剑学得再好，能打几个人啊，没劲！要学，我就学万人敌——能打成千上万人的。

项梁一听，挺高兴：有志气！那就教你兵法吧，将来带兵，万人敌。

可是，项羽还是不好好学。他就不是那种能坐得住的人，生就了是打天下的主。

只是，暂时没到打天下的时候，怎么办呢？没事就拿当地的小伙伴们练手，在吴中是打遍天下，街头霸王，吴中子弟没有不怕他的。

公元前209年7月，陈胜在大泽乡起义，9月，消息便传到会稽。会稽郡的郡守想起兵响应陈胜。他虽然是秦朝的官，可是，他能让项梁、项羽在他地盘上混，足以说明，他本来就不是秦朝的忠臣，有反秦思想。

他要起兵的话，得有能人带兵，得找帮手，就把项梁叫来了：老项啊，我知道，你早就憋着劲呢，现在机会来了。我打算请你和桓楚一起做我的将军，帮着我，一块起兵，打秦朝，怎么样？

桓楚是什么人呢？史书没交代清楚，估计也是个老炮级的反秦人物。

项梁一听这个：太好了，大人啊，您太深明大义了。没问题，我干！可是桓楚这个人行踪不定，不好找啊。

郡守：怎么办呢？

项梁：您别着急，我侄子项羽可能知道他在哪儿。

郡守：好吧，有劳您把贤侄请来，让他帮忙给找找桓楚。

项梁回去找项羽，冲着项羽耳语几句，爷俩就回来了。

郡守一看项羽，这小伙子太精神了，豹头环眼，虎背熊腰。《史记》中还提到，项羽是"重瞳子"，两个"瞳孔"，据说大舜也这样，很神奇的感觉。其实，这是一种畸形，一种病，不过，古人不懂，以为神奇。

神奇，那就得好好瞅两眼呗。这个郡守光顾着打量项羽了。结果，冷不丁，项羽拔剑就把他给扎死了，然后，连杀郡守府中数十人。

项家爷俩一下子控制了整个会稽郡。这太突然了，出人意料，不按常理出牌啊，好好的，项梁为什么要让项羽杀郡守呢？他们能在吴中安身，肯定得到了这位郡守的庇护，郡守要起兵反秦，也跟他们的意志是一致的。为什么还要杀郡守呢？

史书里没给分析。我的理解是，项梁不想受制于人，不想上面有个郡守婆婆，旁边还有个桓楚牵制，那样施展不开，还可能有后患，索性就下了狠手了。不厚道、不仁义，可这就是战争。就像上一部里讲过的"挟诈杀降"，白起杀降、曾国荃杀降、李鸿章杀降，李鸿章杀降还大受曾国藩的激赏，称其"殊为眼明手辣"。总之，战争中的事情不能以常理来评价。

书说简短，接下来，项梁组织了吴中八千子弟兵逐鹿中原。从会稽出发，向西北，先是越过长江，又过了淮河，到了下邳，进入了中原战场。

因为，项家的名望在那，跟陈胜不一样，他是货真价实的项燕家的部队，所以他也用不着装神弄鬼地去给自己造声势，不造势而势就已经很大了，这正是贵族做事的优势，草根比不了。这一路上，各路英雄豪杰，很多小股的起义军，都来投奔，比如陈婴、黥布等，都带兵加入到项梁麾下。这支队伍很快便壮大到六七万人。

下邳的西边不远处就是彭城，也就是现在的徐州。上次讲了，当时陈胜已死，景驹接替他被拥立为王，这会儿就正在彭城。因为是群雄逐鹿，很多支反秦起义军都各自称王，彼此之间经常互相掐。结果，项梁跟景驹开打，把景驹给打死，将其部队收编。

大致就在这时候，刘邦带着百十来号骑兵来投项梁。此时刘邦手下已经有五千多人，可是，他凭自己的力量还是站不住脚。他老家丰县正让别人给占着，他靠自己的实力根本夺不回来。投奔项梁，为的就是来抱粗腿，借力、借势、借兵。项梁很欣赏刘邦，真就给了刘邦五千兵马，还给配了十员大将。

一下子，刘邦就抖起来了，回去就把丰县给夺了回来。

注意，这时的刘邦虽然也算创业黑马，但势力还是在他老家这一片打转转的。

刚才说刘邦老家是丰县，沛县人民听了可能不高兴。丰县、沛县，现在都是江苏徐州下辖的县，都自称是刘邦故里，以此发展旅游。

到底刘邦老家是哪儿呢？《史记》上是这么说的：

高祖，沛丰邑中阳里人。

——《史记·高祖本纪》

汉高祖刘邦是沛、丰邑、中阳里人，这是三级行政，是按汉朝时的行政区划讲的：沛是沛郡，不是沛县，相当于市级；丰邑，就是丰县；中阳里就是丰县的一个村。

《史记》中还提到，刘邦打下天下之后，曾回到老家，跟父老乡亲们欢聚，当时说过一句话：

丰，吾所生长，极不忘耳。

——《史记·高祖本纪》

丰县是我生长的地方，永远不能忘记的。

《汉书》里也讲，刘邦家的坟地都是在丰县的。总之，刘邦老家在丰县，这是肯定的。

不过，刘邦成年之后，主要是在沛县生活混事的，沛县比丰县要大，就跟黄骅比海兴大似的。他后来当亭长，带兵起义都是在沛县。所以，说沛县是刘邦故里，也没问题。

丰县、沛县都是刘邦故里，都没问题，抓这个旅游资源，都名正言顺。

刘邦本来只是一个村里的孩子。中阳里，古代以五家为邻，五邻为里。五五二十五，二十五户，每户十多个人——古代多是几世同堂，一户不少人，这样一算，一个里，差不多就是一个几百人的小村。

就这么个小村里的小屁孩，祖上多少代都是种地的，最多也就是个富农，最后竟然做了皇帝。靠什么？靠拼爹？靠聪明？靠勤奋？靠奋斗？

恐怕都很难有说服力。

只有一种解释，在中国文化中，在中国老百姓心中有说服力：他有这个命！这是天命。

你可能反对这种说法，甚至很反感，因为你有一个现代人的理性精神，对这种天命的说法不以为然。那么，我得尊重你。

但是，多数的现代人恐怕依然相信：那种巨大的成功，涉及太多偶然性的因素，绝非人力所能把握。

所以，当我们看到史书里很多荒诞不经却言之凿凿的传说时，也不要太嗤之以鼻。它里面有阳谋，有阴谋，有牛人对大众心理的操控玩弄，更包涵着人性和社会文化中深层的意义。

不管你怎样理解，那些传说还是挺有意思的。

刘邦堪称一位"传说哥"。

063

头一个传说是说他不是他爹的种。

他爹，史称刘太公，只是一个老实的农民，怎么可能生出个皇帝来呢？皇帝，必须是龙种。于是，就有传说了。有一天，刘太公小两口在地里干活，中间刘太公回家弄饭去，他老婆——也就是刘邦的妈在地头上睡着了，"梦与神遇"，梦里跟神仙玩了一次外遇。就在这时，刘太公从家里回来了，挺晴的天忽然黑了下来，雷电交加，远远地就见一条龙正伏在老婆的身上。伏在身上干什么呢？没看清，不敢想，不能说。随后，他妈就怀上了刘邦。真是重口味。

不过，这传说一点也不新鲜。

刘邦之前的夏、商、周、秦的开国君主们，除了夏朝的根正苗红之外，都有一个类似的段子。

夏朝的国君怎么根正苗红呢？初中历史课里都讲过，夏朝第一个君主是夏启，他爸就是大禹治水的大禹。大禹再往上推四代，曾祖父就是黄帝。黄帝往上呢？前面讲过，中国人有尚贤的传统，黄帝贤于其父，所以他就到头了，被尊奉为中华民族的祖先。

商朝国君的先祖叫殷契，他母亲叫简狄，简狄本来是帝喾的妃子。帝喾的爷爷的爷爷也是黄帝。这么一说，商朝国君的祖先跟夏朝国君的祖先就同宗同源了。不行，那样还是盖不过夏朝。于是就传说，这位简狄有一次在河里洗澡，天上飞来一只大黑鸟，噗嗤，下了一个蛋，落在水里了，简狄把这个蛋捞起来，给含在嘴里，可能是好玩吧，结果一下子咽到肚子里。然后回家就怀孕了，生了殷契。然后，子子孙孙传了若干代，传到商汤，征伐诸侯，革了夏朝的命建了商朝。

周朝国君的先祖叫后稷，他母亲叫姜原，也是帝喾的妃子。可是，姜原生后稷跟帝喾也没啥关系，她这个更邪乎。有一次姜原出去郊游，在山林里玩，忽然看到路上有一排巨人的大脚印，很神奇的感觉。她很好奇，撒开腿去踩着大脚印走，结果走了两步就觉得肚子里面有动静，有了胎气，怀上了。随后，十月怀胎一朝分娩，生了后稷。

秦朝的先祖——别说先祖了，直接说先祖奶奶吧，这个祖奶奶叫女脩，有天正在院子里织布，忽听头顶上面有鸟叫，一仰头——仰得比较大，嘴自然张开。结果，头顶也是一个大黑鸟正下了一个蛋，直接砸在女脩嘴里，一咽到底。然后，怀胎生子，就是秦朝先祖。

这可能也反映了母系社会的一个情况吧。主要还是强调天赋君权，都是天子。

好了，接着讲刘邦。这个龙种的刘邦长大成人之后，果然就有龙相、龙颜。

　　隆准而龙颜，美须髯。

——《史记·高祖本纪》

"龙颜"这个词有点模糊，到底什么样子叫龙颜？龙长什么样，没人见过。网上搜索到刘邦很多不同版本的画像，应当都是后人凭想象瞎画的，还不如咱们自己想象一下。隆准，高鼻梁；美须髯，大胡子，漂亮！再加上"龙颜"，大致得是个长方脸。你想去吧，哪个男明星，鼻子好，胡子好，瘦长脸有棱有角的。是吴彦祖？还是张震？我的男神啊，哈。

绝对是魅力男人。

男人的魅力，怎么才能表现出来呢？怎么才叫有魅力、有男人味呢？主要还是三方面：

一是颜值，刘邦的颜值没问题。

二是才情。放在今天，刘邦上个《中国好声音》或者《中国好歌曲》什么的，肯定没问题。没准就红了，成为一个巨星。什么意思呢？刘邦歌唱得好，自编自唱。他打下天下后，回老家，跟父老乡亲们一起欢聚，一边喝酒，一边听乐队演唱。什么乐队呢？他亲自成立并培训的一个120人的乐队，亲自指导演出，亲自"击筑，自为歌诗"，自编自唱。唱什么？

大风起兮云飞扬，威加海内兮归故乡，安得猛士兮守四方！

——《史记·高祖本纪》

这是什么感觉？这是摇滚的感觉！

三是性格，得是那种亦正亦邪的性格，才最有男人魅力。正的方面得有担当，能包容，大度大气，能依靠。邪的方面呢？有句话叫，男人不坏，女人不爱，得有点幽默感，有种放荡不羁，有种生猛粗野。这种"坏"男人，据说招女人喜欢。

总之，刘邦在正邪两方面，他都占全了。《史记》称他：

仁而爱人，喜施，意豁如也。

——《史记·高祖本纪》

这是他正的方面：厚道，乐善好施，能结交朋友。江湖上的口碑不错。

邪的方面怎么说呢？有三句话。头一句是：

常有大度，不事家人生产作业。

——《史记·高祖本纪》

这句话有意思，后面还要讲到很多英雄豪杰，都是这样的。他不是那种老实本分的，往贬义了讲，他是那种好高骛远的，想法都很大，平常老百姓种个地、做点小买卖养家糊口什么的，这些他根本看不上，不干。每天就是混，混社会，十天半月不回家，哪天回来了，准是惹了什么事了，弄得挺不招家里人待见的。有一次，他带几个小弟兄回来，直奔大嫂家，想蹭顿饭吃。大嫂早就被他吃烦了：哎呀，他三叔啊，咱家今天没饭吃了，吃干锅了，一边说，一边在屋里拿个勺子刮锅，嘎嘎嘎的，那意思，刮点饭根子都费劲了。小弟兄们一听这个，散了吧，回吧。扭头都走了。刘邦无可奈何，扭头也要走，又感觉不对，进屋一掀锅盖，还有半锅饭呢。一下子气坏了，从此他就跟大嫂不来往了。到后来，他当了皇帝，他家的侄子们都封王封侯的，唯独不封大嫂家的那个侄子。还记恨着呢。最后，他爹给说情，他才勉强同意给这个侄子封了个"羹颉侯"，"羹颉"大致就是饭没了的意思。

你说这刘邦邪性不？邪脾气。

说他的邪，第二句是：

> 及壮，试为吏，为泗水亭长，廷中吏无所不狎侮。
>
> ——《史记·高祖本纪》

及壮，就是壮年了，三十多岁的时候，刘邦不知怎么抓住一个机会，考公务员！咱也不知道当时都考什么啊，反正他就考上了。当了"泗水亭长"。亭长是怎么个官呢？大致相当于一个乡长。沛县下面的一个乡长，或者类似副乡长，副科级的这么个官。

前面讲了，五家为邻，五邻为里，一个里相当于一个小村。然后，十里设一亭，十个小村都归刘亭长管。

这下子，成公务员了，大小也是个干部了，得端着点了，是吧？他没有，还是老一套，跟谁都没大没小，"廷中吏无所不狎侮"，不管是比他官大的，还是他手下的，年长的，年纪小的，他逮住机会就跟人家开顿玩笑。"狎侮"这个词我专门研究了，绝对不是欺负人的意思，主要就是不庄重、恶作剧、恶搞的意思。谁还都拿他没辙。

第三句是：

> 好酒及色。
>
> ——《史记·高祖本纪》

革命小酒天天喝，有钱花钱喝，没钱喝了先欠着，喝完就在小酒馆里睡，估计还有什么一条龙之类的服务，这得麻烦史学家们给考证一下了。欠的钱，什么时候还呢？不还了，不用还。为啥呢？不是因为刘亭长霸气，酒馆怕他，而是因为什么呢？两个原因：一是，刘邦每次睡在酒馆里，酒馆老板娘都会隐隐约约看到有龙盘桓在屋顶，很神奇；二是，只要是刘邦哪天来了酒馆喝酒，酒馆的生意就会出奇得好，财气就旺，比平常多挣好几倍的钱。刘邦后面是跟着财神的，所以，就抵了，他欠的酒债就当广告费了。

这也算是刘邦的第二个传说，他带给人一种神秘感。神秘感也是一种魅力。

另外，《史记》里还讲，刘邦的左边大腿上有七十二颗黑痣，据说这个"七十二"是赤帝之数，也是神奇数字——孙悟空有七十二变，为什么不说七十三变呢？七十二是个有讲究的数字。一年三百六十天，配五行，分开就是七十二天配五行之一。

总之，刘邦是个神秘的魅力男神。

那么，刘邦早年到底如何好色呢？咱们下回再说。

刘邦的
爱情与传说

◆

上回说到刘邦好色。他怎么好色呢？史书也没怎么写，特别是他起兵打天下之前怎么好色，基本没怎么写。只是说，他的大儿子刘肥，是外妇所生。

其母外妇也，曰曹氏。

——《史记·齐悼惠王世家》

外妇，这要是英文wife，那就是老婆、媳妇。中文不一样，外妇就是外面养着的媳妇，跟小三、情人，好像还不一样。

刘邦的这个"外妇"到底怎么理解，是一个考据的问题，它涉及刘邦什么时候当上的亭长，什么时候娶的吕雉。我说说我的一家之言：

我认为，这个"外妇"，就是刘邦的一个没有明媒正娶的女人，没正式妻子名分的爱人，用现在的话讲，就是他女朋友。不知什么原因，两人始终也没结婚，就生了孩子了，也就是刘肥。那是在公元前221年，刘邦那时已经36岁了——我说的是虚岁，史书上一般都是说虚岁。36岁的刘邦，还是一个浪子，还在混呢。

他当亭长很可能是在四十来岁。因为我注意到，在东汉时曾经有过一个政策，就是必须超过四十岁的人能被"举孝廉"。孔子说，"四十不惑"，人的才智要在四十岁以后才能真正开发出来。秦朝从底层推选考录官吏，估计也得有个类似的年龄方面的门槛。

四十来岁的亭长刘邦在一次宴会上，被他未来的老丈人吕公一眼看上，才娶了发妻吕雉，也就是著名的吕后。然后，先生了个闺女，就是后来的鲁元公主；过了几年，公元前210年，又生了儿子刘盈，就是后来的汉惠帝。又过了一年，公元前209年，48岁的刘邦就造反了，开始打天下。

这里面有两个时间点是史家公论，就是曹氏生刘肥是在刘邦36岁时，而吕后生刘盈是在刘邦47岁时，中间差了11年。

如果在曹氏生刘盈时，吕后就已经跟刘邦结婚，那么他们11年里，才生了两个孩子吗？似乎不大可能，即便当时的卫生医疗条件差，新生儿死亡率高，以刘邦的好色和生育能力，以及他的经济能力，都不大可能11年只生两个孩子。

总之，我认为，刘邦当亭长至少是在36岁之后，娶吕雉更是在36岁之后。曹氏给他生儿子时，他还是个单身。所以，所谓"外妇"，就是没名分的女朋友。她不要名分，也能为刘邦这个浪子生孩子，这更符合我们想象中的刘邦的形象，他有着亦正亦邪的男人魅力。

虽然史书里，对"曹氏"没再提到什么，就这么一行字，生卒年月都没有，但对她生的孩子刘肥还是有不少记述的。刘邦得了天下后，封刘肥为齐王。

> 食七十城，诸民能齐言者皆予齐王。
>
> ——《史记·齐悼惠王世家》

七十个城的封地，能说齐言，说山东话的，都归刘肥了。这是相当偏爱的，仅次于刘盈。可见，刘邦对曹氏的感情，也是至真至爱，可是为何他们没有结婚，这个我就考证不了了。世间有情人终成眷属的又有几成多啊？

也有人分析，后来刘邦手下仅次于萧何的爱将，同时也是一代名相的曹参跟这个曹氏很可能就是姐弟或兄妹。

外妇说完再说内妇。刘邦的内妇也就是结发的妻子吕雉才是他生命中最重要的女人，也是上天注定的姻缘。当时，吕雉的老爸吕公避难到沛县，他跟沛县县令关系很好。县令给他摆了个欢迎宴会。地方上的头面人物都来捧场参加这个宴会，而且都带着贺礼、礼金什么的。萧何站在门口，管收钱，帮着县令收礼——当时也没纪委查他们。当时的萧何放在现在也算是个副处级，他的职务叫"主吏掾"，相当于组织部长，就是管干部的。

萧何在门口招呼：注意啊，注意啊，谁给的钱多，谁做上座，"进不满千钱，坐之堂下"。

不够一千钱的，就得坐下面，上不了主桌。

于是，赴宴的人们到了门口，这个说：我贺礼钱1000！好，掏钱，您上座。

那个说：我贺钱800！好，掏钱，您委屈一下，下座。

刘邦到门口，一听还这规矩，一撇嘴：你玩去吧，我"贺钱万"！

萧何哭笑不得：你个刘三啊，你怎么一点都不正经啊？行了，就知道你也没钱，你就进去随便找地儿坐吧。

旁边人都知道刘邦就这个德性，"廷中吏无所不狎侮"嘛，都让他开过玩笑，也就没人在意。

可是，吕公是新来的，一听，很惊讶，什么人这么大口气，出手这么大方，比旁人多出十多倍的钱。他就迎上去了。

两人一打照面，吕公是精通相术的，对刘邦上下打量了一番。"隆准而龙颜，美须髯"，脑袋上还戴着一顶高高竹皮冠，竹子做的帽子，这是刘邦自己设计发明的，一看就跟别人不一样，很招摇，而且神态也是旁若无人。

吕公心中暗竖大拇指：这位不是常人！

刘邦大咧咧直奔上座，跟县令、吕公坐在一桌。接下来整个宴会的过程，他是谈笑风生，旁若无人，酒量也大，腰里掖冲牌，逮谁跟谁来。谁也弄不过他，绝对就是一个异类。

吕公服了。

酒宴散后，吕公当即就跟刘邦告白了。他把刘邦叫到一边说：我相过的人多了去了，没有人比你的相更好，你千万不要小看了自己，以后你的前途无量。你要是不嫌弃，我想把我家闺女嫁给你。

刘邦当然求之不得，他就是一个著名的混子，早就过了正常谈婚论嫁的年纪了，正经八百的人家谁愿意把闺女嫁给他啊？而吕家也算是大家主，县长的座上宾，吕家这个闺女比他又小十好几岁。刘邦当然高兴坏了。

可是，丈母娘不乐意，把吕公给骂了一通：你个死老头子，你整天说咱家闺女将来了不得，肯定得嫁个贵人。人家沛县县令跟你关系这么好，又这么大官，跟你提亲，你不答应。哦，你现在要把她嫁给那个无赖刘三啊？你脑子进水了吗？

吕公也被骂烦了：

此非儿女子所知也！

——《史记·高祖本纪》

妇道人家懂什么。柴米油盐的小事可以听你的，这是大事，你想不通，不要紧，可以保持沉默。

最终，刘邦抱得美人归，娶了吕雉，生了俩孩子，儿女双全。而且，吕后得说是个贤妻，每天刘邦去泗水亭当他的亭长，吕后便自己在家带孩子，还得种地干农活。当然，赶上比较忙的时候，刘邦也得请假回来，帮着一块干。有一天，刘邦回家，直接奔地里。吕雉正带俩孩子锄地呢。这真正是贫贱夫妻啊，大的七八岁，小的最多也就刚会走，照管着俩孩子，还得种地。要嫁给沛县县令，肯定不是过这样的日子。

吕雉见到刘邦来了，一点抱怨也没有，反而兴高采烈：老公啊，刚才有个老头打这过，跟我要水喝。喝完水，给我们娘俩相面了。说我是"天下贵人"，然后说我的富贵，都是因为咱儿子。

刘邦一听，也特别高兴：我也得让这个老头给我相相，他走多大会儿了？

吕雉说：刚走，你快走两步，准能追上。

刘邦真就追上了这个老头。老头端详了刘邦一番，微微一笑：

君相贵不可言。

——《史记·高祖本纪》

你这个相貌太尊贵了，尊贵到什么程度呢？不能说，天机不可泄露。

这事过去不长时间，刘邦接到一个任务，负责押送沛县的徒役去咸阳，去修骊山陵墓。那是累死人的活，谁愿意去啊。还没等出发呢，徒役们就开始逃跑，出了沛县，又过了丰县，往西边走了没多远，人就跑了一少半了。这样肯定到不了咸阳，人就得跑光了。这样的情况，负责押送的就是死罪。唉！怎么办呢？这么个小亭长真不好干啊！

刘邦思来想去，最后把牙一咬，把心一横：我不干了！

半夜里，他把剩下的这些徒役都给放了：哥几个、爷几个，各自逃命去吧，我的亭长也不能干了，也得远走高飞了，咱们各奔前程吧。

哗！人们都跑了。

也没都跑，剩下十多个人没跑，估计都是些光棍什么的，无牵无挂的，没准以前也有跟刘邦混过的，没走，跟着刘邦：三哥，三爷，我们就跟你混了。

怎么混呢？史书写得很含蓄，"吾亦从此逝矣"，往哪儿逝啊，吃什么啊？

《史记》写到这里，笔锋一转。说当时秦始皇之所以经常东游，是因为常听方士们说，"东南有天子气"，所以他东游是为了压这个天子气。

刘邦怀疑，他自己头顶上的云彩就是那天子气，不能在外面晃荡了，得藏起来。

隐于芒、砀山泽岩石之间。

——《史记·高祖本纪》

藏在芒山、砀山的深山老林、湖泽草丛之间。藏得很深，官兵找不着他，不过，每次吕雉去找他，一找就能找到，因为刘邦藏的那个地方，上面的云彩不一样。有道理，龙行云、虎行风，可见刘邦是龙，真龙天子。

实际说白了就是落草为寇，带着十几号人当了山贼海盗，打家劫舍了。当然，有可能兔子不吃窝边草，不祸害当地人，只祸害过路人。反正，他们得吃饭。

总之，刘邦迈出的这第一步，跟陈胜没法比。

前期他俩差不多，都是异类，有野心、有志气。陈胜给人家扛着活时，就预想着"苟富贵，无相忘"，就感慨"燕雀安知鸿鹄之志"？

刘邦则"常有大度"，想法大。有次，他到咸阳，恰好看见秦始皇出行的场面，大发感慨：

嗟乎！大丈夫当如此也！

——《史记·高祖本纪》

唉！大丈夫就应当是这样的！哪天我也得这样！

可是，真到了要迈出这一步，真要跟秦朝政府对抗，刘邦就差远了。陈胜人家是做了周密准备，喊一嗓子"帝王将相宁有种乎"，一下子就揭竿而起，起义了！直奔着自己当皇帝干去了。刘邦则只是落草为寇，苟且偷生，走一步看一步。

刘邦也有比陈胜强的，好像就是装神弄鬼造声势这一块，功夫做得更足，比陈胜玩得更像真事似的。关于刘邦，有很多传说，也不知真假。就在刘邦把徒役们放走的当天夜里，还有一个传说：

他们十几个人在野地里赶路，有个人在前面探路，跑回来了，很

075

惊慌：三哥啊，不好了……

刘邦吓一跳，还以为前面有官兵呢。

刘邦：怎么回事？

探子：三哥啊，前面有条特大的大白蛇挡住了去路，这道咱过不去了。

刘邦烦了：你个怂包，滚一边去，一条蛇吓成这样。

继续往前走，走到跟前，刘邦也吓一跳。这大白蛇，盘在道中间，仰着头，有半人高，瞪着这帮人，这是蛇精啊！

刘邦当晚也喝了不少酒，酒壮英雄胆：去你的吧，人要倒霉，喝水也塞牙缝是吧，蛇也想欺负我。

朝着蛇脑袋抡剑就砍，那蛇也没反应过来，一下子就被刘邦斩断了。刘邦擦擦血，继续赶路。又走了十来里路，找了个地停下来休息。

后面的人，有的本来不想跟着刘邦的，也陆陆续续有追上来的，也要追随刘邦，说：三哥我们想好了，还是跟你混吧，有家也不能回，回去被官兵抓了还得砍头，没准还得连累家人呢。对了，三哥，刚才遇上个蹊跷事儿——你说这半夜三更的，竟然有个老太婆在路边哭。

我们问她：为啥哭啊？老太婆说，有人把她儿子给杀了。

我们又问：为啥杀你儿子呢？老太婆一边哭一边说：我儿子是白帝之子，化身为蛇，在此现身，没想到正好遇上赤帝之子，就被赤帝之子给杀了呀。

我们感觉不对，这老太婆鞋底上一点土都没沾，准是个妖精鬼魂啊，就要抡家伙打她。结果，嗖一下子，她变没了。三哥你说怪不怪。

刘邦听着，心中窃喜。不过，刚才砍蛇时跟在他旁边的那哥几个都后背发麻，心说：刘老三，他是赤帝之子啊，老实跟着混吧。

随后，越传越邪乎，沛县、丰县一带的好多"不事生产作业"的小混混们都来投奔刘邦。

慢慢地，刘邦手下有了百十来号人。

就在这时，陈胜起义的第一枪在大泽乡打响了。心理学上有个"破窗效应"，比如一个废弃的厂房，一面墙上好多玻璃窗，一块破的也没有。很长时间也不会有什么变化，一块破的也没有。可是，突然有一天，有个讨嫌的，拿了个砖头一扔，砸碎一块。好了，你等着吧，过不了几天，顽皮的孩子们准得把这些窗户玻璃都给砸烂了。

陈胜起义也是这个效应，没人带头，谁也不敢；有了一个带头的，后面跟进的一下子都起来了。

诸郡县皆多杀长吏以应陈涉。

——《史记·高祖本纪》

怎么算起来？头一步当然是杀县令，杀掉秦朝政府在当地的官员，夺取当地的控制权。

县令怎么办？两条道：要么组织镇压，那得是有实力的；没实力的，就像沛县县令这样的，干脆我也起义，我顺应形势，我带头响应陈胜，反秦。

可是，他又怕保守派，还有好多人是拥护秦朝的呢。怎么办呢？他把手下两个得力的官吏给叫来：一个官吏是主吏掾，相当于组织部长，管干部的，就是萧何；另一位是狱掾，是管刑狱司法、社会治安的，就是曹参，两人都是县令的左膀右臂。

县令：二位弟兄啊，给本官出出主意吧，咱要是也起义，怎么弄好呢？

萧何、曹参跟刘邦的关系都很好，说：您要是起义、起兵，手底下得有人啊，得有能打的，不要命的，那样才镇得住。据说现在刘邦有百十来号人了，要是把他召您手下，就好办了。

县令挺高兴：就这么办。可是上哪儿找刘邦去啊，他现在落草为寇，行踪不定的。

萧何：没事，城西边杀狗的樊哙跟刘邦是"一担挑""连襟"，樊哙的老婆跟刘邦的老婆是亲姐妹，他准知道刘邦在哪，让他找去就行。

于是就让樊哙去找刘邦。刘邦一听这情况挺高兴，带着人就回城了。这要干大事了，当然很兴奋。

沛县县令听说刘邦真带着百十来号土匪来了，他害怕了。这是引狼入室啊，请了个阎王来，我哪儿驾驭得了他。变卦了，关城门，把刘邦关在外面，对峙起来了。

县令也知道萧何、曹参都跟刘邦好，就想把这两人先抓了。

这两人怎么办呢？三十六计走为上，翻城墙逃出，加入刘邦的队伍。

刘邦现在老有底气了，他现在不是一般的土匪了，他俨然就是陈胜的代言人了，或者就是原来东方诸侯的代言人了。他往城中射了几支箭，都绑上传单：城中父老，你们千万别上这个秦朝县令的贼船，咱们被秦朝压迫得还不够苦吗？现在各路诸侯都起来了，你们现在要是还保着这个县令，诸侯大军来了，就得屠城，谁也跑不了。你们最好的出路就是杀了县令，咱们跟着诸侯一起干。

结果，城内子弟真就把县令杀了，把刘邦他们给接到城里，要拥刘邦做首领。刘邦还不错，推辞了一番：我这个能力不行，咱们让萧何干吧。

萧何一拨拉脑袋：别别别别，我干不了。

那就让曹参干吧。曹参也坚决不干。

这两个都留了个小九九。这是造反，不是闹着玩的，一旦不成，挑头的肯定得诛九族啊。

最终，刘邦成了头领，人称"沛公"，然后占了沛县、丰县一带。

可是，立足未稳，他的地盘就被人家抢去了。怎么回事呢？咱们下回接着说。

刘邦崛起

上回说到，刘邦乘着陈胜起义之势，终于揭竿而起，杀了沛县县令，把老家沛县、丰县这一片都给占了，人称"沛公"，也成了一路小诸侯了。

秦朝这边当然就得镇压，沛县上面当时是泗水郡，郡守、郡监都带兵来打刘邦。结果，都被刘邦给打败了。

开弓没有回头箭，打吧，刘邦亲自带着兵，在外面打天下。留下一个叫雍齿的哥们守着大本营老家丰县。

前面讲了，当时反秦的各路诸侯之间也混战。其中原来陈胜手下的一个大将，叫周市，他拥立原来魏国的王孙魏咎做魏王，他当丞相。他带着兵打到丰县这里来了，雍齿竟然带着丰县向周市投降了。

刘邦大怒，赶紧带兵回来打，要夺回丰县，却吃了败仗，夺不回来。注意啊，这是刘邦第一次打败仗，以后他还有无数次被打败，简直是个常败将军。可就是这么一个常败将军，最后却做了皇帝，靠什么？靠坚持，屡败屡战，永不放弃！

海明威的《老人与海》里有句名言：一个人可以被毁灭，但不能被打败。

这话用大白话讲就是：你有能耐打死我，打死我我也不服！

到刘邦这，还得改一下：你只要不打死我，我早晚打死你！

刘邦这次在丰县被打败，怎么办呢？香港影片里经常有这样的情节：几个小混混被人打，边逃跑边喊：你等着，我去喊我大哥去。

刘邦也去喊他大哥。他有大哥吗？没有。现拜。他去找景驹，拜景驹做大哥。

当时景驹算是起义军中的正头香主，正在留城，离丰县没多远。

刘邦去找景驹的路上，正好遇见了一个大贵人，成就他事业的第一等的贵人，就是张良。两人见面一聊，便引为知己，就像有首歌唱的，年轻的朋友一见面啊，情投意又合。张良当时带着百十来号人，本来也想投景驹的，结果发现刘邦更有潜力，干脆跟了刘邦。

然后，刘邦跟景驹借了点人，还没来得及回去打丰县，便跟章邯手下的一支秦军遭遇。"战不利"，又吃一次败仗。

这次怎么办呢？跑。惹不起，还躲不起吗？你这，我打不过，我找好打的去打。于是，转战砀城，把砀城打了下来，还俘虏了几千兵，都给收编了。接着又打下了一座小城，实力又扩充了一些。

就在这时，项梁带着楚军从南边上来了，兼并了景驹的部队，驻扎在薛城。刘邦赶紧来抱项梁的粗腿，带着百十号精骑兵来拜见项梁：项将军啊，久仰您啊，以后咱就跟您混了，您指哪咱打哪。

这得说是刘邦能认清形势，识时务者为俊杰。他要是不主动来投项梁，肯定死路一条，不被秦军打死，也得被项梁打死，就像景驹似的。

这样，他主动投奔，项梁很高兴。刘邦是个有魅力的人，这种魅力不只是女人喜欢，男人也喜欢。魅力说白了，就是一种吸引力，一种好感、信任感。

项梁也是有魄力的人，感觉刘邦确实是个将才，千军易得，一将难求，当即分给了刘邦五千兵：老刘啊，以后你跟着我就好好干吧。

刘邦：好的，您放心吧！

刘邦增加了这五千兵，手下便有上万之众，又有项梁在后面撑腰，实力大涨，回去就把丰县给抢了回来。

与此同时，项羽在战争中的表现，也不同凡响。他当时正在打一场硬仗——打襄城。久攻不下，仗打得非常惨烈，项羽手下也死了很多人。最终，攻下襄城之后，项羽大开杀戒，屠城，"襄城无遗类，皆坑之"，全部坑杀活埋。注意，这是咱们第一次讲到屠城。

刘邦抢回丰县之后，带兵回到薛城，正式归在项梁手下。项羽也回来了。日后的这两个死对头，这时经历了一段蜜月期，还结成兄弟，经常协同作战。

也是在这时候，另一个重要人物，范增投到项梁麾下，当时范增已经七十岁，有道是"人生七十古来稀"，这一辈子差不多都活完了，此前不过是一个平头百姓，默默无闻的，这时候竟然也乘势而起，成为项梁和之后项羽最重要的谋士，青史留名。

所以，你这辈子能不能影响历史？如果你还不到七十岁，这话还真不好说。

范增给项梁提出一个重要的战略建议：将军，六国之中，楚国对秦国的恨是最深的。秦国一次次地玩弄楚国，甚至劫持楚怀王，弄得楚怀王最终客死秦国，这个仇恨，楚国百姓世代铭记。所以有个说法叫：

楚虽三户，亡秦必楚。

——《史记·项羽本纪》

楚国人即便都战死，到最后只剩下三户人家，也一定战斗到底，要灭秦，要为老楚怀王报仇。

所以，您要想办法找到楚怀王的后人，拥立为王。这样，您是楚国名将的后人，保着楚怀王的后人，就更能得民心了，影响力就更大了，这事儿就成了！

项梁：好！有道理，姜是还老的辣，老谋深算，咱就这么办。

然后，真就找到了楚怀王的孙子，叫熊心。当时正流落民间，给富人家放羊呢。别的后人都找不到了，就这一位，好吧，就你了。带回来，给戴上个王冠，就成了新的楚王了，也叫楚怀王。从王孙，到放羊，然后又成了王，这才叫人生啊。

接下来，不能讲太细，要是跟评书似的，刘邦、项羽这一段就能讲上三百回，整部《资治通鉴》我这辈子也讲不完，咱得突出重点。

重点是什么呢？重点是，刘邦和项羽并肩战斗，打了两场大战：

一是他们联手打下了城阳，然后屠城。第二次提到屠城了，刘邦、项羽都参与了。

二是，稍后他们又联手打败一支秦军，杀掉了秦朝方面的主将李由。这个李由就是李斯的长子。

项梁亲自带着主力，打得也很顺，打亢父、打东阿，连打了几场胜仗，便有点骄傲了：哎，看这样子，秦朝真是快完蛋了啊，这么不禁打。他手下有个叫宋义的参谋，原来也是楚国的高官，提醒他：

> 战胜而将骄卒惰者败。
>
> ——《史记·项羽本纪》

打了胜仗之后，这个将领如果变得骄傲了，士卒变得懈怠了，那接下来准得惨败！必须胜不骄，败不馁。

项梁不以为然：老宋啊，没那么严重吧。我正好要找你，你出趟差，到东边起义的诸侯"齐王"那去一趟，联络一下怎么一起对付秦军。

宋义看项梁不听，也没办法。《论语》里面有句话：

> 事君数，斯辱矣；朋友数，斯疏矣。
>
> ——《论语·里仁》

意思就是，劝告君主，如果劝得次数多了，劝一遍不听还劝，劝一遍不听还劝，最终肯定也不管用，只能自取其辱；劝朋友，劝得次数多了，最终肯定得被疏远了。你的好心只能被当成驴肝肺，所以干脆你就别劝了，让他吃一次亏，上一次当，交点学费，经历点教训，那样，他才能醒悟。

宋义走了，找齐王去了。半路上，正好遇到齐王的使者，来这边联络项梁的。他便劝这个使者：老弟啊，你慢点走吧，你要是走快了，非得跟项梁死在一块不可，他马上就得吃个大败仗。

结果真就被宋义给说中了，章邯率秦军突袭项梁，在定陶将项梁击毙。一代豪杰，出师未捷身先死。非常可惜。这又是一个骄致败的案例，值得注意。

章邯大意了，他以为打下项梁的主力之后，这边就没大问题了，就北上渡过黄河，去打邯郸的赵王，就是张耳、陈馀保的那个赵王。

章邯如果在黄河南边再盯盯，可能就把项羽、刘邦都给收拾了，历史就改写了。

可是，历史没有如果，也没有可能。

项梁死后，这个放羊的熊心——楚怀王——统领三军。别看他放羊，他是有很多楚国的旧臣旧将的，都追随他，保着他，很有威望。他指派宋义接替项梁，做上将军，史称"卿子冠军"。他为什么看重宋义呢？就因为，前面那个齐王派来的使者冲楚怀王吹了一通宋义有多牛：大王啊，要不是宋将军拦着我，我就见不着您了，宋将军真是料事如神啊。

楚怀王找来宋义一聊，一下子就被忽悠住了：好，就你了，你就是上将军了。然后，他们在彭城，这算是国都，进行了全国的战略规划。决定兵分两路：一路主力，由宋义带着，北上救赵，打章邯，同时联络诸侯一起往西打咸阳；另一路，直接西进打咸阳。并且约定：

先入定关中者王之。

——《史记·高祖本纪》

谁先把咸阳打下来，占领关中，关中就是谁的，就封他为王。

直接西进去打咸阳，是不是明摆着会先入关呢？未必。咸阳是秦朝国都，是大秦帝国的根基，你领着点农民军去打？那是以卵击石，送死。所以，这一路，谁都不敢上，除了两个人：一个刘邦，一个项羽。项羽要给叔叔项梁报仇，他正窝着一腔怒火呢：我去！我去杀死那个皇帝老儿。

可是，楚怀王手下有些老臣、老将，这套王室班底都很持重，他们给楚怀王出主意：不能让项羽去。为什么呢？因为老百姓们之前受秦朝的压迫，都盼望着咱们去解放他们，可项羽太狠了，太残暴了，动不动就屠城，"诸所过无不残灭"，他就是活阎王。他要是带兵西进，那老百姓们还不得都拼命帮着秦朝守卫城池啊，守不住就得被屠城嘛。另外，这对咱们楚军的形象也不好。总之，不能让项羽打这一路。

相反，刘邦比较适合。他这人仁义，也年长，想事情周全，让他"扶义而西"，展现出咱楚军是义军，是优待老百姓的，这样得了民心，仗就好打了。最终，刘邦打这一路。项羽则跟着卿子冠军宋义北上救赵。

按下项羽先不表，先说刘邦。当时他手下不过万八千人，怎么就能一路打到咸阳去的呢？就凭他仁义吗？咱慢慢说。先看他的进军线路：他从砀郡出发，向西北来打昌邑，在这里遇上了彭越。

彭越也是主角一级的人物，他就是昌邑人，当时手底下有千来号人。他本来只是个渔民，打鱼日子不好过，落草为寇，不过，也就是小打小闹。就像样板戏里唱的：想当初，老子的队伍才开张，拢共才有那十几个人来七八条枪。

后来，陈胜起义的消息传到昌邑，当地一些热血青年聚了百十来号，来找彭越：老彭，咱们也反秦吧，大干一场，你来当首领，怎么样？

彭越一拨拉脑袋：不干，你们哪来回哪去吧。我这小土匪干得挺舒服的，不冒这么大风险。

可是，这帮人不干：弟兄们就是服你，你必须得当这个头，你不答应，我们就不走了。

最后，彭越说了：你们要是非让我当头也行，你们得答应我一个条件。

青年：没问题，说吧。

彭越：咱们要反秦，那不是打家劫舍，不是闹着玩的。那是跟正规军作战，咱们必须得军纪严明。明白吗？

青年：明白，放心吧，你说什么，我们听什么。

彭越：好，那这样，明天早晨日出时分在此集合，迟到者斩！

青年：行，没问题，就这么定准了，明儿见吧。

然后，这些人回家，收拾行礼，第二天，早早就来了，天还黑着就来了。彭越早已在那等着呢。

张三到了，好；李四也到了，好……

陆续地，真来了不少人。眼看着太阳出来了，一瞅，还有十多人没到。没到就没到呗，再等会。接着，又有来的，哩哩啦啦，等到中午了，人才全部到齐。

彭越一直不动声色，最后看人齐了，就开口了：咱们昨天说好了，日出集合，迟到者斩。今天迟到了十多个，咱也别都斩了，就把最后到的这兄弟斩了吧。

大家伙都乐啊：还玩真的啊，不至于吧，下不为例还不行吗？

彭越把眼一瞪，身边几个亲信的小弟兄上去就把最后到的那小子给砍了。然后，以人头祭天。这些小青年们都吓傻了。

随后，这支队伍便起来了，一出手就战斗力极强。因为军纪严明，使得日后彭越成为跟韩信一个级别的顶级的统帅。

不过，这会儿还是刚起步，千来号人，帮着刘邦打昌邑，没打下来。

虽然这次合作不算成功，但是，估计彭越也被刘邦的魅力折服，为以后的合作打下了一个基础。以后他们来日方长，还有好多故事。

刘邦见昌邑打不下来，干脆不费劲了，绕过昌邑，继续西进。经过高阳时，又遇上一个牛人，这是个文角儿，叫郦食其。这次相遇，对于刘邦成功入关打下咸阳，是至关重要的。

这是怎样一个人呢？《史记》中讲：

郦生食其者，陈留高阳人也。好读书，家贫落魄，无以为衣食业，为里监门吏。然县中贤豪不敢役，县中皆谓之狂生。

——《史记·郦生陆贾列传》

郦食其是陈留县高阳乡的人，是个儒生，喜欢读书，也没什么挣钱的营生，当个"监门吏"，在村里看门，衣食都成问题。可就这么个人，县里再牛的人，不管文的武的，谁也不敢拿他怎样，对他都得恭恭敬敬的。这人就这么狂，而且已经六十多岁了。

具体他跟刘邦怎么见面的呢？《史记》讲了两个版本：

头一个版本说，郦食其有个同乡是刘邦的侍卫官，他找这个同乡：兄弟啊，我听说刘邦是能成大事的，想跟他混，麻烦你给我引荐一下吧。

侍卫官一皱眉：郦先生啊，这事够呛，因为我们主公最讨厌你们这些儒生、读书人，你们不都带儒冠吗，他最烦这个。凡是戴着儒冠来投奔他的，他都先把人家的儒冠摘下来，往里泄一泡尿。然后，说话也不文明，逮谁骂谁，我怕您老受不了。

郦食其：没事，你就告诉他，我这个儒生不是一般的儒生，人们都说我是个"狂生"，是神经病一级的，可是我自己感觉挺正常的。

于是，这个侍卫官本着这个意思向刘邦介绍了郦食其。刘邦也没什么感觉，见见就见见吧。郦食其就进来了，进来一看刘邦正洗着脚呢，下面两个洗脚妹，一人抱一个脚洗。他好色，处处得女人伺候着。

郦食其早有思想准备，知道刘邦就这个德性——好，我也就甭客气了——也不行礼，张口就说：沛公啊，你还想不想打咸阳啊？

刘邦一听就烦了：你个老书呆子，怎么个意思啊？

郦食其也把脸拉下来了：你要真想有大作为，"不宜倨见长者"！你对长者这么傲慢，怎能留得住高人，得高人之助啊？

刘邦很高兴，噢，有个性，说明这人有本事。脚不洗了，规规矩矩地请郦食其上座：老先生啊，还请多赐教。

这是一个版本。

另一个版本说，郦食其是自己找上门来的，在营门口求见刘邦。守门士兵进去通报，说门口有个人求见，看他的穿衣戴帽像个大儒生。还没等这个士兵说完，刘邦就不耐烦了：行了，行了，我这正研究天下大事呢，没空搭理什么儒生，不见。

士兵出去说：我家主公说了，没空见什么儒生，您哪来回哪去吧。

郦食其大怒，挽袖子，撩衣服，把佩剑露出来，拽出一截来：你滚回去告诉刘邦，就说，老子乃是高阳酒徒，不是什么儒生。士兵吓一跳，看这样这老头疯了，要跟我拼命似的，赶紧又进去通报。

这一次，刘邦赶紧接见。高阳酒徒，什么感觉？性情！性情！刘邦也好酒及色嘛，这正是跟他臭味相投的那一路。

郦食其见到刘邦之后，说：沛公啊，您现在手下只有这万八千人，多数还都是些散兵游勇凑起来的，您这就想去打咸阳啊，这摆明了是肉包子打狗啊，就是小绵羊往人家老虎嘴里闯啊。

刘邦：啊，郦先生，你看怎么办呢？

郦食其便提出一个重要建议：您必须打下陈留。陈留是"天下之冲，四通五达之郊也"，是交通枢纽、军事重镇，城内有大量的粮草，您只要把陈留打下来，粮草物资您就没问题了，还可以在这里招兵买马，扩充军队。

刘邦不住地点头，可是心想：前面昌邑那小地方，我都打不下来，陈留怎么打啊？

他正想着，郦食其像看到他心里似的，说：打陈留，您别为难，我有办法。我跟陈留县令关系不错，我去找他，争取把他劝降。如果，劝不成，我再想办法给您做内应，里应外合，准能打下来。

刘邦心花怒放：太好了，有劳先生了！

随后，郦食其进了陈留城，找到县令，游说一番：县长大人，秦国无道，举国叛之，您赶紧顺应大势吧，也反秦吧，跟刘邦混得了。

县令一拨拉脑袋：郦老兄啊，打住，您别说了，让我反秦，那是不可能的。您来一趟也不容易，晚上咱们好好喝一顿，在这住一宿吧，这事别提了。

郦食其：好吧。

晚上，喝完酒，郦食其便住在县令府内。

结果怎么着？郦食其当天夜里，潜入县令的卧室，把这位县令的脑袋给砍了，装进袋子里逃出城外。这事做得太狠了，而且六十多岁，干刺客，背着人头翻城墙，也够绝了。

天一亮，刘邦派人拿大竹竿挑着县令的人头，朝陈留城内喊话：你们快看看吧，县令的人头在此，都赶紧投降吧，谁投降得晚，也是这样的下场。这么一吓唬，城里面又群龙无首，真投降了。

刘邦在陈留一下子就吃胖了，兵强、马壮、粮多，打咸阳的信心更足了。

接下来的情况如何呢？且听下回分解。

刘邦、项羽
联手灭秦

上回咱们讲到，刘邦带领西路军去打咸阳，路上得到高阳酒徒郦
食其的帮助，没费劲便拿下了重镇陈留。陈留城内有大量的粮草、兵
器、物资。《史记》讲：

> 沛公舍陈留南城门上，因其库兵，食积粟，留出入三月，从兵以
> 万数，遂入破秦。
>
> ——《史记·郦生陆贾列传》

刘邦在陈留待了三个月，用陈留城内的粮食、兵器、物资装备军
队，一下子扩充到了好几万兵马，从而有了入关打咸阳的本钱。

接下来，刘邦继续往西南打。

> 南攻颍阳，屠之。
>
> ——《史记·高祖本纪》

打颍阳，打下来了，"屠之"，屠城。这是第三次讲到屠城了。
上回讲了两次：一次是，项羽屠襄阳；还有一次是项羽、刘邦两人一
起屠城阳。

刘邦不是仁义吗，怎么也屠城呢？这得说道说道了。

首先，从词义上说，屠城就是大量残杀，未必是杀干净、男女老
幼一个也不留，不过，肯定会滥杀大量平民。

这个问题，直到近代，甚至当代的战争中仍然是个顽疾，仍有

不少类似的情况。所以，我有一个说法：谁要是把一部《资治通鉴》读下来，却没有成为一个彻底的反战主义者，那我一定不会跟他交朋友。明白我的意思吗？战争是惨无人道的，战争常常是人性恶的大爆发。

为什么屠城呢？《曾国藩家书》中曾提到过这个问题。在咸丰八年五月初五，曾国藩给弟弟曾国荃写了一封信，当时曾国荃带军包围太平天国的重镇吉安城，已经一年半了，迟迟打不下来。不过，也快打下来了。曾国藩在这封家书中嘱咐弟弟：

> 弟不必慌忙，但当稳围稳守，虽迟至冬间克复，亦可无碍，只求全城屠戮，不使一名漏网耳。
>
> ——《曾国藩家书》

看到了吧，曾国藩教他弟弟打下吉安后，要全城屠戮，要屠城。

你要想把敌军一网打尽，一个也不漏网，就得全部杀掉，起码成年男子得全部杀掉，因为士兵和平民是分不清的，脸上又不写着字。他们能抵抗这么久，肯定也是全民动员，兵也是民，民也是兵，区分不开了。这是屠城的一个重要原因。

当然还有泄愤、宣泄的意思，攻城攻了这么久，肯定也是伤亡极重，士兵有巨大的心理压力，要爆发出来。

再有，就是震慑作用，把敌方吓住，在后面的战争进程中，让敌方主动放弃抵抗。

没有人会考虑，那些被屠杀的人也是几个孩子的父亲，或者一双老人的儿子。儒家讲的：

> 老吾老，以及人之老；幼吾幼，以及人之幼。
>
> ——《孟子·梁惠王上》

在战争中，是没有人去想的。

刘邦打下颍阳之后，突然又折向西北方向，打平阴。为的是堵住一个叫司马卬的带的军队，这也是一支反秦军队，他想从黄河北岸渡过来，南岸这边就是平阴，有渡口、码头。他想渡过来之后，也去打咸阳，要跟刘邦争功。

刘邦打下平阴，把渡口给封了，司马卬过不来了。

司马卬为何非得过黄河呢？在黄河北面行军不能打到咸阳吗？这条线路我没亲身走过，应当是不行，或者说很难。

以后还有无数的要打到关中去的战争，基本都是两条线：

一条是黄河，黄河水路，或者黄河南岸陆路，从洛阳，过渑池，打下函谷关，就入关了。之前陈胜手下大将周文就是走这条线。后来，项羽也是走这条线。这条线最顺了。

刘邦也想走这条线，所以，他打完平阴之后，就来打洛阳，可是洛阳他打不下来。只好走另一条线。

另一条线就比较绕了，他得往南去打南阳，然后再攻武关。走这条线，比较迂回。

可事情往往就是这样，越是迂回，越是容易到达；越是直接，越不容易办。正所谓：

道固委蛇。

——《史记·刘敬叔孙通列传》

道路，本来就像蛇行一样，弯弯曲曲的，不是直的。

刘邦打南阳，很顺利便打下来了。只是，南阳太守跑了，带着一支人马逃进附近的宛城。刘邦觉得宛城没多少物资可抢，打下来也没什么用，便直接过去了，继续西进，想快点去打武关。

大军过了宛城，又走了半天的路程，天就黑了。这时，张良把刘邦叫住：沛公，行了，别走了。您光急着打武关不行，武关那边有秦军重兵防守，不是三两天就能打下来的。如果南阳太守带着宛城的兵马抄咱的后路，前有武关，后有宛城，把咱卡中间，那可就很危险了。

刘邦吓一跳：哎哟，对啊，子房啊，我大意了。我明白了。

刘邦立即调整部署，趁着夜色，悄悄地抄小路，绕回了宛城，把宛城包围得水泄不通。

南阳太守一看这形势，守也守不住，跑也跑不了，怎么办呢？真要落在刘邦手里，要个囫囵尸首都不容易了。干脆我自杀得了，这就要抹脖子。

太守手下有个聪明人，叫陈恢，一把把他拉住：您别急啊，咱还有道啊，咱投降刘邦不就完了吗？好汉不吃眼前亏嘛。而且，我感觉，有可能您还能当您的太守，老百姓也能得以保全。您先等着，我去找刘邦说去，说不成，您再死。

然后，陈恢来游说刘邦：沛公啊，我听说，您这边有个约定，谁先入关，给谁封王。您得抓紧时间，是吧。可是，像您这么打，不行，效率太低了，见一个城，打一个城，费老大劲，耽误太多工夫。我给您支个招，就拿宛城来说吧，你直接招降不就完了吗？你只要答应宛城投降之后，太守还是太守，官吏还是官吏，对老百姓也不伤害，那宛城立马就得开城门欢迎您啊，粮草物资也都得贡献给您。然后，把这种"宛城模式"一推广，遇到其他城池也这么办，八个咸阳，您也能打下来啊。

刘邦大悦：好，照办！

最终，宛城内不但太守还是太守，官吏还是官吏，而且还给封侯封地，比秦朝那边待遇好得多。

接下来，一下子就顺了。

刘邦引兵西，无不下者。

——《史记·高祖本纪》

到哪，哪都开城门欢迎，很快便打到了武关。

这也说明，楚怀王手下的那些老臣旧将们还是有远见的，刘邦会用仁义，能"扶义而西"，打得就比较顺。

用孟子的话讲，这就叫：

仁者无敌。

——《孟子·梁惠王上》

用西方人的说法，这叫"南风效应"。这是法国作家拉封丹写的一个寓言，说北风和南风比谁威力大，看谁能把行人身上的大衣给刮下来。北风先来，北风又寒冷又猛烈，差点把行人给刮起来，可是那件大衣非但没被刮下来，反而被行人抓得死死的，把身体裹得严严实实的。北风没成功，换南风。南风温暖、舒缓，风和日丽的感觉，行人觉得很热，就把大衣给脱了。这就是南风效应。跟屠城是完全不同的两种思维。

唉，要都这么想、这么做，该多好啊。不过，肯定也不行，因为人性复杂。

刘邦打得这么顺，其实也是因为沾项羽的光。怎么说是沾项羽的光呢？

讲评书的有句话叫：花开两朵，各表一枝。下面咱把项羽这一支的情况给补上。

前面说了，楚怀王觉得项羽太狠，不适合直接打西路，就让他跟着卿子冠军宋义一起北上救赵。

当时，张耳、陈馀保着他们拥立的赵王正被围困在巨鹿城里面。他们本来是在邯郸的，邯郸被章邯攻破，只好退守巨鹿。巨鹿离邯郸不远，在今天的邢台。

负责包围巨鹿的秦军大将是王离。章邯在南面邯郸这边，负责给王离供给粮草物资，做后方支持，同时也为了防备南边的楚军。

王离就是王翦的孙子、王贲的儿子。

当时人们私下讨论。有人说：王离是名将之后，打巨鹿肯定手到擒来。

有人不以为然：不见得吧。不是有个说法吗，叫：

为将三世者必败。

——《史记·白起王翦列传》

到王离这已经是第三世了，前面两世杀人太多，报应就得报在他身上。

好吧，咱们拭目以待吧，看看到底会怎样。

眼瞅着巨鹿城就危在旦夕了。

那边宋义带着救兵，他却不着急。他在邯郸南边的安阳扎下营来，中间隔着一条漳河，他不渡河，不进兵了，一待一个多月。

作为副将的项羽烦了：宋将军啊，你还等什么啊，那边巨鹿城里的赵军都要支撑不住了，再等，他们就都完蛋啦。咱现在要是抓紧渡河，跟赵军里应外合，两边夹击围城的秦军，那咱还有胜算啊，你快点吧，你还等什么啊，你可急死我了！

宋义笑了：项将军啊，别着急，别着急，把心沉住，你听我说，咱们这样，先坐山观虎斗，先看他们打。等到最后，如果秦军胜了，那他们也消耗得差不多了，咱再打就容易了。如果秦军败了，咱就不用管这边了，直接就挥师西进了。先入关中者王嘛，咱目标还是入关，对吧。论冲锋陷阵，论玩命、打仗，我肯定不如你；可要论战略谋略，兄弟啊，你还稍微差一点。你就听我的吧。

项羽还想争辩：这个……

宋义把脸一沉：行了，就这么定了，还有别的事吗？没事歇着去吧。

宋义是上将军，官大一级压死人，项羽不服也得服，没招，窝火。

随后，宋义还下了一道军令，专门又强调了一遍：

强不可使者，皆斩之。

——《史记·项羽本纪》

凡是倔强固执、不服从军令的，一律斩首。

这说谁呢？明显是针对项羽。项羽气得够呛，强忍着，忍着。

一天，宋义举行了一个大型酒会，给他儿子送行。他儿子要去齐王手下做丞相。他是楚军的上将军，他儿子怎么去齐王手下做丞相呢？这可能也是一种诸侯间的联盟形式。

宋义这个酒会弄得很铺张、很奢侈。兵将们都很不满，因为当时已经入冬了，天气很冷，士兵们缺衣少食，他这边还搞这个，显得太不体恤人了，大失人心。

于是，项羽爆发了。一天早上，他进了宋义的大帐，抬手就把宋义的脑袋砍了。拎着脑袋出来宣布：弟兄们，不要慌。宋义串通齐王，要反楚，我是受咱们楚王的密令，把他给就地正法了。

楚军本来都是项梁的旧部，宋义又遭恨，讨人烦，所以，将士们立即都表态：杀得好，项将军，我们都听你的，都支持你，你带着我们打秦军吧。

于是，项羽正式成为楚军统帅。这是公元前208年11月，项羽多大年纪？24岁！就是数万大军的统帅了。这叫什么？这叫"自古英雄出少年"！

所以，二十来岁的兄弟们啊，千万别小看了自己，干吧！不论哪个时代，这个年纪都有太多做出伟大事业的人。特别是现在的互联网时代，机会就更多了。

还说项羽，紧接着他便一战成名。率领楚军渡过漳河，破釜沉舟，把做饭的锅什么的都砸了，渡河的船也都凿沉，只带着三天的口粮，杀！只打三天，打不败秦军，咱们也都别活了！

正所谓"陷之死地而后生"，这数万楚军都拼命了，无不以一当十，跟秦军九战九胜，最终俘虏了王离。王离真应了那句"为将三世必败"了。

章邯也带兵败退。

一下子，项羽便威震诸侯。

当时，起义的各路诸侯都带着兵来救巨鹿，可是没人敢上前，都作壁上观。这个"作壁上观"的成语，也是从这儿来的。壁就是军营的壁垒，防御工事，其他诸侯都站在壁垒上，远远看着项羽在这边打。都被楚军给吓住了，这哪是人啊，这是天兵天将啊，太能打了，太勇猛了。

等到巨鹿之围解了之后，打完仗了，诸侯们都过来拜见项羽，一进营门就都跪了。

> 无不膝行而前，莫敢仰视。
>
> ——《史记·项羽本纪》

跪着趴着到项羽跟前，都不敢瞅项羽。这是天神、魔王啊，都服了。

从此，项羽成为所有反秦诸侯的盟主，总的领袖。

接下来，项羽再打章邯。章邯吃不住劲了，连战连败。秦二世对他也不满意了，赵高还憋着劲要算计他。他又坚持了一段时间，最终，带着二十多万主力秦军，向项羽投降！

这绝对是巨大的胜利，同时，也是一个巨大的危机。

因为投降的秦军跟这边原来的楚军还有各路起义军本是冤家对头。不是说起义了才是冤家对头的，以前没起义的时候，秦朝军队那都是镇压老百姓的主力啊。

现在换过来了，秦军打败了，被我们整编了，那我们还不得好好欺负欺负他们，出出气啊？

所以，这些投降的秦军很不好受，怨言怨气也很大。这就很危险了，哪天很有可能再反了，这很难预防。怎么办呢？坑杀之！

跟白起那套路一样。

> 楚军夜击坑秦卒二十馀万人新安城南。
>
> ——《史记·项羽本纪》

我查了一些资料，说是当时派这二十万秦军，在洛阳西边的新安城南挖一个大坑，半夜挖到一人多深时，就都被推到坑里给活埋了。据说，现在还能找到遗址。

悲惨世界啊！

讲到这，有两个问题：

一个问题是，当年的秦国军队，一统六国，然后又打匈奴，又打南蛮百越的，何其勇猛善战，只过了十来年工夫，怎么就这么不禁打了呢？

这不是我读史的关注点，我的关注点主要还是修己治人，不重考据。对这个问题，我的一家之言，讲两点：一是暮气，曾国藩打下太平天国之后，立即把湘军给裁撤了，用他的话说，因为湘军暮气已深，劲头过去了，打不动了。所以接下来的北上平捻就主要依靠没有暮气的淮军，李鸿章的淮军。二是兵役制度的问题。比如，陈胜就是因为他们去渔阳服兵役，误了期，就造反了。钱穆有这方面的分析，我也记不清他的哪本书了，大致说，先秦时，各诸侯国的国民服兵役，从家到服兵役的地方都不太远。而秦朝照搬先秦制度，服兵役成为巨大的负担，服兵役的士兵的战斗力自然就弱了。

总之，很多事都是此一时，彼一时。当年强大的秦军已经不强大了。

另外一个问题是，如果项羽能用好这二十万秦军，刘邦肯定不会有半点机会的。可是，没有如果。

接下来，项羽带兵继续西进，奔关中，奔着秦朝国都咸阳而来。

此时，刘邦早已经捷足先登，入关了。项羽坑杀秦军是在公元前206年的11月，刘邦9月就已经入关了，他绝对是沾项羽的光。那边项羽不但把秦军主力都给牵制住，也把整个秦军的士气给打没了。所以，刘邦打到武关的时候，武关的秦军守将已经没多大心思效忠秦朝了，他知道秦朝天下大势已去了。刘邦派人来劝降，这位守将立马答应了：没问题，欢迎沛公入关！

可是，张良觉得这事还不牢靠：沛公啊，光守关的主将答应还不行，他手下的其他将领不可能全部这么想，咱不能贸然入关。

> 不如因其懈怠击之。

—— 《资治通鉴·秦纪三》

趁着对方防守意识松懈，发动突袭，直接灭了他们。

刘邦照办，一下子便打下了武关，入关了。然后，秦军基本没有阻击的能力了。

> 刘邦大军所过亡得卤掠，秦民皆喜。

—— 《资治通鉴·秦纪三》

就像前面讲的，刘邦"扶义而西"，这一点表现得太好了，对老百姓秋毫无犯，很得民心。所谓，得民心者得天下。他这一手，为他以后以关中为后方，去跟项羽争天下也打下了一个非常好的基础。

公元前207年10月，刘邦大军驻扎于霸上，直逼咸阳城。于是，刚刚杀了赵高，当了四十多天秦王的子婴出城投降。秦朝正式灭亡！

从公元前221年到公元前207年，只有14年，前面11年是秦始皇在位，秦始皇死了三年，秦朝就灭亡了。为什么这么快就亡了呢？以后历史中对这个问题会不断进行反思和讨论，后面再说。

刘邦怎么处置子婴呢？好多人都说干脆杀了，解解天下人这口恶气。刘邦不以为然：杀降不祥。先关起来吧。我不能白落一个仁义的名儿，咱是真仁义。

接下来，刘邦带军队就进了咸阳。进入咸阳，第一时间干什么？当然是抢啊。咸阳城内的大宅门，不论是大官还是大富，全部被一抢而空。刘邦手下那帮将领，本来都是社会最底层的人，种地的、杀猪的、屠狗的、做小买卖的、混社会的，尽是些一不留神就会饿死的主们，这下子都厉害了。

可是，有一个人没抢这些东西，而是先封锁了秦朝的丞相府。

"丞相府"并不是"丞相家",这是两个概念。在当时,丞相府可以说就是秦朝中央政府。这里面没什么金银财宝——谁会把真正值钱的东西放在办公室里啊,丞相府就是个官员们上班的地方,这里面就什么多呢?各种公文档案。封丞相府的这个人是谁?萧何,他要的就是这些档案。正因为有这些档案,下一步才帮助刘邦详细地了解了当时全国各地的各种情况,财力、兵力、物资、人口等等,他都了如指掌。这对于下一步楚汉争霸,那意义太大了。

由此可见萧何的胸怀之大、识见之高,不愧为一代名相。当时还不是丞相,汉朝正式建立后,他是第一任丞相。而且,起义之前,他只不过是县级的一个小官,放在今天也就是个副处级。这让我想到什么?想到李斯的"老鼠哲学":

人之贤不肖,在所自处耳!

——《史记·李斯列传》

待在沛县,他就是个县级干部;得了天下,他就是宰相。而人,还是那一个人。

当然,也不是谁都能这样。

萧何做县里的工作时,就是出类拔萃的。有一次,朝廷来一个大官到泗水郡考察,就看重了萧何的能力,想把萧何举荐到朝廷去。萧何没去。

另外,也不光萧何厉害,刘邦手下其他的人,好多也都很厉害。

曾国藩有一个说法:历史上凡是了不起的帝王,身边一定有一群了不起的将相人物,都能匹配得起这个帝王,他们相得益彰。

下回咱重点就讲一位刘邦手下的牛人。讲谁呢?下回再说。

先秦

最后的刺客

上回讲到，刘邦入关，占了秦朝国都咸阳。他手下，除了萧何非常持重，封了丞相府，为的是把秦朝的各种档案资料都保管好。其他的将领们抢东西都抢疯了，所有的达官贵人的家，都被他们抢劫一空。

不过，有个地方，他们不敢动。哪啊？秦朝皇宫。这是刘邦的，坐地分赃，他得拿大头。秦朝皇宫，那是上百年的积累，全天下的奇珍异宝都在这里。刘邦也晕了，金银财宝先放一边，就说皇宫里的那些女人们吧，就让他晕了。他好色有名，以前肯定也有过几个女人，可那都是些底层的，村里的，什么酒店老板娘之类的，跟宫里的女人比得了吗？数千佳丽呢，真想好好享受人生。

手下有几个人提醒他？别乐极生悲，还得保持危机意识。

刘邦根本听不进去，谁劝他，谁就是他仇人似的，吩咐侍卫：守好了宫门啊，谁也甭进来！谁进来，就砍他脑袋。

别人都给吓住了，可有一个人不管这套，就是樊哙。前面讲过，樊哙本来是个杀狗的，是一个粗人，娶的是吕雉的妹妹，跟刘邦是连襟。所以，他跟刘邦敢说话，别人不敢说的话，他敢直说。

他两脚就把侍卫踹一边去了，冲进宫里，指着刘邦：三哥啊，你还想不想带着弟兄们打天下了。你觉得这皇宫好，要我看，皇帝老儿死就死在这个皇宫上了，咱还是赶紧回霸上吧。

刘邦大怒，不过，怒也白怒，也不能拿樊哙怎么着。这时，张良也进来了：沛公啊，樊哙说得不错。有道是：

忠言逆耳利于行，良药苦口利于病。

——《史记·留侯世家》

刘邦对张良非常尊重，言听计从，出了秦皇宫，退出咸阳，还军霸上。

这一点，很不简单。《易经》里专门有一个艮卦讲这个问题：在任何情况下，要能管得住自己，控制自己的欲望，让它服从自己的理智。这就是大人物。

刘邦的大军回到霸上了，不过，咸阳城内还得有人管理啊，怎么管呢？秦朝的法不能用了，就因为它的法不行，才天下大乱嘛。新法，真正周密严谨的新法，也不是一时半会能制订出来的。干脆就发布了一个绿色极简版：

约法三章耳：杀人者死，伤人及盗抵罪。

——《资治通鉴·汉纪一》

就三条：不能杀人，不能伤人，不能偷盗。别的，我暂时都不管。

老百姓们解放了，从秦朝的压得让人喘不过气来的严刑重法之下，一下子解放了出来。民心大悦，都主动地给刘邦的军队送来牛羊酒食，犒劳三军。

刘邦又秀了一把仁义：老百姓的东西咱一概不要，咱自己有，"不欲费民"，不想让老百姓破费。前面将领们抢东西，也都是抢当官的，老百姓咱不祸害，咱爱民。弄得关中老百姓都盼着刘邦别走了，快点给刘邦封关中王吧，那样我们就有福了。

就在这时，项羽打上门来了。

刘邦为什么要还军霸上，而不能住在皇宫里？就是因为，他现在还当不了皇帝，他上面还有项羽呢，人家项羽是诸侯盟主，项羽上面还有个楚怀王呢？刘邦说到底，当时还是个将领而已，是个打工的，实力也比较弱。你得听人家招呼，让你怎么着，你才能怎么着。

不过，刘邦不甘心，就想搏一把，在函谷关，设上重兵防守。函谷关是关中门户，地势险要，"一夫当关，万夫莫开"，他想把项羽拒之关外。

项羽大怒：什么，刘邦这小子把住了关口，不让我进？还反了他了，黥布，给我带一支兵马上去，打下它来。

黥布是当时全天下数一数二的猛将，上去就把函谷关打下来了。然后，项羽大军入关，在鸿门安营扎寨。于是，著名的鸿门宴大戏拉开序幕。

当时，项羽在鸿门，刘邦在霸上，从鸿门到霸上，中间是一条直道，类似今天的高速公路。距离有多长呢？大致是四十里地，骑马走，也就1小时。项羽手下兵马四十万，号称百万；刘邦手下兵马十万，号称二十万。这要打起来，基本就相当于是泰森出马了。

刘邦当然很紧张。

可实际上，项羽没想打刘邦。他跟刘邦曾经并肩战斗，又约为兄弟，刘邦是大哥，且又是有魅力的人，英雄爱好汉，所以他很欣赏刘邦。而且，刘邦也没什么大罪过，至于把函谷关堵上这个事，刘邦已经派人跟他解释过了，说是怕别的带兵的进来祸害人，并不是成心堵项羽的，也承认错误了。所以，干吗打刘邦啊，那不是同室操戈，兄弟相煎吗？

再有，刘邦跟宋义不一样，宋义没什么根基，不是带兵出身，砍了也就砍了。刘邦手下那十万大军也算是身经百战的，真杀了刘邦，那个乱子未必好收拾。

可是，不怕没好事，只怕没好人。刘邦手下有个叫曹无伤的，想抱项羽的粗腿，暗中来找项羽：项王啊，刘邦把咸阳的金银财宝都自己搂怀里了，现在就打算当关中王呢，您不对他下手，他肯定对您下手。

范增也极力主张杀刘邦：项王，刘邦这家伙以前有名的贪财好色，如今进了咸阳，反而那么收敛克制，财色都不贪了。说明什么？

只能说明他有更大的野心了。我找望气的人望过刘邦的气，"皆为龙虎，成五采，此天子气也"，这家伙有天子气，得赶紧拿下他，机不可失啊。

注意，范增说是找了望气的，说刘邦有天子气。说明什么？说明刘邦早年的那么多传说，项羽这边一点都没听说。那么，是不是可以说明那些传说都是后来附会的呢？这个问题，你慢慢想想吧。

范增是被项羽尊为"亚父"的，类似就是项羽的干爹，所以，他的话非常有分量。前面项羽干的那些大事，比如坑杀二十万投降的秦军，我估计都是范增的主意，他绝对是个狠角色。

总之，虽然项羽本来没想杀刘邦，但还是拉开了一个要打刘邦的架势。

这天夜里，项羽的一个叔叔，叫项伯，偷偷跑到了刘邦大营，来找张良：子房兄啊，你快逃吧，跟我走吧。项王那边拉开架势，马上就要开打，一旦打起来，刘邦这边就得玉石俱焚，覆巢之下岂有完卵啊？

张良很感谢：谢谢谢谢，老项，我不能逃，不能扔下沛公，沛公有恩于我，现在他有难，我不能甩手不管。咱们一起想想办法，这也不单纯是帮沛公，真要是能避免这一仗，那得少死多少人啊。老项，你在这等我一会，我去找沛公。

然后，张良找到刘邦，把这情况一说，刘邦很紧张：子房兄，怎么办呢？打肯定不行啊，真要撕破脸，开打，咱肯定是死路一条。怎么办呢？

张良：既然咱硬不起来，就得认怂，就得服软，眼下也没什么好办法。我看，您就跟项伯好好说说吧，让他帮着跟项羽好好说说。他是项羽的叔叔，说话还是管用的。

刘邦问：那您跟项伯是什么关系呢？

张良：哦，我救过他的命。当年，他杀人亡命，被官府通缉，是我收留了他，才逃过一死。所以，今天他才来找我，是想报我这个恩的。

刘邦：噢，这不是一般关系，这人可以信任。

然后，《史记》中这样写的：

> 沛公曰：孰与君少长？良曰：长于臣。沛公曰：君为我呼入，吾得兄事之。
>
> ——《史记·项羽本纪》

为什么这一段，我也引用原文呢？因为，这涉及一个考据问题，就是张良的出生年月问题，这是个悬案，他比刘邦大还是小呢？

很多人就拿这一段作为一个依据，认为张良比刘邦大。

刘邦问：你跟项伯，你俩谁大啊？

张良说：项伯比我大。

刘邦：好！您快把他请进来，我得拿兄长之礼接待他。

比张良大，刘邦就直接认为项伯是兄了，大致说明张良比刘邦大。当然，这个问题也不重要。

说到这里，得交代一下张良的情况了。在整个刘邦的高层的核心团队之中，张良是很特殊的人，怎么特殊呢？出身特殊。其他人，如萧何、曹参，还有后来的陈平、韩信，还有彭越、黥布，不管文的武的，先来的、后到的，几乎都是出身底层，也就是在个县城里混的。只有张良是贵族出身，他爷爷、他爸爸都是韩国的丞相，从韩昭侯那会儿就是丞相，辅佐了五任韩王，在韩国的分量、地位，除了王室，那就数张良家了。这也说明，韩国王室对张家的信任和张家对王室的忠诚，他们之间的利益高度一致。

公元前230年，秦国灭了韩国，那一年刘邦26岁，张良差不多是二十六七岁，他逃到别的诸侯国，散尽家财，干吗？招揽刺客，要刺杀秦王，要报这个国恨家仇。

前面咱讲过，秦始皇东游至博浪沙差点被刺杀，有个大铁椎从天而降，差一点砸在秦始皇脑袋上。那次刺杀就是张良策划实施的，他找了一个大力士，能抡起120斤的大铁椎。当时的120斤大致就是现在60多斤。他和那个大力士站在博浪沙的一座小山上，看着下面秦始皇的车队经过，然后大铁椎抡起，还得瞄准，放！那个威力得说是够大了，顶发一枚炮弹了，这种刺杀方式真亏张良想得出来。

可惜没砸中。

张良成功逃脱，这也了不起。扔铁椎，能离多远，扔完了竟然还能安然脱身。绝对厉害，很难想象。

还有一个问题，如今博浪沙这个地方根本没山，是个平原。这是怎么回事呢？还是那句话，沧海变桑田。秦朝时的那个小山丘，经过两千多年来的黄河泥沙淤积，已经看不到了。

然后，张良隐姓埋名，藏在下邳这个地方，过起了隐居的生活。有一天，他在外面闲溜达。《史记》中这样写的：

良尝闲从容步游下邳圯上。

——《史记·留侯世家》

注意这个"圯"字，《史记集解》中讲，"圯，桥也，东楚谓之圯"。在当时楚国东边这块的方言中，管桥就叫圯，这是古方言中的一个说法。两千多年过去了，在今天的现代汉语中，只有讲张良这个事的时候，讲他走过的这个桥时，才会用到"圯"这个字。别的任何情境下，都用不到这个字了。

我感觉，这挺奇葩的。我们日常语言中所用到的字不过四千来个，可是在一些大型的字库里，你知道有多少个不同的汉字吗？有资料说是将近十万个。在汉字体系里，有巨量的生僻字或者异体字。中央电视台推出的《中国汉字听写大会》节目就考这方面，这也是传统文化的一大块，挺有意思的。

当然，也不能太过。就像鲁迅笔下的孔乙己，跟小孩子去卖弄，"回字有四样写法，你知道吗？"

鲁迅的老师章太炎也有个类似的段子。章太炎是国学大师，经学、史学、小学都了不起。小学主要就是文字学，他认识很多字，给他三个女儿起的名，一般人都认不上来。就是下面这几个字，你认得吗？

四个叉，这是一个字；四个又，这是一个字；四个工，这又是一个字。老大章四叉，老二章四又，老三章四工。他还放出话来：谁要想娶我闺女，当我女婿，起码得认得这几个字。结果，怎么着，查字典都查不出来。弄得这仨小姐都老大不小了，也没人敢来提亲。最后章太炎只好开了个发布会，专门解释了这仨字都念啥，都什么意思，才解了这个禁，把闺女们给嫁了出去。

好了，接着说张良。

张良在下邳的桥上闲溜达。迎面走来一个老头，穿得破破烂烂的，走到张良跟前，一撩腿，嗖，把鞋踢出去了，掉桥下边去了。

张良愣了一下：呀，这老头是不是个老神经病啊？

这会儿就听老头说了：小伙子，你下去把鞋给我捡上来。

你谁啊？你真有病啊。张良这火就往上撞。你想，他是什么人啊，从小就是丞相公子，就是让人伺候的。又是敢刺杀秦始皇的，那是顶天立地的豪杰啊！

这老头这是来碰瓷、找茬啊。可是呢，又一看，这老头又不像找茬的，而且一大把年纪了。自己呢，身上又背着案子，多一事不如少一事，忍一忍吧，就当玩了。

张良到桥下，给老头把鞋捡上来了。

老头笑了，把脚往前一伸：来，给我穿上。

张良鼻子差点气歪了，心想：好啊，你这是得寸进尺啊。好，我就成全你，反正已经做了这好事了，干脆一做到底吧。

张良"长跪履之"，跪在地上，恭恭敬敬地把鞋给老头穿好。

老头很开心，鞋穿了，一个"谢"字也不讲，什么话没说，高高兴兴就走了。

良殊大惊，随目之。

——《史记·留侯世家》

张良傻在那了，不知怎么回事啊，莫名其妙啊，噢，这就完了，这叫哪门子事。瞅着老头越走越远，脑子里就捯不清了。

他正蒙着呢，忽然，老头转过身，回来了。走到跟前，笑眯眯地对张良说：

孺子可教矣。后五日平明，与我会此。

——《史记·留侯世家》

你这小伙子不错，是个可教之才。五天之后，天亮时分，咱们还在这个地方见面。

此时的张良，对这个老头充满了好奇，他知道这老头肯定不是一般人，完全不按常理出牌啊。于是他立即答应了：好吧。

五天后，天刚亮，张良便赶到这个桥这。结果，老头已经在这等着了。一见面，老头就烦了：跟老人约定个什么事，怎么能让老人等你呢？扭头就走了，甩下一句话：

后五日早会。

——《史记·留侯世家》

再过五天，早点来。

这一次，鸡刚叫，张良就来了，天还黑着呢。结果怎么着，老头又在这等着呢，又烦了，扭头就走了，还是那句话：

后五日复早来。

——《史记·留侯世家》

这一次，怎么着，张良较上劲了，还没到半夜，还前半夜呢，他就去了，就到桥那了。这一次，真不赖，老头还没到。不过，他刚站稳当了一小会儿，老头也就到了。

黄石公在圯桥上让张良给他穿鞋，并点拨张良

老头很高兴：好小子，就得这样。然后送给了张良一本书，说：

读此则为王者师矣。

——《史记·留侯世家》

你好好读这本书，将来可以做帝王之师。十年后，你就会用上它，它会成就你。十三年后，你会在谷城山下见到一块黄色的石头，那就是我。

然后，老头转身就走，消失在茫茫夜色之中。

这本书就是史上著名的兵书《太公兵法》，此后十年，张良潜心研读揣摩，他的心智谋略终于达到了极高的水平，完成了从热血青年刺客向顶级军事谋略家的转型。

十年后，正好就是陈胜起义，张良带了百十来号人，本想去投景驹，结果遇上了刘邦，两人一见如故，张良对《太公兵法》的领悟，一下子都用上了。而且，他跟别人要讲这些东西，别人根本理解不了，刘邦一听就明白，一用就管用。两人互相欣赏。直到刘邦得了天下，对张良也是言听计从。张良是名副其实的帝王之师。

而且，他也果然在谷城山下遇到了那块神奇的黄石头。所以，那个神秘的老头，后世人称黄石公。

那么，那部《太公兵法》到底写的什么呢？这个有传世的版本，不过，估计不是张良看的那个版本。

《太公兵法》到底讲的什么呢？

我认为，黄石公与张良相遇、授书的这个过程，就是一个深刻的隐喻，包含着兵法的精髓，主要就是两条：一个是，要能忍，要一忍到底。让我拾鞋，我拾鞋；让我穿鞋，我穿鞋；让我早来，我早来；我忍到最后，就能看清你到底要做什么，就能变被动为主动，掌控局面。

另一个就是，要争先，要出其不意，抢占先机。先入为主，后入为客，把握好主客关系，这是兵法的关键。

做人的道理，也是如此。

张良先是加入到刘邦麾下，后又随刘邦加入项梁麾下。张良从民间找到原来韩王的后人韩成，项梁把韩成立为韩王，给了他一些兵马，去打原来韩国的地盘。可是，打得很不顺利，还是靠刘邦帮着，打下了十多个城，算是帮助张良实现了一次复国的梦想。

所以张良很感恩，项伯要救他，而他不能撇下刘邦，关键时刻要帮刘邦一把。接下来便是那场著名的鸿门宴，究竟是什么情况，下回再说。

鸿门宴猜想

上回讲到，项羽入关后，拉开架势要打刘邦，他叔叔项伯夜里偷偷到刘邦这边找张良，想拉着张良逃跑。

而张良立即向刘邦汇报：沛公啊，眼下唯一的办法就是请项伯给说和这个事了，让他帮咱到项羽跟前给说说情。

刘邦也没别的办法：子房啊，"君为我呼入，吾得兄事之"。麻烦你去把项伯请来吧，我要拿他当亲哥哥对待。

然后，张良回去叫项伯。项伯很尴尬、很纠结，刘邦跟他什么关系都没有，他来只是想救张良报恩的。可是架不住张良央求，张良是他救命恩人啊，没办法，只好跟张良来见刘邦。

刘邦要多恭敬有多恭敬，要多热情有多热情，要多真诚有多真诚：项大哥啊，以后咱就是亲兄弟了。我现在有一儿一女，不知道你这边孩子是怎么个情况，咱们干脆结个娃娃亲，咱以后就是亲家了。项王对我可能有点误会，您可千万帮着给解释解释。我之前把函谷关给封了，完全是为了给项王看家啊，是防别人的。咸阳城、皇宫，我这不都给项王留着了嘛，我什么也没动。我对项王、对怀王，是一百个忠心啊。

一番话说下来，便把项伯彻底给整晕了。咱说过好多回了，刘邦是有一种特殊的魅力的，让人不由得就欣赏、信任。

据说希特勒也有这一功，《第三帝国兴衰史》里说，希特勒要是作个演讲，极富鼓动性，迅速地就能把听者的激情给点燃。可是，仔细分析他讲的内容，就会发现，没什么逻辑性，语无伦次的，简直就是一锅粥。这很神奇。

前人研究刘邦的成功经验，可能都没注意到这一点，就是他有很强的说服能力。

项伯被他说服：好吧，我跟项王说说吧，只是，光我说也不管用。你必须得亲自面见项王，再解释一下。

然后，项伯连夜回营，跟项羽原原本本说了一遍。注意，这事要搁别人身上，两边要开打了，你私自去通风报信，那绝对是死罪啊。可是，项伯没事，足见他跟项羽这个叔侄情分是相当亲密的。

项伯说：要不是刘邦先把关中打下来，咱也不可能这么轻易进来，人家立了这么大的功，咱却要打人家，要置之于死地，这事儿不地道。我看，不如善待安抚，让他为我所用。

项羽点头：好吧，叔叔，我听你的。

第二天一早，刘邦带着百十多个保镖，骑着马，来到了鸿门。见到项羽之后，还是要多恭敬有多恭敬，要多真诚有多真诚，眼里甚至含着泪：项王啊，终于又见到您了，可想死为臣了。大半个天下都是您打下来的，您给天下苍生造福了啊。为臣沾您的光，借着您的势，打下了咸阳，为臣这一点也没动，都给您守着呢。听说您对为臣有点误会，为臣猜，准是有小人挑拨离间啊，您可千万别轻信啊。

项羽也挺感动：可不是嘛，都是你手下的那个曹无伤说的，说你怎么着怎么着的。要不，我也不生这么大气。好了，好了，都过去了，一块喝酒吧。

项羽张嘴就把曹无伤给卖了，由此，后世很多人便说项羽有勇无谋，四肢发达，头脑简单。我觉得不可能，一个人，在任何一个领域，做到顶尖级，都是有一副好头脑的。就拿那些体育明星们来说，姚明、刘翔，那绝对不只是身体素质好就行的；还有那些歌星们，也绝对不是说嗓子好就行的。绝对都是一流的智商。项羽统领几十万大军，还有勇无谋，那不可能，起码不可能犯这样低级的错误。

所以，我认为，项羽之所以一上来便把曹无伤给卖了，首先是因为他烦这种卖主求荣的小人；其次也是向刘邦卖个人情，展示诚意。

可是范增太想杀刘邦了，他一看项羽这架势，那语气、那眼神，没有杀机啊。合着，我之前教他杀刘邦，他没往心里去。怎么办呢？现在再沟通，也来不及了。总不能说，刘邦你等会啊，我跟项王出去商量一下，商量怎么杀你。

老范增只好一个劲地向项羽挑眼色，挑得眼都花了；又故意拿着身上佩带的玉玦向项羽示意，那意思，你赶紧动手吧！

玉玦是个什么东西呢？它是个环形的玉件，中间有个缺口。

中国的玉文化了不得，可能是从旧石器时代到新石器时代，在以石器为生产工具的过程中，人们逐渐发现了玉的品质和价值。它跟一般的石头不一样，更精美、更高级。然后，人们慢慢地给玉赋予了一种人格化的意义。最有名的是《诗经》里的一句话：

言念君子，温其如玉。

——《诗经》

我想我那夫君啊，他像玉一样温和、内敛、坚韧。
《礼记》里面也有一句话：

君子无故，玉不去身，君子与玉比德焉。

——《礼记》

君子平时都得佩戴着玉，没事不能摘下来，为的是提醒自己，要做一个温其如玉的人，一个玉洁冰清的人，一个有玉一般德行的人。

后来，还有人总结，玉有五德：仁、义、智、勇、洁。

另外，在政治、宗教和日常生活中，一些礼仪里，都用到玉。各种各样的玉制品，不同造型的，代表有不同的意义。荀子有篇文章讲：

聘人以珪，问士以璧，召人以瑗，绝人以玦，反绝以环。

——《荀子·大略》

出访国家时，使者要拿着珪，这是经过正式授权的，珪就是个凭证；访贤问士，使者得拿着璧；召见大臣，要拿着瑗；要开除哪个大臣，跟谁断绝君臣关系，得拿着玦，就是范增佩带的这个；跟谁要恢复关系，就得拿着环。对方一看你拿这个东西，就明白你的意思了，它有一种仪式感。

为什么这几种玉能分别代表几种不同的含义呢？当然也有讲究，拿玦来讲，它的造型就是一个玉环，中间有个缺口，就表示断开、决裂。另外，这个玦字应当跟《易经》里夬卦，有联系，玦字就是夬字加一个玉字旁——在篆书里，"玉"字就是写成"王"的。

《易经》夬卦讲：

夬，决也，刚决柔也。

——《易经》

夬卦就是讲决断的。

范增的玉玦，不是说专门为了在鸿门宴上决断，提醒项羽杀刘邦才佩带的，而是平时便戴着，"君子无故，玉不去身"，是每天都要佩带的，为的就是"君子与玉比德焉"，就是用这个玉玦提醒自己，要敢于决断，要多谋，更要善断。

古人这种思维很巧妙，佩带有特定寓意的玉，来暗示提醒自己做事的方式。

也不见得是佩玉，也有佩带别的东西来提醒自己的，比如《韩非子》里有句话：

西门豹之性急，故佩韦以自缓；董安于之性缓，故佩弦以自急。

——《韩非子·观行》

西门豹是个急性子，他就佩带一块韦，就是软牛皮，来提醒自己，凡事别着急，要缓一缓；董安于也是古代一个名人，他是个慢性子，就佩带一段弓弦，提醒自己，凡事得抓紧，得像离弦的箭似的，利利索索的。

好了，接着说范增。他向项羽示意了半天，项羽却默然不应，不点头。

范增真恨不得自己冲上去，把刘邦给杀了。可是他年岁大了，怎么办呢？绝对不能错过这个机会。他转身出了大帐，把外面站着的项庄叫到跟前：小庄啊，一会儿你进去给刘邦敬酒，然后就说给大家舞剑助兴，再乘机把刘邦给我扎死。记住喽，一定要扎死！你哥哥项王狠不下心来，下不了手。这次要是让刘邦跑了，将来你们都得让他灭了！

项庄是项羽的堂弟，武艺精湛、剑术高明。他按范增说的，进了大帐，敬完酒，开始舞剑。

刘邦也不傻，看着那剑晃来晃去的，心里打鼓。怎么办呢？也不能说，你别舞了，你小子没安好心。正着急呢，项伯说话了：贤侄啊，一个人舞着，不来劲，空对空的，出不来感觉。老夫陪你一块舞，他拔剑跟项庄舞在一起，他护着刘邦，项庄便费劲了，找不着空当下手。

当时，大帐里面，刘邦这边只有张良陪着。张良也着急，可他是玩文的，出主意行，抄家伙打，他不行。司马迁说，他见过张良的画像：

状貌如妇人好女。

——《史记·留侯世家》

张良是男生女像，长得就跟鹿晗似的，单薄。他哪儿保护得了刘邦啊？

干脆，我也出去找帮手吧。

张良从大帐里出来。樊哙正在外面，也正着急呢，见张良出来了，凑上来：怎么着了，都那么半天了。

张良说：

刘邦亲赴鸿门宴

甚急！今者项庄拔剑舞，其意常在沛公也。

——《史记·项羽本纪》

又一成语——项庄舞剑意在沛公。这个形势相当危急。

樊哙一听就炸了：老子跟他们拼了！

说着手里举着盾牌就往大帐里面闯。守门的侍卫们阻挡，都被樊哙给撞飞了。樊哙就跟个推土机似的，挡不住。进了大帐之后，

瞋目视项王，头发上指，目眦尽裂。

——《史记·项羽本纪》

虎目圆睁，瞪着项羽，头发都立起来了，眼角都瞪裂了。

项羽反应很快，按剑就要起来：什么人？

张良赶紧解释：项王啊，他是沛公的保镖侍卫樊哙。

项羽英雄爱好汉，情不自禁地称赞：好一位壮士！来人，赐酒！

手下给拎上一桶酒，樊哙接过来，咚咚咚，一口闷，干了。

项羽大悦：好！再给他弄一个彘肩。

手下人又给扛上一彘肩，生的，一大块，得有二三十斤，生肉。

樊哙把大盾牌往地上一放当作案板，把那块彘肩往上一放，大宝剑当菜刀，剌下一块，带着血就吃开了，简直跟个野兽一样。

项羽看傻了：壮士，还能喝酒吗？

樊哙瞪着眼：我死都不怕，还怕喝酒吗？哎，我说项王啊，你这整什么呢？我听外面人说，你要收拾我家沛公。他立那么大的功，你还收拾他，弟兄们还怎么跟你混啊？是不是也想走秦朝皇帝老儿的道啊？

项羽有点尴尬，没接茬：嗯……这个……你坐下说，坐下说！

樊哙便挨着张良坐下了。

接下来怎么办呢？当着项羽的面，也没法交头接耳地商量啊。刘邦心想，不行，我也得出去。他把肚子一捂：项项项王啊，不不不行

了，我得出去吐吐吐去，还得拉拉肚子，等肚子里腾出地方来，咱好接着喝。

项羽没多想：去吧。你这酒量不行啊。快去吧。

张良和樊哙赶紧一左一右搀着刘邦出了大帐。

然后，怎么办呢？跑呗！

刘邦还有点顾虑：咱也没打个招呼，这样不辞而别，不合适吧。

樊哙说：

如今人方为刀俎，我为鱼肉，何辞为？

——《史记·项羽本纪》

现在人家就是那菜刀菜板，咱就是那中间的鱼和肉，这就要剁馅儿呢，你还哪门子合适不合适的啊？

张良也说：您放心走吧，我给断后，保证稳住项羽，一会儿我把咱捎来的礼品给他们就行。

然后，刘邦带着四个保镖——樊哙、夏侯婴、靳强、纪信，就开溜了，从项羽的眼皮子底下，项羽的大营里竟然逃了出来，安然脱身。

这个，我感觉挺不可思议的，那么个大活人，那么大目标，项羽这边军营肯定也要严密地管理，从中军大帐，你说跑就跑了，难以想象。

等刘邦走远了，张良拿着礼物重新进大帐，这工夫肯定也不短了，项羽那边还是没发现。不过，《史记》上就是这么写的。

张良重回大帐：启禀项王，沛公怕您批评处罚他，吓跑了，让我把礼物献给您，请您原谅。

然后，送给项羽一双玉璧，项羽笑纳；送给范增一对玉斗，范增直接就给砸了。老头气坏了，可也没办法了。

那头，刘邦回去之后，立即把曹无伤杀掉。《史记》所写的鸿门宴的故事大致如此。

感觉不大让人信服，刘邦不可能是这么跑的。可是，司马迁写这

121

段也不可能是瞎编的，他肯定也得有依据，起码得有野史的依据。

我猜想，这个故事很可能是樊哙编了传出来的。因为，这个故事中，他的形象太突出了，又威武，又勇敢，又能出主意，话说得也漂亮，刘邦能脱险，全仗着他似的。而且，就看在场的这几个人吧，刘邦肯定不会出来向人讲这段囧事；张良和夏侯婴的嘴绝对严实，也不会乱讲；纪信后来死了；靳强的职位、分量都比较低；只有樊哙有可能出来乱讲，而且他跟刘邦是连襟，屠户出身。

《史记》印证了我的这个猜想，司马迁在《樊郦滕灌列传》的最后讲：

> 余与他广通，为言高祖功臣之兴时若此云。
>
> ——《史记·樊郦滕灌列传》

这位"他广"即是樊哙的孙子樊他广，刘邦当时的好多事，司马迁都是从他这听来的。

真实的情况应当是，项羽根本没想杀刘邦，而刘邦又有超强的说服能力，见面之后，很快便冰释前嫌，把酒言欢了。然后，刘邦匆匆吃了几杯酒之后，编了个理由：项王啊，我家里孩子病了，得早点回去，改天咱再喝吧。业务上有什么事，就让子房先在这，跟亚父好好对接一下吧。

项羽同意：好吧，我就不送了。

刘邦麻利地就溜了。

接下来，秦朝也灭了，刘邦也顺服了，项羽是不是有点"拔剑四顾心茫然"的感觉呢？或者，他就不想当皇帝吗？

项羽：怎么办？哎，亚父啊，您说说怎么办吧？

范增：我说怎么办？我说怎么办，你听吗？我让你杀刘邦，你怎么不杀呢？

项羽：听听听，这回一定听你的。

这番对话，史书上没写，是我想象的。我想，这个时候，项羽跟范增肯定要商量一下的。然后，商量的结果是什么呢？

史书写了：

> 项羽引兵西屠咸阳，杀秦降王子婴，烧秦宫室，火三月不灭；收其货宝、妇女而东。
>
> ——《史记·项羽本纪》

屠咸阳，屠城，不论你是官员还是百姓，杀杀杀！投降的秦王子婴也杀掉。妇女，也不管你是宫里的还是宫外的，作为战利品，还有各种财物，都收起来，带回去。然后，放火，把阿房宫之类的秦朝宫室全部烧掉。大火连烧三个多月——烧三个多月啊，那得烧多少房子，你想去吧，这是多大的浩劫啊！

这肯定不是项羽一个人的主意，范增是亚父，肯定也是主谋，前面坑杀二十万秦军，他肯定也是主谋之一。他这个谋士当的，也太狠了。难道他不知道，这样做是很失民心的吗？

他和项羽为什么要做这么绝呢？仅仅是为了发泄对大秦帝国的憎恨情绪吗？这肯定是一个很重要的原因，"楚虽三户，亡秦必楚"，这是要报血海深仇。

除此之外，我认为，还有另一层更重要的原因。《黄帝四经》里有一段话，我印象深刻：

> 圣人之伐也，兼人之国，隳其城郭，焚其钟鼓，布其资财，散其子女，裂其地土，以封贤者。是谓天功。功成不废，后不逢殃。
>
> ——《黄帝四经·经法〈国次〉》

这段话的意思，简单讲就是，在战争中，占领敌国之后，要把这个国彻底摧毁。它的城墙工事全部拆掉；它的钟鼓礼器、宗庙社稷等等跟原政权有关的东西，全部烧掉；它积累的所有资源、财物全部分掉；它的子民百姓也全部要打乱，让其散布各地，再也不能集中起来，不能再抱成团；它的土地疆域也要给分裂、分割成若干块，分封给在战争中作出贡献的大臣大将，成为若干小国。这样才能使这次战争的胜利成果一直保留下去，以后才不会有什么祸患。

这看上去很残酷，是不是只有上古时期才这样呢？不是的。在近现代的战争中，战胜国对战败国其实仍然在采用这种方式。你想去吧，咱就别明说哪个国了。

另外，从国家对个人的制裁来讲，整个皇权时代里，为什么有夷三族、夷九族，跟这个其实是一回事，残杀很多无辜的人，无非就是为了"功成不废，后不逢殃"，即所谓"斩草除根"。

好了，接下来就是分封，重新分封天下，恢复先秦的模式。怎么分的呢？咱们下回再说。

韩信是
怎样崛起的

上回讲到，项羽屠了咸阳，顺手把阿房宫也给烧了。

就在这时候，有个人找他：项王啊，可惜了，您烧它干吗呢？关中这个地方，得山川之势，易守难攻，而且土地肥沃，您要是在这建立国都，您的霸业可就太稳固了，准得千秋万代。

项羽一皱眉，有点道理啊，不过，转念一想：什么千秋万代啊，秦朝在这建国都，这才十多年不就完了吗？再说了，你早干吗啦，咸阳都被烧得不成样子了，让我在这建都，不是给自己添堵吗？手下弟兄们正都想着回家去跟老婆孩子团聚、享福呢。

于是，项羽说：谢谢您的提议，不过，

富贵不归故乡，如衣绣夜行，谁知之者！

——《史记·项羽本纪》

这句话后来也是一个成语，叫"锦衣夜行"，穿着漂亮衣服，走夜路，衣服再漂亮也没人看得清，那多没成就感。富贵了就得衣锦还乡，回家跟村里的发小们显摆显摆，弄个同学会跟老同学们显摆显摆，最起码得往朋友圈里发发、晒晒，这样才有存在感，才爽。

显摆真是一种病。

提建议的人一听这个，张口结舌，蔫蔫地便出来了。

有朋友问他：怎么着啊？你的建议被项王采纳了不，没给你封个官吗？

这人就发了通牢骚：我早就听说，这些楚人就是沐猴而冠——猴子洗干净了，戴个帽子，就是真人了。一看项羽，还真这德性。

这话很快就传到了项羽耳朵里。项羽恼羞成怒，把这个人逮来烹了，搁锅煮了。

这也是个问题：你的建议提得确实不错，可是领导不采纳就不采纳呗，你发哪门子牢骚嘛。领导虽不采纳，但对你也有个印象。没准过后不久，他寻思过味来，下回再有事就主动找你了。

接下来，怎么办呢？项羽还不赖，先派人回去向楚怀王请示了一下，毕竟楚怀王是名义上的领袖。

楚怀王也没多想，怎么办？前面怎么说的就怎么办。谁先入关，谁就王关中，战国时秦国的那一片就是谁的。剩下六国是谁家的还是谁家的。

项羽烦了：合着我白忙活了。六国是谁家的还是谁家的，灭的这个秦国给刘邦，我算干什么的呢？各路诸侯好多跟原来的六国没太大关系了，他们往哪儿放？你真拿自己当天子啊？拼死拼活的，那仗都是我打的。你楚怀王不过是我们老项家打的一张牌而已。现在天下已经打下来了，你该干什么干什么去吧。

最后，项羽跟范增一商量，面儿上还要过得去，话不能挑明。楚怀王你就是张牌，现在你没用了，就得给我提鞋了。这话不能说。于是，尊楚怀王为义帝，比王又高一格，成了帝了。我还尊着你，供着你。不过，实事，你还是不能管，只能像战国后期的那个周天子一样，给你个小公国，一边待着去吧。

然后，项羽主持着重分天下，各路诸侯、功臣大将，都封王封侯，列土封疆，重回秦朝以前的那种天下格局。

"先入关中者王之"，这话还得有，不能不算数。

刘邦啊，巴、蜀、汉中，这都是秦国故地，也都算是关中，这一大片都封给你了，你是汉王，你这片不小了，你找张地图看看吧。秦国北边这一块，咱就安排给秦军的三个归顺的将领吧，给他们分开，章邯一块，封雍王；司马欣一块，封塞王；董翳一块，封翟王。

刘邦啊，你有意见吗？

刘邦差点没气炸了。幸亏萧何他们在旁边摁着：吃点亏就吃点亏吧，总比没命强啊。

刘邦忍了：项王啊，我没意见，我谢谢您。

其他的魏王、韩王、代王、赵王、齐王、衡山王、九江王等，这些王侯封地咱先不细说了，以后讲到哪说到哪吧。

项羽给自己封了个"西楚霸王"，这名霸气！他那片最大。

书说简短，公元前206年4月，都分封完了，没事了，各路诸侯各回各家。项羽领着楚军回了彭城，那是他的都城。

刘邦带着几万人南下，穿过秦岭，进入汉中。后来有人研究，刘邦走的这条线路，叫子午路，这是一段著名的古蜀道。

蜀道的规模比我们一般想象的要大，是一个庞大的交通网络，将四川盆地、汉中盆地和甘肃、陕西等地连通起来。蜀道的修建难度巨大，都是在大山中穿凿出来的，现在可以修隧道，把山打通，当时则只能贴着山体，沿着悬崖峭壁修建栈道，又称阁道、复道。

很多栈道一直保留至今，甚至有的地方还在用。

刘邦南下汉中，走的很多路段都是这种栈道。

张良本来得跟韩王韩成回去建国的，不过，他先请了个假，送刘邦，把刘邦一直送到汉中，他得帮着刘邦实地查看一下汉中的山川形势。然后，他临返回时，给刘邦提了一个建议：汉王啊，我走的时候，顺便帮您把这些栈道都给烧了吧？

这话把刘邦给说蒙了：子房，这是什么意思。要是把这些栈道都烧了，我将来怎么出去啊？我总不能在汉中待一辈子吧？

张良笑了：汉王，咱肯定不能都烧了，显眼的烧了，不显眼的留着。谁要是问咱为什么烧栈道，咱就说是为了防备别人进来跟咱抢汉中。这样一来，项羽肯定就对您放松戒备，您好走下一步。

刘邦大悦：好！子房兄，烧！

于是，张良把栈道———一般认为是褒斜道，给烧了。

然后，只过了三四个月，刘邦估计项羽已经回到彭城，住安稳了，他便开始重修褒斜道，那意思，我还得从这出去。北边的雍王章邯，得到信儿了，赶紧在褒斜道的沿途、出口组织防守。

　　而实际上刘邦大军走的却是陈仓这条道。"明修栈道，暗度陈仓"，打了章邯一个措手不及。很快地把整个关中全打了下来——也没全打下来，章邯保着一个小城废丘，又坚持了很长时间，不过，基本可以忽略不计了，无关大局。另外的两王，塞王、翟王，都投降了。整个关中，都成刘邦的了，已是名副其实的关中王。

　　那么，章邯和塞王、翟王，怎么这么不禁打呢？因为他们太不得关中百姓的民心了，岂止是不得民心啊，

　　　　秦父兄怨此三人，痛入骨髓！

　　　　　　　　　　　　　　　　　　　　——《史记·淮阴侯列传》

　　关中的秦朝遗民们、老百姓们，恨死他们了。要不是他们投降项羽，那二十多万秦军、关中子弟兵，怎么会被活埋？

　　老百姓们都恨不得直接杀了这三王，所以，他们不可能有什么战斗力。

　　这不是我分析的。这是刘邦战前，听他的一个手下给分析的。谁啊？韩信！

　　这三王不禁打的另一个原因，就是刘邦这边开始启用韩信——那个时代里最杰出的军事统帅，出场了。

　　其实，韩信的登场一点也不闪亮。他在《史记》里的出场首秀，绝对是最怂的。

　　　　韩信者，淮阴人也，始为布衣时，贫无行，不得推择为吏，又不能治生商贾，常从人寄食饮，人多厌之者。

　　　　　　　　　　　　　　　　　　　　——《史记·淮阴侯列传》

　　他是淮阴人，也是底层出身，平头百姓，穿粗布衣服的，很穷。而且，不但穷，还"无行"，"贫无行"，德行不行，估计有什么案底之类的，被政府部门列入黑名单了。"不得推择为吏"，你也想

跟刘邦似的，端公家饭碗，那不行，你"无行"，有案底，不招。另外，种个地、做个小买卖什么的，他也干不了，养家糊口都不行。那靠什么吃饭呢？基本跟要饭差不多。你是大哥，我跟你混，我给你当小弟，捧你的场，你得管我饭，我就跟你吃。然后把人家吃烦了，就再换一个大哥，接着吃人家。

有一段时间，他每天都去一个亭长家蹭饭，一连好几个月。最后，亭长没说什么，亭长老婆实在烦透了。有天早上，早早地，就把饭吃光了，一点没给韩信留。等韩信去了一看，瓢干碗净，一下子就烦了，"怒，竟绝去"——大怒，气得再也不去这家吃了。

读到这里，我感觉挺好笑的。《史记》写得真幽默，白让你吃了好几个月了，你还好意思怒。得说这脸皮啊，够厚。

有一天，韩信饿着肚子，没管饭的，怎么办呢？钓鱼。我自力更生，我钓了鱼，吃水煮鱼，没锅煮，那我就吃烤鱼。

可是，他的钓鱼技术还比较差，大半天才钓上一条小鱼来，实在饿得不行了，赶紧生火，烤着吃。旁边不远处有一群妇女、大妈，正在水边干活，干什么活呢？漂。漂是什么呢？后世的注解各种各样，我赞成一种说法，它是做麻布的一道工序。

这些女工们，差不多都是中年妇女，差不多是韩信他妈的年纪，韩信当时只有二十来岁，所以史书称其为"漂母"。其中有一位漂母可怜韩信，看他已经饿得不行了，就把自己带来的饭匀出一些来，给韩信吃。然后，每天干活来河边时，都给韩信带点吃的。这活儿一直干了好几十天，这位漂母天天如此。最后，这活儿干完了，漂母跟韩信说：孩子，明天我就不来这了，不能给你带吃的了。

韩信感激得不得了，说：大娘啊，有朝一日我一定会重重地报答您！

没想到这位漂母烦了：我用不着你报答，我是图你报答的吗？再说了，你这个样子怎么报答我啊？孩子，男子汉大丈夫，要干出点样子来！不能老这样了。

说完，扭头就走了。

漂母施饭，激励韩信出人头地

韩信在后面喊：大娘，我不会让你失望的。——哈，这是我想象的，《史记》写得太简略了。

接下来，《史记》里便写了韩信那段最著名的故事：

有一天，几个小混混堵上韩信：孙子，老子早就看你不顺眼了，整天背着刀跨着剑的，人五人六地逛来逛去，像回事似的。今天你要有种，就扎死我；要是认怂，就从老子胯下钻过去。

> 于是信孰视之，俯出胯下，蒲伏。一市人皆笑信，以为怯。
>
> ——《史记·淮阴侯列传》

韩信愣住了，瞅着这几个小子，瞅了半天，真就趴地上，从人家胯下钻了过去。弄得一条街的人都笑话他：韩信这个怂包啊，太怂了！

韩信是不是真这么怂呢？如果没有后来的故事，真就没什么可说的了，你说下天来，说你为了什么远大理想，忍辱负重，也没人信啊！

而且，《史记》里关于韩信早年的记载只有这么简单几段，他爹妈是干吗的，读没读过书，有没有过高人指点，都没写。我估计是没有，要有早就写上了。

项羽要学万人敌，张良有黄石公授书，那都写上了。韩信没提这段，估计就是没这方面的经历。

那么，这里就有一个问题了。就凭这样一个屌丝，怎么就能成了后来那个时代最杰出的军事统帅了呢？

咱们接着往下说，一会儿，再分析这个问题。

公元前209年，项梁起义，带兵北上，经过淮阴，韩信仗剑从之，参军了。这一年，他大致是22岁。然后，在项梁军中，"无所知名"，就类似士兵甲、士兵乙这么个角色，默默无闻。项梁死后，他又跟着项羽，这时不是默默无闻了，他进入了项羽的视野。

> 羽以为郎中。
>
> ——《史记·淮阴侯列传》

项羽任命他做郎中，这郎中不是大夫、医生，这是个官职，这个官职究竟是干什么的呢？这又是制度问题了，得考据，太难了。后代学者认为就是项羽的一个侍卫官。

我感觉韩信这个郎中，应当不是侍卫官，不是在门口负责站岗保卫的那种侍卫。他应当类似于一个级别比较低的参谋。

因为，《史记》里紧接着说韩信，

数以策干项羽，羽不用。

——《史记·淮阴侯列传》

好几次，向项羽进献计策，希望以此被提拔，可是项羽都没有采用。很明显这就是个参谋，不可能是站岗的，看着项羽来了，一敬礼，报告将军，我给您提供一个灭秦军的计策。这不合情理。

我想说的是，这时的韩信就已经成功了。已经从一个社会最底层的草根，成为主宰那个时代的差不多就是帝王的身边人了。

我有一个读书的体会——读名人传记的体会，就是一边读这个人的成长历程，一边不自觉地会跟自己有一个比对。人家什么年纪在干什么事，咱自己这个年纪在干什么事。刚开始的时候，感觉也差不多。人家也是上学，奋斗，也有失落、失败的时候，跟咱自己差不多。可是，读着读着就比不了了，没可比性了，人家就开始飞越了。韩信究竟怎样完成的飞越呢？

韩信是怎样从屌丝，从无所知名的底层士兵，变成了可以经常向项羽献策的人物呢？

这可能是对我们最有教益和启发的，可惜《史记》没写。

《史记》写的是，对这样的成功，韩信一点也不满意。就在项羽分封天下之后，各路诸侯各回各家的时候，他跑了，不跟项羽混了。投到了刘邦这边，跟刘邦大军南下汉中，还是从底层干起，从头再来。

可是，没想到，还没等混出头来，就犯了个杀头的罪。具体什么罪过，史书也没写，只写了要砍头的那天，一字排开，一共十三个犯事的，挨个砍，眼看着就要砍到他了。这辈子就这么完了吗？

韩信挣扎，正好看见滕公夏侯婴打边上过，一看穿戴就知道准是大官。韩信大喊一声：

上不欲就天下乎？何为斩壮士！

——《史记·淮阴侯列传》

汉王不想得天下了吗？不能杀我！

把夏侯婴吓一跳，这什么人，砍脑袋的见得多了，哭的闹的，什么样的都有，可没见过砍脑袋时喊这个的，临死了还吹这么大的牛。我得好好看看。

哎，住手，别砍了，先别砍了，我瞅瞅，什么人这么大口气啊。

夏侯婴上前仔细端瞅，哟，这还真不是一般人。

松绑！

然后韩信又行了！他跟夏侯婴一聊，三两句话就把夏侯婴给忽悠住了。夏侯婴大喜，哎哟，这个人才可太难得了，立即就把韩信推荐给了刘邦。

有个词叫"造化弄人"，上天总爱捉弄人，喜欢恶搞。快要把你整死了，要砍头了，让你绝望了，然后又告诉你，刚才是跟你闹着玩的，再给你一个大蛋糕。

前面李斯也是这样，眼看就要被赶出秦国、打回底层了，然后，凭一封信得到秦王的青睐，一步登天。还有很多大人物，都有这样戏剧性的经历，被命运恶搞过。

如果你现在正走背字，正倒霉，那么，我得恭喜你，你跟大人物的经历已经很像了。

夏侯婴跟刘邦不是一般的关系，绝对是铁哥们，亲信中的亲信。他也是沛县人，最早干个厩司御，相当于县政府的一个司机，每天下了班就去找刘邦聊天，一聊就是多半天。

有一次，刘邦不知道鼓捣什么恶作剧，玩笑开得大点了，把夏侯婴给碰伤了。夏侯婴也没在意，玩嘛。可是，有小人，恨刘邦，告刘邦的黑状，说刘邦故意伤人。当时的秦法很严，这事要坐实了，刘邦的亭长就干不了了，还可能有别的处罚。上面来调查，刘邦不承认，没这事。人家又去找夏侯婴求证，夏侯婴也否认：没有这事，你听谁说的？

那你胳膊怎么折了？

我自己摔的，你管得着吗？

结果，这事弄来弄去，也不知怎么回事，夏侯婴最后为此做了一年多的牢，还被打了几百板子。末了，他也没说是刘邦打的。

这样的铁哥们上哪找去。

所以，刘邦从一起事，当沛公时起，夏侯婴就是他的亲信，官称叫太仆。名义上，太仆是给帝王掌管车王乘舆之类的事务的，其实说白了，就是"刘办主任"，贴身的，形影不离。鸿门宴的时候，保着刘邦逃跑的四大金刚里就有夏侯婴。而且，以后，直到刘邦死，他一直都是这个角——太仆。刘邦死了，他继续给刘邦的儿子汉惠帝、给吕太后当太仆，直到汉文帝的时候还是太仆。所以，滕公夏侯婴给我的印象非常深刻。

总之，滕公跟刘邦不是一般关系。

韩信经滕公一举荐，刘邦很重视：噢，既然你这么看重这个人，就让他做治粟都尉吧。

治粟都尉是个什么官呢？掌管军粮的。别管职务高低，那绝对是肥缺，而且得是可靠的人才能干的。

韩信这一下子又厉害了。而且，他不但是滕公的座上宾，跟萧何还混到一块去了。

数与萧何语，何奇之。

——《史记·淮阴侯列传》

把萧何也给忽悠住了，也给整服了。

可见，此时的韩信已经进入了刘邦集团的最高层，算是非常成功了。

可是，他还不满意。他在心里面算计日子：我跟萧丞相已经聊过几次了，最后那一次到现在也得有些日子了，他要是向汉王举荐我，再加上汉王考虑掂量这个事的时间，到现在也都足够了。可是不见动静，汉王怎么还不来请我呢？看来他还没拿我当人才啊。我的梦想还是实现不了啊，得了，我还是走吧。

于是，刘邦大军刚进了汉中，到了都城南郑，韩信便不辞而别，跑了。

萧何听到这个消息，一下子就急了，这人要跑了可太可惜了，骑上马就追出去了。也没顾上向刘邦打个招呼什么的，"萧何月下追韩信"的故事就是这么来的。

萧何这一走，就热闹了。当时，刘邦军队里有很多逃兵，大家进了汉中，一看这穷山沟，以后还有什么前途啊，老婆孩子都还在老家呢。人家项羽手下的兵都衣锦还乡了，回家老婆孩子热炕头的。所以有好多逃兵，也有将领逃的。刘邦没办法，可也不太上心，天要下雨，娘要嫁人，随他去吧。

结果，一转眼，一看萧何没了。哪去了？

旁边有人说：汉王啊，萧何也跑了。

刘邦大怒，暴跳如雷，然后心里哇凉哇凉的：哎，看来是真没法干了，连老萧都跑了。

刘邦愁坏了。

过了两天，萧何回来了。

刘邦差点没哭了：你跑哪儿去了？

萧何说：我去追个逃跑的将领，走得太着急了，才没顾上跟您请假。

刘邦：这段时间，咱手底下逃跑的将领得有几十号了，我也没见你去追过，你这追的是哪一个啊？

萧何：韩信。

刘邦：噢，韩信，这小子很特殊吗？

萧何：对了，韩信太特殊了。

诸将易得耳，至如信者，国士无双。

——《史记·淮阴侯列传》

别的将领跟韩信没法比，韩信是"国士无双"，全天下再也找不出第二个这样的人才了！您要是想一辈子只做个汉中王，那么，要不要韩信也没什么意思；您要是还想打天下，除了韩信，没人能帮您实现！

刘邦被震住了，萧何对他来讲，是师长一般的人物，在沛县混了那么多年，得说是萧何罩着他的。而且，萧何是相当持重的人，把话说得这么绝，这个韩信看来真是了不起啊。

刘邦：好吧，我听你的，让韩信做将军，带一路兵马。

萧何：不行，这个，留不住他，他还得走。

刘邦有点烦了：嚯，那得了，就让他做大将军，全部兵马都听他指挥。总司令。行了吧？

萧何立即说：太好了！咱就这么办！

刘邦心说：你真这么办啊，得了，就当玩呗，不行再换。行了，你去把那小子叫来吧。

萧何没动地。

刘邦：快去吧，把那小子叫来吧。

萧何：不对，你得说"请来"，这不是儿戏，这是封大将军，得"择良日，斋戒，设坛场，具礼，乃可耳"，得郑重其事地举行授衔任命仪式，那样才行。

刘邦：好吧。

很快，良日到了，场面搞得很大，全军上下都很兴奋，等着看看这个大将军是何方神圣，什么模样的。

最后一看是韩信，"一军皆惊"！大家都惊呆了，怎么是他啊？

怎么竟然是那个"贫无行，不得推择为吏"，每天跟人蹭饭吃，从小混混裤裆底下钻过去的韩信呢?

他凭什么一跃成为一人之下、十万人之上的大将军,凭什么有这样的成功呢?

咱们下回再揭晓答案。

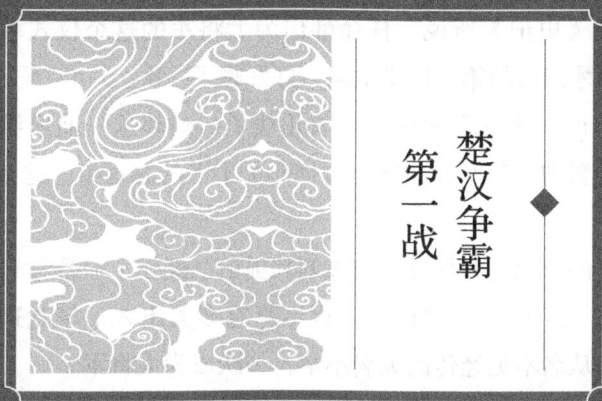

楚汉争霸
第一战

上回讲到，萧何月下追韩信，把韩信给追回来，推荐给刘邦。韩信从屌丝变成了大将军，弄得"一军皆惊"。

按照《史记》所说，任命韩信为大将军的这个仪式举行完了之后，刘邦才跟韩信第一次坐下来，好好聊了一次。

我觉得，这不合常理，真成儿戏了。刘邦这一面还没见过呢，凭着夏侯婴和萧何举荐，就直接任命了手下的总司令，这太不可思议了。

真实的情况，我估计，应该刘邦提前已经作了一番考察。

不过，《史记》这样写，也不算有多大出入。毕竟这个事实就是，韩信从名不见经传的无名小卒，一跃成为大将军。

我读到这里时，你知道我想到什么吗？我想到，田单在组织即墨反击战前，专门找了一个小兵，装成了天师，天天供着以此来鼓舞士气。可是，那位"天师"，真到打仗时就被扔到一边了，就没用了。

而韩信接下来，那是玩真的，是真带兵，真打。那么，韩信到底如何表现出了他的才能，才被萧何、刘邦这么看重呢？

要说，应该先让韩信带着万八千人，出去打两仗。一看，哎，这哥们真会打，出人意料啊，天才。这也说得过去。

这个过程没有。他只凭嘴皮子忽悠，也没真伸手，刘邦他们难道不担心他就是个纸上谈兵的赵括吗？

萧何怎么对自己识人的眼力这么自信，称赞他是"国士无双"呢？

当然了，萧何在县里就是干组织部长的，看人的本事确实高，可是，只凭谈几次话，交往时间也不长，便看出韩信特别厉害，这还是不可思议。

到底为什么呢？这是个谜。

电影《王的盛宴》，挺有想象力，它怎么解释这个问题呢？它说，韩信其实是刘邦的救命恩人。鸿门宴上，刘邦怎么能顺利逃出，《史记》没说清楚，咱前面也做过猜想。这个电影也猜想了，它猜想，其实是韩信给帮忙了。他当时是项羽手下的中郎，他放走的刘邦。所以，这事完了他就改投刘邦了，而刘邦封他为大将军，主要是报恩。

我挺佩服这些导演、编剧的，要么人家怎么红呢，真能编啊。

我怎么分析这个问题呢？咱还是从史料上说。我认为，刘邦之所以如此看重韩信，很大程度上是因为，他们在战略思想上高度契合、高度一致。

刘邦和韩信的这次畅谈，简直就是一出隆中对，跟四百多年后，刘备第一次跟诸葛亮的畅谈一样。

韩信问刘邦：您打天下，最大的敌人是项羽，以您的实力，您觉得打得过吗？

刘邦：打不过，我跟他的实力差距还不小。

韩信：不对，表面上看，项羽很强大，但是，

其强易弱。

——《史记·淮阴侯列传》

他的强大坚持不了多久了，正在走下坡路，他这就要不行了。我在他身边跟了他两三年，我太了解他了。他这个人，性格上有两大弱点：

一是，匹夫之勇。他自己确实很能打，有万夫不当之勇，对此他很得意。可是，你自己再能打，浑身是铁能碾几根钉啊。有道是"一个好汉三个帮"，你得会用人，得培养手下得力的将领，大家都能打了才行。他不懂这道理，不会用人，手下没人。有勇无谋。

二是，妇人之仁。他是贵族出身，很有礼貌，对身边人都很尊重，说话、办事都讲礼节。也表现得很仁爱，谁要生个病，他都去慰问，很关心。可是，谁要带兵打仗立了功，该好好封赏了，他舍不得了，官位也舍不得，钱也舍不得，跟个娘们似的，小气，让人寒心。

另外，他在战略上有几大败笔：

一是，不居关中而都彭城。没有定都于秦朝故都，不懂得这种山川形势，没有政治远略。

二是，废逐楚怀王，打下天下来，就卸磨杀驴，给人家起了个"义帝"的名，然后就相当于给流放了。这是背信弃义，大失人心。

三是，分封天下时不公平，不但您觉得不公平，好多诸侯都觉得不公平，都恨上项羽了。

四是，所过无不残灭者，天下多怨。他的作战思想有问题，老屠城，杀人太多了，失民心了。

> 名虽为霸，实失天下心。
>
> ——《史记·淮阴侯列传》

韩信这番话，说得刘邦不住地点头：哎呀，韩信真没白在项羽身边待，把项羽给研究透了。兵法讲究的就是知己知彼，韩信这一条做得真到位。

韩信继续讲：

> 今大王诚能反其道，任天下武勇，何所不诛？
>
> ——《史记·淮阴侯列传》

大王啊，您要能反其道而行之，项羽的毛病您都不犯，项羽失策的地方您都纠正，放手发动全天下的英雄豪杰为您所用，那样的话，谁能挡得住您啊？

> 以天下城邑封功臣,何所不服?

——《史记·淮阴侯列传》

怎样发动全天下的英雄豪杰呢?太简单啦,天下那么多城池地盘,谁打下来的,您就封给谁,那还不都得来投奔您,铁了心追随您玩命干啊?

> 以义兵从思东归之势,何所不散?

——《史记·淮阴侯列传》

现在您手下的将士们都思归心切,那么多人都逃跑,为的是回山东跟家人团聚。您还不借这个劲,这个势,大军一鼓作气打回老家去。您更待何时啊?

刘邦听着,心里高兴坏了:难怪萧何他们这么看重韩信,他的见识太高明了。

要打天下,这是天大的事,不能只看自己手里有多少兵马、多少资源,得拿全天下的人才和资源,办天下的大事!

后来,曹操也有过类似的说法,当时完胜袁绍。将来讲三国时,再细说。

韩信的这番话,用现在一个时髦的说法就是:心有多大,事业就有多大。而这一点,我认为,恰恰就是韩信成功的秘密所在,两字:心大!他能够从一个要饭的屌丝崛起成一代名将,当然有他天资的因素,也有命运的成分,这些都是难以复制的,唯一,我们能借鉴的就是这一点:心大。说的文一点,就是有志。

司马迁在《淮阴侯列传》的最后,有这么一段——《史记》每篇纪传最后都有个"太史公曰"——是这样写的:

> 吾如淮阴,淮阴人为余言,韩信虽为布衣时,其志与众异。

——《史记·淮阴侯列传》

143

意思是，我曾经到韩信的老家淮阴去实地考察，当地人跟我说，韩信早年做平头百姓的时候，他的心气想法就跟平常人两样。怎么两样呢？

> 其母死，贫无以葬，然乃行营高敞地，令其旁可置万家。余视其
> 母冢，良然。
>
> ——《史记·淮阴侯列传》

他母亲死的时候，他都穷得没钱办丧事，可是，他费了老大劲，专门找到一块地势又高又开阔的地方做坟地，把他母亲埋那了。"其旁可置万户"，什么意思？那意思就是我将来要做万户侯，将来这一片都得是我家的封地，我妈先给我占下了。

心大，志大。

其实，刘邦、陈胜，还有好多从底层崛起的人物，都不认字，也没有什么资源，靠什么起来的啊？都得说有这个特点：心大、志大。"其志与众异"，这是一个重要原因。

比如刘邦：

> 常繇咸阳，纵观，观秦皇帝，喟然太息曰："嗟乎，大丈夫当如此也！"
>
> ——《史记·高祖本纪》

比如陈胜：

> 尝与人佣耕，辍耕之垄上，怅恨久之，曰："苟富贵，无相忘。"佣者笑而应曰："若为佣耕，何富贵也？"陈涉太息曰："嗟乎！燕雀安知鸿鹄之志哉？"
>
> ——《史记·陈涉世家》

这两段前面都讲过，我就不再解说了。

好了，回到刘邦跟韩信的对话。

刘邦听着韩信的这番高论，越听越高兴：哎呀，韩将军，你说得太好了，跟我想的一模一样。知我者，将军也。那么，你看咱下一步怎么办呢？

韩信：下一步打呗，先把关中打下来。项羽把关中分给三个秦军降将，这是大错特错，关中人民都恨死他们了，要不是他仨投降，那二十多万秦军能被坑杀吗，那里面多少关中子弟啊。所以，肯定好打。而且，您之前，入关进了咸阳之后，约法三章，对老百姓秋毫不犯，关中百姓都恨不得跟着您。您就放手打吧！

刘邦大悦，依计而行，"明修栈道，暗度陈仓"，所向披靡，整个关中地区，很快就收入囊中。

项羽怎么不来救援呢？一方面是离着远，有点远水救不了近火的意思；另一方面是他东边还有掣肘的事，就像韩信说的，他主持分封天下，好多诸侯都不满意，都认为不公平，自己吃亏了，都想整点事。特别是田荣，就是田儋的弟弟。

田儋最早是跟项梁同时起义的，自立为齐王，后来被章邯打败，杀了。于是，弟弟田荣就拥田儋的儿子田市为齐王，接着干。他不听项羽的调遣。我估计，他跟宋义关系可能不错，跟项羽不行。所以，最后项羽分封时，便把齐国封给另一个大将了，把田市改立为胶东王。

田荣烦了，发兵把那个新封的齐王给打跑了，跟项羽决裂。可是田市不敢得罪项羽，站到项羽这边。弄到最后，田荣杀了田市，自己做了齐王。

这个过程也不是一天两天，来来去去也挺长时间的，所以就把项羽给牵制住了，无暇西顾。

这就给了刘邦做大的机会，他占了关中之后，立即大举东进，来打项羽。

楚汉战争正式开始。

这天，刘邦大军打到了洛阳。当地有一位贤人，老头，叫董公，主动来找刘邦献计，他说：汉王啊，我问问您，我听说义帝已经被项羽派人杀害了，这事您知道不？

刘邦一皱眉，心说：这个，我当然知道啊，你都知道了，我能不知道吗？他问：这，什么意思？

他没接这话：这个……老先生，您想说什么，您接着说。

董公接着说：汉王啊，我听说过三句古话，很有道理。

第一句是：

顺德者昌，逆德者亡。

——《史记·高祖本纪》

第二句是：

兵出无名，事故不成。

——《史记·高祖本纪》

第三句是：

明其为贼，敌乃可服。

——《史记·高祖本纪》

您得抓住项羽杀义帝这个机会啊，要大做文章，大肆宣扬，要揭露项羽的恶行，他杀义帝，这是不仁不忠不义，应受到全天下的唾弃，他是全天下的敌人。而您，就是要为天下伸张正义的，您打项羽就是替天行道。

这样一来，您就顺德了，他就逆德了；您就师出有名了，就是正义之师，项羽就是民贼。这就顺了，仗就好打了。

刘邦：老董啊，您说得太对了，我正想这个事呢。

刘邦立即传令全军，全部改穿白的，给义帝发丧。刘邦哭得死去活来的，把这个义帝的丧事办得轰轰烈烈，跟真事似的。同时，通知各路诸侯：我要为义帝报仇，你们要是有点正义感的，都跟我一起去打项羽！

经此一弄，声势一下子就起来了。好多诸侯都支持刘邦，老百姓好多也参军，刘邦的队伍一下子壮大到五六十万人。浩浩荡荡向项羽的都城彭城杀了过去。

而项羽此时正带着主力在齐国这边打着呢。先是跟田荣。田荣哪打得过项羽啊，兵败之后，被人杀了。可是，项羽太狠了，一路烧杀劫掠，"所过多残灭"，太招人恨了，齐国老百姓不服。结果，田荣的弟弟田横又起来了，他拥立田荣的儿子田广为齐王，跟项羽接着打。田横比他那两个哥哥还厉害，项羽跟他连开数仗，生生就打不下来。

眼瞅着后面彭城要让刘邦给抄了底，后院着火了。项羽较上劲了，非要灭了田横再回去救彭城。

结果，刘邦没费多大劲，竟将彭城一举拿下，真就端了项羽的老窝。刘邦可高兴坏了，此前咸阳城里那些美女和珍宝，又都是老子的了。噢，不对，弟兄们都有份啊，各路诸侯都有，重新分。"日置酒高会"，天天喝，可劲儿造。

刘邦这还没高兴两天，项羽突然杀回来了。项羽一看刘邦真抄了他老窝了，急了，田横这边留点人顶住，自己率领3万精兵，急行军连夜赶回。

公元前205年4月的一天清晨，项羽跟刘邦开打。这是楚汉争霸的第一次大战，彭城之战，也是第一个高潮。项羽带3万楚军对阵刘邦带的56万诸侯联军。

结果怎么样？只打了半天，到中午时，刘邦这边就溃败了。兵败如山倒，都跟没头苍蝇似的，抱头鼠窜。其实真正让楚军打死的没多少，自己人踩踏而死的不计其数。更多的是被楚军追急了，追到河边了，也不管自己会水不会水，就跳河里边了——你想不跳也不行，后面人都拥上来了。在河里面淹死的人多了去了。得多少呢？得有三十万！有一条河叫睢水，整个被死尸给填平了，堵住了，后面再来的逃兵，直接踩着尸体便跑过去了。

刘邦真叫惨败啊。

他自己带着一小队人马，只有千八百号人，被项羽给包围了，里三层，外三层，围得水泄不通。

刘邦一看这架势，完了，完了，完了，完了，怎么办呢？

是拼命，还是投降？无计可施，身陷绝境。

就在这时，突然西北方向起来一团飓风，朝着刘邦这边呼啸而来，所过之处，房倒屋塌，好多树木都被连根拔起，沙石满天，直刮得天昏地暗。楚军大乱，包围圈被打乱了。刘邦夺路而逃。

"传说哥"，这又是一传说，如有天助。

虽然逃出来了，可也惨到底了，身边只剩下几十个人跟着。往哪儿跑呢？

往家跑！老爹、老婆孩子都还在家，还在沛县呢。这回跟项羽是彻底撕破脸了，我要不把他们带走，落到项羽手里，那可怎么办？

他带着这几十人，骑着马、驾着车，直奔沛县。

后面楚军一骠人马，跟着，追他们，紧追不舍。

刘邦到了沛县家里一看，没人，也不知道家人都跑哪去了。他这着急忙慌的，也没工夫找啊。长叹一声，爱怎么地就怎么地吧。接着跑。

还不赖，临出沛县时竟然把两孩子给捡着了。闺女大一点，十来岁，领着小弟弟，姐俩，都被抱到车上了。当时驾车的正是滕公夏侯婴。

接下来这故事有意思了，得说是刘邦最著名的段子之一。

《史记·高祖本纪》里是这样讲的：

楚骑追汉王，汉王急，推堕孝惠、鲁元车下，滕公常下收载之。如是者三。

——《史记·高祖本纪》

后面楚军骑兵紧追不舍，刘邦着急了，嫌车慢，嫌车上拉的人太多了，速度提不上去，把孝惠，就是他儿子，后来的孝惠帝，还有鲁元，闺女以后是鲁元公主，把这两孩子都给从车上推下去，掉地上了。滕公立马停下车，把孩子们又给抱上来。

"如是者三"，不是推了一次，是推了好几次。都亏了滕公，他跟刘邦讲：

> 虽急不可以驱，奈何弃之！
>
> ——《史记·高祖本纪》

虽然很危急，车跑不快，咱也不至于把孩子扔了啊。

这是《高祖本纪》里写的。在滕公夏侯婴的列传里面也写了这一段，是这样写的：

> 汉王急，马罢，虏在后，常蹶两儿欲弃之，婴常收，竟载之。
>
> ——《史记·樊郦滕灌列传》

当时，马跑了一天，也跑累了，楚军又在后面紧追不舍，刘邦就急眼了，"常蹶两儿欲弃之"，把孩子从车下端下去好几次，都是夏侯婴又给抱了上来。而且，夏侯婴是真疼这俩孩子，孩子们上了车，他还不马上快马加鞭地走，他得等孩子们坐稳当了，手都抓紧车上的什么东西，他才加速，把刘邦气得够呛。

> 汉王怒，行欲斩婴者十余，卒得脱。
>
> ——《史记·樊郦滕灌列传》

刘邦不但不领情，还嫌夏侯婴耽误了工夫，嫌车驾得太慢，对夏侯婴骂骂咧咧：你再这么磨磨蹭蹭，我非得杀了你。这话得说了十好几次。

　　当然他不可能真杀夏侯婴，他们是什么感情啊，感情越深就骂得越厉害，刘邦就这德性。最后，当然也没被追上，他们脱离了危险。

　　那么，刘邦真这么狠吗？

　　有道是，虎毒不食子，他真就忍心把孩子从飞奔的马车上踹下来吗？我不相信。我倒想起一句话，叫：刘备摔孩子，收买人心。那一段，将来讲三国时，咱再说。估计意思差不多，老刘家人都会演戏，刘邦可能也是怕身边人埋怨他，因为这俩孩子拖累大家，所以才演了这么一出。或者，本身就是传说而已吧。

　　这俩孩子虽然没落项羽手里，可是刘邦他爹太公和老婆吕雉却落在项羽手里了，成了项羽的一个筹码。之前跟着刘邦一起要给义帝报仇的各路诸侯，现在也不报仇了，都改投了项羽。

　　那么，接下来，刘邦怎样东山再起，卷土重来呢？下回再说。

史上最让人
唏嘘感叹的友谊

上次讲到，刘邦带领诸侯联军56万人，占了项羽的老窝彭城。屁股还没坐热乎，就被项羽带着3万精兵，杀得惨败，死伤有三十多万。最后，刘邦只带了几十个人侥幸逃脱。这是在公元前205年的4月。

5月，刘邦带着他的残兵败将们退回到荥阳。与此同时，萧何在关中大后方又动员征调了大批人员，"老弱未傅者"，老的，残的，年纪小一点的，本来不够参军条件的，也都动员起来，支援前线，也赶到了荥阳。

刘邦的实力一下子又壮大起来了，能跟项羽的楚军对峙抗衡了。

为什么之前刘邦56万人，竟然挡不住项羽3万人呢？怎么到了荥阳就能挡住了呢？

我分析，他之前那56万人里面多数都是诸侯联军，进了彭城之后，整个就失控了。根本没办法统一指挥，防御什么的也没有，刘邦嫡系的部队估计也都给干扰了，拐带坏了，兵败如山倒，别的诸侯兵都在跑，刘邦的兵当然也就跟着跑呗。俗话说：鸡多了不下蛋，人多了瞎捣乱。就这么个道理。

到了荥阳，各路诸侯早都弃刘邦而去，只剩下嫡系部队了，反而战斗力更强了。

纵观历史，指望靠联军，联合很多部队，靠人多来打仗，能打胜的，是极少的。

除了萧何从关中征调的兵源之外，韩信也往荥阳送来大批兵力。他的兵都哪来的呢？当然是打来的。打谁呢？先是打魏豹。

魏豹是老魏国的王孙子弟。前面讲过，陈胜刚起义那会，手下有一员大将叫周市，打下了魏国这一片，拥立了魏豹的哥哥魏咎为魏王。后来，章邯把周市给灭了，魏咎自杀，魏豹逃到楚怀王手下。楚怀王拨给他几千兵马，打打游击什么的。随后，项羽分封天下时，给魏豹封了个西魏王。

刘邦为义帝报仇，联合各路诸侯，魏豹也加入了刘邦阵营。刘邦大败之后，魏豹先是跟着一起到了荥阳，然后跟刘邦说：我得回家看看去。结果，一去不回，又背叛了刘邦。

刘邦本来没精力去打他，先是派郦食其去找魏豹，想好好说说，把他重新拉回来。可是魏豹说：

> 汉王慢而侮人，骂詈诸侯群臣如骂奴耳，非有上下礼节也，吾不忍复见也。
>
> ——《史记·魏豹彭越列传》

刘邦，就没他那样的，也不管是诸侯，还是大臣，他逮过来就给骂一顿，就跟骂孙子似的，一点礼节也不讲，一点也不尊重人。我跟他没法混。

说实在的，我是总想着多发现点刘邦的优点，好总结总结他为什么能成功。可是，他确实就是个混混的做派，混世魔王。真不是几句话就能把他的性格给说明白的。

不过呢，魏豹之所以背叛刘邦，其实另有隐情，那又是一段神奇的狗血剧。咱们以后讲汉文帝时再讲那一段。

刘邦一看魏豹说服不了，来软的不行，就改来硬的了，派韩信带兵去打魏豹。

韩信带兵从栎阳出发，大军开到临晋，这是黄河边上了，黄河不是个"几"字形吗，这块正是"几"字那笔竖弯钩的竖那一部分，黄河正是南北走向的那一段。韩信在临晋开始修造战船，作出从临晋渡河的样子。魏豹的主力军便在河对岸的蒲坂驻扎，准备防御韩信渡河。结果，韩信悄悄地带主力北上到夏阳，突然渡过了黄河。这回他没修船，而是用的木罂绑成筏子，成功渡河。

什么叫木罂呢？简单讲，就是一种木制的水桶。就跟现在用的这个饮水机上的桶差不多的意思。它真能把军队运过黄河吗？曾国藩对此表示过怀疑。咱们姑妄信之。

韩信出其不意渡过黄河之后，先打下了安邑，然后很快便把魏豹拿下，俘虏了。之后便把魏豹和一大批投降的魏军送到了荥阳。

刘邦没难为魏豹：没事，没事，别紧张，我不杀你，以后老老实实跟哥干吧。对了，你手下那些人，你都得给我嘱咐好了，不许再有二心。否则的话，知道咋着吧？

魏豹赶紧磕头：谢谢汉王，谢谢汉王，您放心吧，我一定尽心竭力，万死不辞。

于是，这支魏军被彻底整编过来了。

韩信这一仗打得够漂亮，接下来他又打一仗，更漂亮。打谁呢？

打陈馀。

前面讲陈胜起义时就讲到过陈馀，张耳和陈馀，他俩的故事一直也没有展开讲，这里咱给捋捋。

他俩都曾是魏国的名士，是好朋友，张耳年纪大，陈馀小。

父事张耳。

——《史记·张耳陈馀列传》

情同父子。

两人相与为刎颈交。

——《史记·张耳陈馀列传》

刎颈之交，这个词就从这儿来的。意思就是，可以为了对方抹脖子的交情，不求同年同日生，但求同年同日死。这两人的友情了不得啊。

他俩还有一个共同特点，就是都有个有钱的老丈人。

张耳年轻时是跟大人物混过的。谁啊？信陵君公子魏无忌。他做过信陵君的门客。后来不知道因为什么案子，他逃亡到外黄——这是个县，到唐朝就被取消了，就在今天河南商丘的西边。结果，因祸得福，他被外黄的一个富豪看中了。这个富豪有个女儿，长得特别漂亮，刚出嫁不久就跟新郎闹翻了，嫌这个新郎太平庸，太窝囊没出息，偷偷跑回家来，哭天抹泪地让他爹必须再给重新找一个有能耐的老公。富豪一看，正好，我领你看看张耳吧。一下子就看中了，然后，跟上家彻底离了婚，就嫁给了张耳。

张耳有了这位富豪老丈人做靠山，给资助着，很快就抖起来了，洗白了身份，又结交天下豪杰，黑白两道通吃，竟然还做上了外黄县令。

陈馀也是"好儒术"，喜欢读书，有学问，少年才俊，被一个富人看中——这小伙子不是一般人，将来得有大作为，于是，把女儿就嫁给了陈馀。陈馀很快也成了一个当地响当当的人物。

所以，人光有才华不行，必须得有投资人，必须得有人给你身上投钱。现在一说这个，都知道可以找风投，或者天使资金、资本市场什么的。以前没这些，所以就得想办法找个有钱的老丈人。

这不是我庸俗，司马迁也这样讲的，《史记·外戚世家》头一句就讲：

> 自古受命帝王及继体守文之君，非独内德茂也，盖亦有外戚之助焉。
>
> ——《史记·外戚世家》

自古以来有作为的帝王君主，都是怎样的人呢？不但"内德茂也"，自己有真本事、真能耐，"亦有外戚之助焉"，也得力于外戚也就是老丈人家的扶持帮助。

夏朝为什么能兴起？因为大禹娶了涂山氏，涂山氏给帮着，他儿子才创立了夏朝。其他商朝、周朝的兴起也是因为娶对了人。反过来讲，夏朝、商朝、西周为什么亡？都是因为娶了个败家娘们。

以后的朝代兴衰，实实在在讲，确实很多都与外戚有关。以后都会讲到。往近了说，很多高官富豪的成功，也是得力于此，比如李嘉诚，他早期也是沾他老丈人的光。总之，很多牛人，早期背后都有个好丈人。这一点，不必讳言的。要不，这世间怎么那么多陈世美呢？

不过，咱们绝大多数人拼爹拼不了，拼老丈人也拼不了，只好拼自己了，照样能成功的，不就是费点儿劲吗？不就是慢一点吗？曾国藩讲过一句话：

天下事未有不自艰苦得来而可久可大者也。

你白手起家，经受的磨砺更多，最终成就的事业会更大更久。

这不是安慰你，我是说真的。找个有钱老丈人固然好，没找到，可千万别当陈世美。

接着说张耳、陈馀。

秦灭魏国之后，曾专门悬赏重金通缉张耳和陈馀，因为让这种能耐人留在民间，对其统治不利。

他俩只好隐姓埋名，逃亡到了陈郡，找了个做监门的活，类似门卫保安之类的工作，混口饭吃。有道是"龙游浅滩遭虾戏，虎落平阳被犬欺"。有次陈馀犯了点小错误，长官抢鞭子便打，陈馀正要反抗，被张耳一把给摁住了。

随后，张耳批评他：

今见小辱骂而欲死一吏乎！

——《史记·张耳陈馀列传》

因为受这么一点小委屈、小屈辱，跟这么一个小官吏，就值当地暴露身份，不要命了吗？你也太意气用事了。

从这件小事上可见，陈馀更性情一些，而张耳更老成务实。所谓"小不忍，则乱大谋"，这也是一个大人物忍辱的经典故事，跟韩信那段也有一拼。前面讲张良，也是强调一个"忍"字。这个"忍"

字，绝对是被无数大人物验证过的历史智慧。

陈胜起义后，很快占领了陈郡，他俩正好，没动地儿，直接就近投奔到陈胜麾下。于是，英雄终于有了用武之地，才华展现，受到陈胜的重用。

陈胜要自立为王，征询他俩的意见。他俩反对：将军啊，当务之急应当派人到各地，立原来六国的后人为王，各自发展壮大，以分散秦军。等坐大之后，您再称王称帝都是水到渠成。现在称王，只能置自己于风口浪尖，不稳妥。

可惜，陈胜没有听从。稍后，范增认为，陈胜败就败在没有听取张耳、陈馀的这个建议。所以，他劝项梁立了楚怀王，最终真就成功了。

再后来，张耳、陈馀两人经历了几番死里逃生。最终，他们拥立原来赵国王孙做了赵王，也成了一方诸侯势力。

接下来便是著名的巨鹿之战。

在项羽打过来之前，秦军包围着巨鹿城，城里面正是张耳和赵王。

陈馀没在城里，他带领着一支军队在秦军包围圈之外。他是个机动部队，比较灵活。当时战局危机，城内已经没有粮食了，眼看就支持不住了。

陈馀竟然按兵不动，见死不救，没有在秦军背后发动猛攻，来解救张耳。

前面讲过，当时各地赶来好几路诸侯援军，都远远地躲在一边，作壁上观，不敢打。因为秦军太强大了，根本碰不得。

张耳在城里面，可气坏了，他派了两员猛将杀出重围，来找陈馀。质问陈馀：陈将军啊，张公和您不是刎颈之交吗？不是立下过誓言吗？不求同年同日生，但求同年同日死。现在这是怎么啦？为何不肯相救？大不了不就一起战死吗，或许还有一线胜利的希望啊！

陈馀铁青着脸：不对，我现在要去跟秦军拼命，那是"肉委饿虎"，拿小羊羔往老虎嘴里送，是拿鸡蛋跟石头碰，白白送死，那我们抗秦救国的事业也就彻底完了。我必须保留住这点军队、这支生力军，稍后等楚军上来，再一起对付秦军，才有机会。到时，一定为你们报仇！

这两大将也急眼了：行了，您别说了，您就说吧，能不能信守跟张公的誓言吧，能同生共死吗？

陈馀也急了：能！有什么不能？拼就拼吧，我先给你们五千军队去打先锋，我整顿兵马随后就上。

结果，这五千兵马跟秦军一交战，就像一把盐洒到了水里，唰一下就没了，全军覆没。

张耳在城里，既没等来陈馀的救兵，派出的两员大将也没影了，他禁不住胡思乱想，心都碎了，心里哇凉哇凉的。

就在这时，项羽带着楚军上来了，破釜沉舟，大败秦军，解了巨鹿之围。然后，各路诸侯拜会项羽，凑在一起庆祝。张耳和陈馀碰面了。张耳眼睛都红了，劈头质问：陈馀！你为什么不救我？我派去找你的那两员大将怎么没回来？是不是被你杀了？

陈馀没想到张耳这么激动，而且，张耳这话让他太寒心了：你怎么会把我想得这么坏呢？怎么就不能理解我的良苦用心呢？大哥啊，没想到你这么不相信我，这么怨恨我。你不是要军队吗？好吧，我的军队全给你！

说完就把将军印绶解下来，往张耳跟前一放。

张耳愕然不受，愣住了，他哪好意思接啊，整个气氛僵住了。

陈馀也不知道怎么办了。旁边也没人打圆场。正好感觉有点憋得慌，他就转身出去上厕所了。

这时，一位谋士立即凑到张耳身后，小声进言：主公啊，

天与不取，反受其咎。

——《史记·张耳陈馀列传》

上天给你机会，你不抓住，那会被上天怪罪的。您不要错过

机会!

张耳可能是刚刚经历了生死考验，对人性悲观失望了，或者也是深受没兵就得挨打的切肤之痛，他真就把陈馀的印绶给收了起来，把那份刎颈之交的友谊丢弃了。

陈馀从厕所出来，一看这个情况，唰一下，从脑瓜皮凉到脚后跟，挑战冰桶的感觉啊！扭头就走了，只带走了几百个亲兵。从此反目成仇。

友谊的小船说翻就翻。

接下来，陈馀做了一件很出彩的事，他给当时秦军统帅章邯写了一封劝降信。他"好儒术"嘛，读书人，有大才。他在信中讲：章将军啊，据我所知，你们那丞相赵高已经拉开架势要整你呢，你是"有功亦诛，无功亦诛"，打胜了，他嫉妒你，肯定得诛杀了你；打败了，他正好把罪过都推给你，也得诛杀你。所以，你再给秦朝怎样效命也是死路一条了。赶紧弃暗投明吧，这是唯一的活路了。

章邯这才动了投降之心。

所以，陈馀对于项羽的胜利是作出了重要贡献的。可是，因为陈馀已经交出了将军之印，虽然随后又拉起一支人马，但也有点名不正言不顺了，而且也不愿意跟张耳为伍，所以，他没跟项羽一起西进入关。

等到项羽分封天下时，只给张耳封了王——常山王，因为张耳跟着一起入关了。原来的赵王给改封为代王，就是把赵国给一分为二了。陈馀呢，只给封了个侯，封地就在南皮这一片，离我家乡不远。

陈馀当然不满意，气坏了。于是，过了差不多半年时间，他把准备工作做得差不多了，就联合"齐国"这边的田荣。上回说了，田荣也不满项羽分封，他俩就联合起来了。他俩挨得也近，南皮往南往东都是齐国的地方。他俩联合起来一起攻打张耳，把张耳打得稀里哗啦，落荒而逃。

张耳往哪逃呢？两个选择：

要么奔项羽，项羽给他封王，对他挺关照的，离着也近。

要么投刘邦，刘邦当时已经控制了关中，而且，他跟刘邦是故人。刘邦曾经是他的小弟，在他手下混过大半年，就是他在外黄的那时候，有一段老交情。

张耳手下有一位高人劝张耳：我看，您投刘邦吧，我夜观天象，刘邦必得天下。

于是，张耳投到刘邦麾下。刘邦"厚遇之"，相当尊重，还是拿张耳当大哥看待，他不忘本。

那边，陈馀把原来的赵王又请回来，他自己当丞相，赵国又算是合到一块了。

不久之后，刘邦到了洛阳，为义帝发丧，联络天下诸侯，要一起打项羽，为义帝报仇。使者到了陈馀这，陈馀说：没问题啊，我就一个条件，只要刘邦把张耳的脑袋给我送来，我马上出兵相助。

刘邦一听这个条件：噢，这怎么办呢？要我大哥脑袋，我要真给了，弟兄们还怎么跟我混啊，一点江湖道义也没了。不给吧，这陈馀掌握着一方重镇，得说是诸侯中实力最强的之一吧。

怎么办呢？

最后，他想了个办法，找了一个跟张耳长得特别相像的人，把这个倒霉蛋的脑袋给砍了，拿血这么一抹，装盒里就给陈馀送去了。

陈馀竟然没看出是假的来，信以为真，于是，站了刘邦一方。

这也不足为奇，你看现在这么多明星脸儿，还有什么特型演员，凭着跟某某长得像就能混口饭吃。古人早就发现了这里面的价值了，大人物找那么个人，关键时刻做替身，做替死鬼，三十六计中，这叫"李代桃僵"。这样的故事挺多的，下回可能还讲到一段。

有道是，没有不透风的墙。彭城大败之后，慢慢地，陈馀知道了真相：刘邦这孙子敢玩我！

跟刘邦又决裂为敌。

所以，韩信打下魏豹之后，刘邦派他继续去打陈馀。这回还带上了张耳，韩信和张耳两人一块去。这又是一场让韩信扬名立万的大仗。

韩信带兵从平阳北上，先是在阏与跟陈馀的赵军这边开了一仗，大胜，然后，迂回了一下，准备经过井陉来攻赵国国都——襄国，就是现在的邢台。

陈馀带着大军，在井陉扎下大营，修好工事，严阵以待。当时，陈馀手下有一个叫李左车的将军。李左车之前主要是辅佐赵王的，他爷爷就是李牧，名将之后，很有谋略。他跟陈馀讲：丞相啊，韩信乘胜而来，兵锋不可挡。不过，井陉这一段的道路极为狭窄，他们的队伍肯定拉得很长，粮草辎重肯定都远远地甩在最后面。请拨给我三万将士，我们抄小道绕到他们后面，把他们的粮草辎重给劫了，这应当很容易的，他们首尾难以照应嘛。您坐镇大营，坚守不出。咱给他来个胡同赶猪，两头堵。不消十天，他们就得束手就擒。

陈馀一笑：李将军果然名不虚传，你这个谋略很好。可是，咱犯得着这么麻烦吗？咱们有十好几万人，韩信那边号称有数万人，实际也就万余人。咱就生打，十个打一个，还打不烂他们吗？打他要是还用谋略，那就太抬举他们了，让诸侯知道了笑话咱。

正所谓"一念天堂，一念地狱"，陈馀骄傲了，轻敌了，韩信就有了机会。韩信也担心赵军给自己玩什么计谋，所以，他提前就在赵国这边安排了间谍。"知己知彼，百战不殆"嘛，《孙子兵法》里专门有一个"用间篇"，就是重用间谍，韩信的军事思想是受益于《孙子兵法》的。他从哪学的？怎么学的？他到底认不认字？这些史书都没写。但从他的所言所做来看，绝对是把《孙子兵法》吃透了的。

他听间谍汇报了这个情况，心里有底了，放心大胆地把大军开到了离井陉口三十里的地方，跟陈馀大军中间隔着一条绵蔓河，扎下营盘。

当天夜里，刚过半夜，韩信下令渡河：出发，天亮了就正式开战，

今日破赵会食。

——《史记·淮阴侯列传》

161

今天的早饭等到把赵军打平了，再吃。

手下将士们都感觉这牛吹的够大的，可也不敢质疑。好！将军，遵命。一万主力军浩浩荡荡渡过绵蔓河。然后，在河岸边上，背水列阵，排好了战斗阵列。

陈馀这边的将领们，一看韩信这边是这个架势，都笑了：嗬，这是学项羽嘛，破釜沉舟，故意让自己没退路了，要决一死战。来吧，打呗，你也不看看你们这才多少人，你跟人家项羽学得来吗？正好啊，你们一个也别跑了。等天亮把你们全消灭。

天刚蒙蒙亮，韩信和张耳带着剩下的几千精兵，也过了河了，穿过他们那一万人的背水阵，继续向前来挑战。

陈馀这边大开营门，杀出几万兵马迎战。

韩信这边，以少战多，很能打，相持了不短的时间。可慢慢地，就坚持不住了，往后退，慢慢退回到了河边的背水阵地这。这一万主力也加入战斗，都玩命了，赵军的几万兵马也占不着便宜。

陈馀一看，那就都上呗，大营里面剩下的那几万兵马，也都冲出大营，朝着河边冲过来了，加入战斗。

正混战着，忽然，赵军起了骚乱：完了，大营被汉军占领啦，大王和将军都被人家抓啦。

赵军将士们一回头：我的妈呀，汉军这是来多少人啊。身后的大营已经插满汉军的旗帜，漫山遍野。

这是怎么回事呢？

是这样的，就在韩信派那一万兵马渡河时，他还秘密调集了两千轻骑兵，一人发一把小红旗，汉军的军旗，吩咐他们，以大军过河为掩护，悄悄地从旁边小道上绕过去，在离着赵军大营不远的地方埋伏好。这线路、埋伏地点，都是提前侦察好的，行动很隐蔽。

韩信料定，陈馀看到汉军投入全部兵力，背水一战，做出决一死战的架势，肯定也会倾巢出动，投入全部兵力。那时候，大营基本就空了，没什么防备了。

这两千轻骑兵如闪电一般，就斜插进去了。进去之后，把赵军的旗帜都拔了，遍插汉军旗帜，两千个旗——正常那得多少兵力啊！

赵军这边哪里知道这个情况啊，都吓坏了，一下子都泄气了，大乱，大溃败。

最终，韩信斩杀陈馀，俘虏了赵王。

真就没耽误吃早饭。

手下将领们都服了：韩将军啊，您这都怎么琢磨的呢？

韩信哈哈大笑：我这都是跟《孙子兵法》学的，《孙子兵法》中讲：

> 陷之死地而后生，置之亡地而后存。
>
> ——《史记·淮阴侯列传》

就咱们带的这些兵，多数都是新兵，将帅士卒之间的那种感情还没有培养出来。这样的兵打仗，没法弄得什么团结一心啊，众志成城啊，那个效果不可能有的。他们只要一看不妙，肯定开溜，而且，咱们以少对多，那就彻底没法打了。除非把这些兵都放在"死地"，背水而战，后面是大河，没地方逃跑，要想活命就得玩命，为了自己而战，才有机会打胜。所以，我搞了这么一次背水一战。

韩信的这番话，《史记》只记了这么多。在我看来，这不算是取胜的关键。因为，这一套完全就是项羽破釜沉舟的一个翻版。要光靠这个，这个仗打不胜。

之所以打胜是因为，韩信玩的是一个升级版，在项羽的基础上，加上了那支冲入敌方大营的轻骑兵。那出其不意的两千轻骑兵，才是关键。

> 出其不意，攻其不备。
>
> ——《孙子兵法》

这正是《孙子兵法》里的名言。

总之，做事照搬照抄是不行的，得有创新，才有奇效。

只可惜，张耳、陈馀这段让人唏嘘感叹的友谊，两个极有智慧与才能的人，半生携手奋斗，结下生死之交，最后反目成仇，恨得竟那样深。

说到这个"反目成仇"，"反目"这个词出自《易经》的小畜卦，原文是：

九三：舆说辐，夫妻反目。

——《易经·小畜》

意思是，小日子过得正要红火起来时，容易夫妻反目。

所以，不论友情还是婚姻爱情，还是那句话：且行且珍惜。

好了，接下来，韩信还将怎样展示他的军事天才呢？刘邦跟项羽又将演绎出怎样的故事呢？下回再说。

刘邦搞定
项羽的两大思路

◆

　　上回讲到，刘邦在荥阳跟项羽对峙着。韩信北上打下了魏豹的西魏国，然后又背水一战，灭了陈馀，俘虏了赵王。

　　这仗打完之后，韩信一看，呀，怎么少一个人呢？那个李左车怎么没见着呢，不知逃到哪去了。他下了一个悬赏令：谁要把李左车给我抓来，赏千金，我要活的。

　　很快，李左车就被抓来了，五花大绑的，很狼狈。

　　韩信亲自上前，给解开绑绳，请李左车上座，对李左车相当恭敬：李先生啊，您只要不嫌弃，咱以后就是一家人了，您是我老师，我是您学生。您多指教吧。

　　李左车很识时务，很感激：谢谢韩将军不杀之恩！

　　韩信说：李先生，久仰您足智多谋，接下来，我想打燕国，还请您给指指道。怎么打呢？

　　李左车：韩将军，我这败军之将，哪有什么智谋啊？

　　韩信：李先生，您别谦虚。赵国之败，跟您没关系。您再有智谋，也没用，它有一个"用与不用，听与不听"的问题。陈馀要是听您的，我现在可能早没命了。我是真心实意请教您，您千万赐教。

　　李左车笑了，又客气了两句：韩将军，有道是，

　　智者千虑，必有一失；愚者千虑，必有一得。

　　　　　　　　　　　　　　　——《史记·淮阴侯列传》

　　还有一句叫，

狂夫之言，圣人择焉。

——《史记·淮阴侯列传》

我就是那愚者，就是那狂夫，但愿我的一得之见能对你有所帮助。我是这样想的，您要是生打，燕国当然也能打下来，不过肯定相当费劲。兵法有句话叫，"先声而后实"，先拿声势去吓住对方，让对方屈服。如果吓不住，再来实的，靠实兵去打。您只用这么短的时间便打下了魏、赵两国，就凭您现在这个声势，派个使者去燕国走一趟，估计就能把燕国拿下。

韩信一拍大腿：好！李先生，真是好韬略。

依计而行。果然，燕国立马表态：我们绝对拥护汉王，拥护韩将军，我们听您招呼，您指哪咱打哪。

不费一兵一卒，燕国真就算是拿下了。

赵国这儿，刘邦仗义，重新封张耳为赵王，封韩信为丞相。你俩好好守住赵国这一片吧。

这也不容易的。打天下容易，守天下难。原来的那个赵王和陈馀还有好多支持者呢。而且，项羽也不断地从南边派兵渡河，过来跟张耳、韩信打。他俩紧忙活。

按下他们这边先不说，再来说说刘邦。

刘邦从公元前205年5月开始，在荥阳跟项羽对峙，扛了差不多有一年，逐渐吃不住劲了。

中间他也积极想办法，想过很多方案来对付项羽，大思路有两条：一是壮大自己，二是削弱敌人。

怎么壮大自己呢？拉人！把中间派，甚至亲项羽的势力拉到自己这一边。他拉的最大的一个大头，就是黥布。他把项羽手下最得力的大将黥布拉到自己这边了。

那还是刚刚彭城大败的时候，还在道上跑着呢，刘邦就在想韩信那句话："任天下武勇，何所不诛？以天下城邑封功臣，何所不服？"

现在，要是真让我把大半个天下都封出去，我自己只要关中，我舍得呀，本来也不是我的。问题是，那大半个天下我封给谁呢？谁能给我出这么大的力呢？谁是有这能耐的"天下武勇"呢？子房啊，你说呢？

张良说了仨人。

张良这时候，早已回归刘邦麾下了。他本想保着韩王复国，可是项羽分封完天下，回到彭城不久，便把这个韩王给杀了，张良便偷偷跑回刘邦这边。

张良说：汉王啊，我给您说说哪仨人吧，头一位黥布，第二位是彭越，第三位韩信。只要使这仨人为我所用，打项羽，得天下，绝对没问题。

刘邦挺高兴。彭越一直都在帮自己的，韩信是自己手下，就差一个黥布了。而且看样子黥布现在跟项羽之间也有裂痕，应当可以争取。有一天，他跟身边几个文员、秘书们抱怨：你们这几个怂包，一点力也给我出不了，整天白吃饭！干吗，不服吗？谁要有能耐，去把黥布给我拉过来看看。

有个叫随何的文员自告奋勇：大王，我去，咱给您露露脸儿。

刘邦：好，有种。

刘邦给随何派了二十个随从，一起去找黥布。

黥布是什么来头呢？《史记》中讲：

黥布者，六人也，姓英氏。

——《史记·黥布列传》

他是六县人，就是今天的安徽六安市。他本来"姓英氏"，叫英布。怎么又叫黥布呢？别着急，咱慢慢说。

他是社会底层出身，不过，小时候有人给他相过面，说他：

当刑而王。

——《史记·黥布列传》

意思就是，你长大了得犯罪受刑罚，然后，还会被封王。

结果，成年之后，真就犯事了，被罚黥刑。这个黥刑，又叫墨刑，是中国古代实行时间最长的一种肉刑，就是在脸上刺上字，还给涂上墨，然后这个记印就得带一辈子，有的人因此一辈子抬不起头来。可英布不以为耻，反以为荣，这说明算命的说得准！已经说对一半了，往后我就光等着封王了。慢慢地，人们就管他叫黥布了。

后来，陈胜起义时，黥布已经落草为寇很多年，他带着几百号人马，投奔到番君吴芮的麾下。

吴芮也是很了不起的人物，可以说比萧何、张良、韩信等等这些人还要牛。史书里对他记载很少，给人感觉是不显山不露水，却能笑到最后。怎么叫笑到最后呢？他是笑到了他的五世孙——到他五世孙时，还是大汉朝的一个王。

刘邦得了天下后，异姓封王的只有八个人：张耳、彭越、黥布、臧荼、卢绾，还有两个叫韩信的，还有一个就是这位吴芮。别的那七位，最多传到二代就出乱子，封地爵位就都没了，多数脑袋也没了，唯独吴芮传到了第五世。司马迁称其为：

当世仁义成功之著者。

——《史记·惠景间侯者年表》

意思就是，当世，西汉前期，走的道最正最成功的人臣，就是吴芮。

陈胜、吴广起义时，吴芮是秦朝的番阳令，是个县令，不过，势力范围和手下的人口应当很大，可以说算是一方诸侯这个级别的，人称"番君"。

他对投奔而来的黥布很欣赏，把女儿嫁给了黥布，还拨给他数千兵马。然后，丈人、姑爷一起加入项梁麾下，后来又支持项羽，是项羽的左膀右臂。

特别是黥布，绝对是项羽手下第一猛将，"常为军锋"，打先锋，巨鹿之战、杀章邯的20万降军、入关时打刘邦封锁的函谷关，他都是主力。

项羽分封天下，黥布被封九江王，吴芮被封衡山王，跟项羽的西楚都是紧挨着的。

随后，刘邦为义帝报仇，在洛阳联络诸侯，要一起打项羽。那会，黥布还是站在项羽阵营里的，因为，义帝其实就是项羽授意他跟吴芮杀的。他俩也是凶手，所以，没法跟刘邦站到一边去。不过，他也没帮项羽。眼瞅着刘邦占了彭城，他按兵不动，不管。在这之前，项羽要调黥布一起去打齐国的田荣、田横，黥布就没去，两人就已经有点裂痕了，但面上还是站一边的。

所以，随何来到黥布这后，黥布没有亲自接见，只派了手底下一个官员去应付一下。随何干等了三天，一想，不能再等了，找这个接待他的官员说：您去跟黥王说一声吧，我保证几句话就能把他说服，说服他跟汉王结盟。要是说不服，我们这二十来个脑袋，你们随便砍。

黥布一听这个，嚯，叫板，我倒要看看你怎么说服我。这才接见。

随何跟黥布主要强调了两条：一是，您已经跟项羽有裂痕了，项羽早晚得跟您算账；二是，汉王肯定能打败项羽。

说了一大通，也没说出什么花来，也不是多有说服力。

黥布勉强同意：好了，随先生，你们那二十来个脑袋咱不砍了，你容我再准备准备，咱们先有这么个意向，您可千万要保密。

这意思跟婉言拒绝也差不多。

随何心想：至少你没说死了拒绝我，我就还有戏，我明天再来。

然后，随何刚回到馆舍，便得到一个消息，说项羽的使者也来了，估计这会儿正在跟黥布谈话呢。随何急了，立即返身回去找黥布。门口侍卫愣是没拦住，他直接就闯进屋了。

进屋一看，果然项羽的使者正在。随何冲着那个使者破口大骂：孙子，你快滚蛋吧，黥王已经答应跟我们汉王结盟了！

这太突然了，黥布有点蒙，也不知道说什么好了。项羽这边的使者，一看就明白了，看来这人说的是真事啊，愤然而去。

随何赶紧向黥布道歉：大王啊，我这也是着急，怪我了，请您多原谅。事已至此，这个事已经瞒不住了。您赶紧把这个使者杀了吧，省得他给项羽通风报信。咱们立即起事吧！

黥布只好照办，发兵攻楚。

项羽大怒，分出一支兵马，由大将龙且带领，来打黥布。一打打了好几个月。最终，黥布大败，弃城而逃，老婆孩子都不要了，来见刘邦。

刘邦正洗着脚，听说黥布来了：好，赶紧进来吧。

黥布进门一看就烦了：洗着脚接见我，拿我当什么了。我把家底都给他拼进去了，这是瞧不上我。

黥布气得急火攻心，差点背过气去。也听不清刘邦说什么了，迷迷瞪瞪会见完，出了门，那个恼愧啊，就想自杀。可是，等到了刘邦给他安排的住处一看，心情一下子阴转晴。住的地方规格太高了，比刘邦住得都好。吃的用的，也都是最高规格的。随何又跟他一番解释，汉王就这做派，讲实惠的，不讲虚的。黥布慢慢塌下心来。随后，又召集了一些旧部，有个万八千人，从此成为刘邦麾下的一支重要力量。而他跟龙且打的这几个月实实在在地缓解了刘邦在荥阳的压力。

但是缓解归缓解，刘邦到最后，还是感觉吃不住劲了。

怎么办呢？还得拉人，拉谁呢？

有一天，郦食其给他出主意：大王啊，我给您想了个拉人的办法。

刘邦：什么办法？

郦食其：咱这样，咱重新在民间找到六国的后人，把他们拥立为诸侯王，就像当初项梁拥立楚怀王似的。然后，用咱拥立的这些诸侯王，整合各国的老百姓们，拉着六国老百姓跟咱一块打项羽，不就厉害了吗？

刘邦一听：好，这主意不错，你先去准备一下，把诸侯王印都先刻出来，抓紧办这个事。

郦食其出去就刻印去了。

他头脚走，张良正好来找刘邦请示事。刘邦便跟张良说了：子房，刚才那谁给我出了这么个主意，我感觉太好了。你觉得怎么样？

张良听完，脸色大变：这谁给您出的馊主意啊，真要这么办，大事去矣。现在的情况跟陈胜那时候不一样了，那时候是刚开了个头，嫌天下不够乱，陈胜真要听张耳、陈馀的建议，立六国之后，可以让反秦力量遍地开花，胜算就大了。可现在已经打了这么多年，天下的英雄已经各有归宿，要么跟您，要么跟项羽。您现在要立了六国之后，您手下的这些英雄们就都去追随他们的故国之主了，没必要跟您混了。您这不是拉人，这是赶人走啊，这是拆自己的台。

刘邦恍然大悟：哎哟，子房啊，我差点让郦生这老腐儒坏了我的大事。

于是赶紧把郦食其叫回来，把刻的印都给砸了。对此，东汉史家荀悦有一番评论，很精彩，他说：

权不可豫设，变不可先图。与时迁移，应物变化，设策之机也。

——《资治通鉴·汉纪二》

意思就是，做事，得到哪时说哪时的。提前做的什么权变、规划，都未必靠谱。此一时，彼一时，一个好主意，因为时机不同，就可能变成一个坏主意。

那么，刘邦想了什么方法去削弱敌人，消弱项羽的呢？主要就是用离间计，给项羽拆台，让项羽往外撵人。

谁给他操作这块工作呢？情报战、间谍战这个工作谁主持呢？陈平。这又是一大人物，不亚于萧何、韩信、张良，也是一个有故事的人。

陈平跟刘邦讲：大王，项羽的骨鲠之臣，也就是真正给盯事的大臣大将只不过有数的几个人，比如范增、钟离眜、龙且等，咱只要离间了他们几个，项羽就成孤家寡人了，就好办了。

刘邦：好，你去办吧，要多少钱，给多少钱。

刘邦给了陈平四万斤黄金，"恣所为，不问其出入"，随便花，不要发票，不用报销。

陈平想，直接策反那几位，不可能，这几个人对项羽都是忠心耿耿的，而且，他们根本不缺钱，用钱打动不了。不过，有人缺钱，项羽身边的小角色们缺钱，这些人好收买。然后，让这些人造舆论，给项羽吹风：项王啊，我听说了，钟离眛啊，龙且啊，对您可能有二心。因为，他们功劳很大，却没被封王，有怨言，好像现在暗中跟刘邦有联络。您得防着点。

项羽听见这些风言风语，开始时不信，可架不住老听啊，慢慢便疏远了钟离眛，不再重用了。有道是"千军易得，一将难求"，钟离眛这样卓越的将领，他不用了。这叫什么？这叫自剪羽翼。可是，项羽太强大了，就这样，照样压着刘邦打。说话间就到了公元前204年的4月，项羽把荥阳彻底包围了。

刘邦这边很危险，怎么办呢？赶紧求和：项王啊，咱别打了，咱们和平谈判吧，从荥阳这分开，我要西边的，您要东边的。您也为天下苍生考虑考虑吧，别打了。

项羽有点犹豫，可是范增很坚决：刘邦这小子求和，无非是缓兵之计，正好说明他够劲了，咱更得抓紧猛攻。

刘邦愁坏了：这怎么办呢？范增这个老家伙太厉害了，陈平啊，你那离间计怎么没把范增给离间了呢？

陈平：您别着急。我这正做着工作呢，这事儿也得碰机会。

正说着，机会来了，外面来报，项羽那边的和谈使者来了。

陈平：我有办法了，大王，我去接待这个使者。

陈平置办了最高规格的一桌酒席，招待这个使者。双方落座之后，陈平非常恭敬地施礼：使者先生啊，亚父范增先生派您过来，有什么指教吗？

使者莫名其妙：您搞错了吧，我不是亚父派过来的，我是项王派来的。

　　陈平的脸色立即就变了，难看了，哦，这样啊。然后转身就出去了，把那个使者晾在那了。过了一小会儿，接待的换成一个小官，更可气的是把那桌丰盛的酒席给撤了，换成自助餐了。

　　可把这个使者给气坏了，回去跟项羽一顿叨叨。项羽就烦了，对范增起了疑心。范增再说什么，他也不听了。

　　范增心高气傲，眼里不揉沙子：项王啊，现在天下也打下来了，刘邦这也没什么大问题了。我这老家伙也没用了，得告老还乡了。

　　项羽没挽留。老头真就走了，回彭城了，半道上"疽发背而死"，活活气死了。

　　好了，接下来的故事更加精彩，稍后再说！

楚汉争霸的
转折点

上回说到刘邦在荥阳跟项羽对峙抗衡，坚持了一年，便吃不住劲了。什么办法都想了，都用了，也起到作用了，可是，眼瞅着荥阳城内的粮草要没了，再这么耗下去绝对是死路一条了。

怎么办？跑。

有个段子：

什么是军事？军事就是打得赢就打，打不赢就跑。

什么是政治？政治就是让对手下来，咱们上去！

什么是宣传？宣传就是要让大家都认为咱们好，别人不好。

这个段子很经典，也有不同的版本，有的版本讲，什么是政治？政治就是让支持我们的人越来越多，反对我们的人越来越少。

所谓大道至简，要看懂历史的门道，这些至简至深的道理得知道。

接着说刘邦，想跑，谈何容易！项羽大军把荥阳城里三层外三层，围了个水泄不通。插翅难飞！你想直接突围冲出去，门儿也没有，甭想了。

怎么办呢？刘邦一筹莫展。

这天，大将纪信来找他：大王，我有个办法，能帮您逃出去。

前面讲鸿门宴时提到过，当时保着刘邦逃出鸿门的有几大金刚，一个是樊哙，一个是滕公夏侯婴，再一个就是纪信，都是刘邦最信任的人。

刘邦很高兴：噢，兄弟啊，你说说，什么好办法。

纪信就说了一遍，大王啊，咱这么着这么着这么着。

刘邦掉泪了：兄弟啊，你别说了，咱不能这样。

纪信也掉泪了：三哥啊，您不要说别的了，您对兄弟恩重如山，这是我应该做的。现在情况危急，您别再犹豫了！

最后，刘邦答应，依计而行。

当天夜里，纪信扮作刘邦的样子，刘邦的穿戴、车马乘舆，带着二千来个女子装扮成的亲兵，打着白旗，喊着投降的口号，从荥阳东城门出城。一边走，一边喊：别打我们，我们是投降的，我们汉王出来啦，城里没粮食啦，我们投降啦。

为什么用这些女扮男装的呢？因为男子们还得留在城内守城，女人干不了这活，而且还消耗粮食。

楚军这边真信了，都高呼万岁，以为胜利了。包围一下子就松懈了，城西的兵也都跑到城东来看热闹。

刘邦带着百十来个亲信，骑快马，从西门趁机逃出。

那边项羽还不知道呢，走跟前一看，不是刘邦。大怒：刘邦呢？

纪信笑了：项羽啊，你个猪头。我家汉王早就走了。

可惜了这位忠心为主的纪信最后被项羽活活烧死。

这也可见，刘邦用人的高明，能让手下甘心为其赴死，这一点太了不起了。

在兵法上，这算是三十六计所谓"李代桃僵"的一个经典案例——丢卒保帅。

战争，总是要有牺牲，这没办法。

刘邦从荥阳跑出来之后，一直跑回了关中，回家歇了几天，让萧何给他调集兵马，又凑起一支队伍来，然后就要卷土重来，重新回来救荥阳。

荥阳这，他跑了，还留下两员大将坚守。有个谋士，给刘邦出主意：大王，您要是直接回荥阳，很可能还陷入之前那种相持的局面。不如先南下，出武关，到南阳，作出一个包抄项羽的架势来。项羽肯定得过来拦截，那样，您就坚守不出，以逸待劳。这样一来，荥阳的压力便小多了，而且，能把项羽的兵力给分散开，分成三线：河北有韩信，他得对付；中间有荥阳，南边有您，他都得对付。您以静制动，他好几头忙活。这样，咱就好打了。

刘邦觉得挺好，照办。项羽只好分兵应付，果然稍微吃力一些了。

正在这时，刘邦这边的第四支力量彭越也发力了，在项羽后院那边开打了。项羽的手下挡不住，他只好亲自回去，回东边去打彭越。

刘邦乘机北上，夺回成皋。

可是，项羽太厉害，他很快就把彭越打跑了。听说，刘邦又到了成皋。马上又回来，先打荥阳，一下子就给打下来了。守城的这两大将都宁死不降，很有气节。其中一个叫周苛，当时的官职是刘邦的御史大夫，相当于副丞相，以后他的弟弟周昌也深得刘邦器重，更加著名。另外，刘邦之前让魏豹随周苛去守荥阳，周苛后来把魏豹给杀了。

成皋跟荥阳相当于前后院，项羽打下荥阳之后，立即把成皋给围了。刘邦再次身陷危机之中。

这回怎么办呢？《史记》写得很有意思，它这样写的：

汉王跳。

——《史记·高祖本纪》

怎么叫跳呢？"三家注"的解释也不大一样，有说，这个"跳"就是逃的意思，读音也是"逃"。我感觉这么解释显得平庸，低估了《史记》的文学性了。怎么叫"跳"呢？我是农村孩子，我们小时候最喜欢做的事情是什么呢？就是逮蚂蚱。秋天里，大人在地里干活，大点的孩子帮着干点活，小点的便在一边逮蚂蚱。

逮蚂蚱怎么逮呢？比如前面有个蚂蚱在地上蹲着呢，你就得悄悄地在它后面蹲下，把手指并拢，手心凹进去，举起来，朝着蚂蚱照量好了。然后，突然拍下去，把蚂蚱捂在手心里，这就逮着了。可是呢，蚂蚱没这么好逮，不是一拍一个的。尤其那种方言叫"十八蹦"的蚂蚱，它反应非常快，就在你手掌拍下去的一刻，它后腿一蹬一下子就跳开了。

这就叫跳。

汉王跳，就是在项羽包围成皋的那一刻，刘邦像一只灵敏的"十八蹦"一样跳开了。从成皋的北门逃了出去，又是夏侯婴给驾着车，带着很少的几个亲信逃出来。

然后，还回关中搬兵吗？不行了，刚出来不到一个月，关中现在也没兵了。怎么办呢？哪里还有兵呢？只剩下黄河北边的韩信、张耳手里还有兵。必须得用这支兵。

可是，张耳和韩信都不算是刘邦的嫡系，他们跟夏侯婴、萧何、曹参、樊哙这些人不一样，这些都相当于发小，一块土堆里长起来的，在一起都二三十年三四十年的了，那是共同经历了多少磨合与考验结出的情义啊。张耳、韩信只算是半路认识的，人心隔肚皮。你带着那么俩人，都跟丧家狗、落汤鸡似的，想去从人家手里把兵权拿回来，这事，悬。他们真要翻脸不认人了，弄死你，就跟弄死只小鸡一样。

怎么办呢？刘邦早就想好了，做了周密的准备工作，他要玩个刺激的。

他和夏侯婴先是过了河，到了黄河北岸。当时，韩信和张耳的军队正在修武，离着成皋不远。他俩把穿戴调整了一下，扮成是汉王的使者。

有巡逻问：你们哪来的？

答：兄弟啊，我们是汉王派来见赵王的。

汉王的使者肯定是经常来的，太正常了。

巡逻：好吧，进去吧。

就这样，谁也没注意他俩，便进了修武，当天晚上住在一个客栈里。次日清晨，两人骑着快马突然出现在韩信大营门前：快开营门，汉王急令，要火速见赵王和韩将军，边说，边亮出"特别通行证"。

究竟怎样的"特别通行证"，史书上没写，是虎符，或是什么节麾之类的，我没有考据，但肯定有类似的东西。守营门的，守大帐的，所有的守卫，只要一见这个"特别通行证"，立即就得放行，不必再去通报、请示，省得耽误工夫。

营门立即打开。刘邦快马驰入，直接进了张耳和韩信的大帐。这两人还睡着呢，将军的大印、兵符什么的都在床里面放着。刘邦上来就给收了：快，快起来，几点了，还睡，快起来，召集人，开会！

这两人还迷瞪着呢，一听刘邦来了，吓坏了。脑子里根本容不得想别的，措手不及：大王啊，您怎么来了，快来人，给大王准备饭，把团长以上的都召集来欢迎大王。

刘邦一下子就完全掌控了局面，然后，把人马重新调度安排一番。

这边，黄河南岸的成皋被项羽拿下了，而刘邦立即在巩义又构筑好了防线。项羽想向西推进，还是打不动。

刘邦又派出两万兵马到东边，支持彭越继续在项羽的后院，也就是彭城周边打游击，让项羽后方不得安宁。

这样一来，刘邦有守、有攻，用曾国藩的话讲，既有呆兵，又有活兵。曾国藩还有一句话，我写在《吃透曾国藩》里的：

坚守已得之地，多筹游击之师。

意思就是，在打好阵地战的同时，再打好运动战。这也是人生事业的大智慧，你可以多琢磨琢磨。

前面讲过，彭越是跟韩信一个级别的人物，太能打了，他的游击战可不是小打小闹，是玩大的。项羽的手下将领都对付不了，他只好又亲自带兵回去打。临走时，嘱咐驻守成皋的大将：我到东边去收拾彭越，你千万要守好了成皋，记住一条——只许守城，不能出去打，千万千万。

这大将说：好，您放心吧。我保准不出战，我只守着，等您回来。

项羽：对。我用不了多长时间就回来，你千万别出战。

结果，项羽回到东边，确实打得很顺，他收拾彭越不费劲。

可是，守成皋的大将没听他话，一开始也坚守不出，可架不住汉军可劲骂阵，"你个怂包、缩头乌龟"。骂得他受不了了，开城门出去打，一打，就打败了。刘邦乘势渡河，夺了成皋，并且打下了敖仓。敖仓太重要了，这是项羽的粮食储备库！

这是一个转折点！这是在公元前204年的冬天。从此以后，楚强汉弱的形势发生了根本扭转，以前都是项羽压着刘邦打，以后就成了刘邦压着项羽打了。

这不单纯是因为刘邦打下了成皋和敖仓，刘邦还有一手牌，出乎项羽的意外，就是打下了齐国都城临淄。

谁打的呢？韩信。不过，这次，他打得可不算光彩。怎么回事呢？

前面咱讲了，齐国可不好打，可不像魏豹的西魏国和陈馀控制的赵国，魏豹、陈馀，说实在的，史书就没说过，他们打过什么硬仗。齐国不一样，那是经过了无数战争洗礼的。当时控制齐国的田横，是能跟项羽抗衡的，项羽都打不动。田横上面两哥哥田儋、田荣也都是天下数一数二的豪杰，都是谁都不服的。

所以，刘邦对齐国做了两手准备。一面派韩信带兵，向齐国进发；一面派出大谋士，"高阳酒徒"郦食其去游说齐王和田横。主事的是田横，齐王是他侄子，是他拥立的。

郦食其是千古流芳的人物，太有才了，一番话就把齐王和田横拿下了，大致意思是：现在我们汉王得天下是手拿把掐的事了，早一天晚一天的事，你要有主意，就学学燕王，早点归顺了我们，不失王侯封土，不然的话，一打起来，你可就什么都没了。

田横他们也不见得就被吓住了。而是什么呢？他们可能并不喜欢刘邦，但是，他们一定更恨项羽。所以，很自然地，他们乐意站在刘邦一边：成，没问题。我们拥护汉王，接受汉王领导。以后，咱们就是一家人了，一齐打项羽。

然后，田横派出使者给刘邦送信，确认可以签正式的合约之类的了。郦食其暂时还待在齐国这边等消息，每天跟齐王、田横纵酒为乐，太融洽了。

田横本来在西边边境安排有重兵，准备防守韩信的，一级战备。这下子也没意义了，解严，一级战备降到八级战备，一家人了嘛。

韩信那边很快也得到了消息，他的大军已经逼近齐国边境了。他跟手下商量：这郦食其还真不简单，真谈成了，那倒省事了，咱就回去呗。打仗这事，别管打得胜、打不胜的，还是能少打就少打。

可是，不怕没好事，就怕没好人。韩信手下有个大谋士叫蒯彻，这人出道很早，跟张耳、陈馀算是一个辈分的，也是凭着三寸不烂之舌就能攻城略地的那种。他跟韩信说：将军啊，您说啥？回去？开玩笑了吧？汉王给你下令撤军了吗？您要是这样回去了，以后还怎么混啊，您想，您带着好几万兵马，打了一年多，才勉强打下了赵国五十个城池。人家郦食其赤手空拳一个书生，到了齐国吧嗒吧嗒嘴，吃顿饭的工夫就把齐国拿下了，那是七十多座城啊。以后，您跟人家要是站一块，您还抬得起头来吗？

蒯彻真是名副其实的"小人儒"啊。

孔子教学生时，都要嘱咐一句，立一个规矩：

汝为君子儒，无为小人儒。

——《论语·雍也》

学问、知识是把双刃剑啊，你把它用到正道上，做好事，做君子儒，那它就发挥出好的作用来了；你要是做小人儒，学了半天，都用在干缺阴丧德的事上，那就坏到底了。

蒯彻就是这么个小人儒，他没有一点仁爱、怜悯之心，本来能不打，那得少死多少人啊。结果，韩信让他这么一激，把牙一咬，把心一横，那就打吧！

正好，齐国那边也没什么防备，打着不费劲。韩信一鼓作气就把齐国给打下来了。

可怜郦食其，百口莫辩，被田横给烹了。

悲剧。你在高阳老实做你的酒徒，做你的狂生不得了吗？六十多岁了非得出这个头，露这个脸，最后落了这么个结局。可是，人生啊，谁能猜得到结局呢？默默无闻的老死乡间，是不是更大的悲剧呢？两种人生观，好纠结。人生的好多困惑都在这种纠结上面。

接下来，项羽的日子快到头了。

刘邦与项羽的
单挑

上回讲到，公元前204年的冬天，刘邦占领了敖仓，韩信也占领了齐国都城临淄，楚汉战争的形势发生了转折。

项羽将大军一分为二，自己带着一支回西边来打刘邦；派大将龙且带着一支去东边打韩信。

花开两朵，各表一枝。

先说刘邦这边，这一回，他厉害了，跟项羽扛住了。楚汉大军在广武对峙。

扛了几个月，有人吃不住劲了。谁啊？项羽，换他吃不住劲了。因为之前刘邦把敖仓夺了，那是项羽的粮草储备库，主要的粮草都在那，没吃的了。人是铁，饭是钢，一顿不吃饿得慌，将士们吃不饱，那还有什么战斗力？再者说，多数人当兵不就是为了混口饭吃吗，你连顿饱饭都管不了，谁还跟你混啊，军心浮动了。

怎么办呢？有道是，人穷志短，马瘦毛长。到了这步境地，不能再顾什么面子了。于是，项羽使出一个不要脸的招来。

这一天，两军阵前，架起一口大锅，下面柴火点着，水在锅里咕咚着——当时没有这么大的锅，大致这么个意思。刀斧手押着两人站在大锅边上，一老一少，一男一女。谁啊？正是刘邦的老爹太公，还有他媳妇吕雉。前面说过，彭城惨败之后，刘邦只把两个孩子救出来了，老爹和媳妇落在项羽手里。

楚军向刘邦喊话：刘邦，你小子听着，霸王有令，命令你马上投降，敢说半个不字，就把你老爹给烹了，煮了，煲汤喝。

刘邦当然不能投降，不但不能投降，而且要做出一种姿态来。什么姿态呢？先听听他怎么回的话吧。

刘邦：霸王，你听着，当年咱们在楚怀王手下并肩战斗，结拜为兄弟，你忘了吗？咱们是兄弟！我爹就是你爹。你要是非得把你爹给烹了，必须得给我端碗汤来喝，你不能自己吃独的。

这就是刘邦的姿态：你就不要拿我家人当筹码了，断了这个念想吧，我刘邦不在乎！

项羽大怒：好小子，你不是不在乎吗？不是想喝汤吗？我成全你，来人，把他们给我……

他这后半句还没说出口，就被项伯给拉住了。前面讲鸿门宴时说过，这项伯是项羽的叔叔，说话很有分量，他对项羽说：

> 天下事未可知。
>
> ——《史记·项羽本纪》

这个仗将来打成什么样，都还不好说呢，咱不至于这样做。而且，

> 为天下者不顾家，虽杀之无益，只益祸耳。
>
> ——《史记·项羽本纪》

打天下的人是不会顾忌家人的——这话说得痛切，可以说是一个历史的真相。你杀了刘邦的爹，对咱也没啥好处啊，起不到什么好作用，只能起坏作用，让他更恨咱，打得更玩命。你不要太冲动，冷静一点。

项羽叹口气：好吧，听您的吧。

讲到这，我再重申一下前面我的鸿门宴猜想。

在项羽要烹太公和吕雉之前，他和项伯都还是坚持着一种贵族精神、君子之风的。屠城与他们这种精神并不抵触，杀宋义与这种精神也不抵触，那是对强权的反抗。但在酒宴下对一个比自己弱小的人下

黑手，他们却为之不耻。所以，刘邦才能保命。说到底，刘邦是被项羽放走的。最终，项羽被刘邦打败，我认为那是另一回事，凡是将其归咎于项羽在鸿门宴上没有下手，批项羽犯了妇人之仁的人，都有点小人之心了。

接下来，项羽决定继续用贵族的方式来对付刘邦，他派人过去给刘邦传话：刘邦啊，咱们打了这么多年了，弄得整个天下这么动荡，老百姓们都跟着遭罪。我看啊，咱别没完没了的了，咱来个痛快的吧，就咱俩单挑吧。你打赢了，天下归你；我打赢了，天下归我。好不好？

决斗，很明显这也是贵族的方式。一说到这，可能很多人都先想到了西方贵族，两情敌为一个女人决斗。最有名的是普希金决斗而死。

其实这也是中国人的传统。《左传》里就有一段著名的情敌决斗的故事，说春秋时期，郑国大夫徐无犯的妹妹长得特别好，郑国两个王孙，一个叫公子楚，一个叫公子黑，两人争着要娶这个美女。徐无犯说：你们别争，这样，我安排个时间，你们都到我家来秀一把，让我妹妹自己选，怎么样？

两人都很自信：太行了。

于是，这天，公子黑先来，穿了一身名牌时装，带了好多钱，耍帅、炫富。

公子黑出去后，公子楚进来，穿了一身军装，全副武装，左右开弓，射出两箭，然后天上掉下俩鸟来，这叫耍酷、秀肌肉。

美女看完之后，都很喜欢，不过，感觉公子楚更男人，更胜一筹，最终嫁给了公子楚。

公子黑不死心，找公子楚去决斗，被人家给撵了回来。

挺有意思的一个故事。

接着说刘邦，他可不是贵族，他一听项羽要找自己单挑决斗，笑了：

吾宁斗智，不能斗力。

——《史记·项羽本纪》

刘邦心说了，你倒不傻，你什么年纪，我什么年纪？你三十来岁，要跟我这五十多的单挑，想什么呢？单挑也行，咱可以比比脑筋急转弯啊，猜谜语啊，下盘象棋啊，可以玩智力竞技项目嘛。体力竞技，玩不了。

对了，使者啊，这有盘象棋，你给霸王捎回去吧，让他先练练——这句他没说，是我瞎编的。象棋棋盘中间写着什么？楚河汉界。传说象棋是项羽发明的。传说而已。

项羽一听刘邦不应战，就烦了：好吧，你这是敬酒不吃吃罚酒啊，跟你正经说话，你不理，是吧？来人，去阵前把刘邦给我骂出来，怎么难听怎么骂！

得令！阵前一员猛将立即冲上前去。当然，不能冲得太靠前，不能进入对方箭弩的射程之内。然后，就开始骂：刘邦，你个缩头乌龟，有种的出来，跟我们霸王单挑……

骂着骂着，刘邦阵中也冲出一位来，离着老远，还看不清模样呢，就听见"嗖"的一声。一箭射中这位骂阵的楚将咽喉。扑通，楚将栽倒在地，从马上掉下来，被射死了。

楚军这边一看这情景，吼一嗓子，又冲上去一位，还没站住脚呢，又被人家给射死了。

然后，又冲上去一位，又被射死了。

楚军震动了！这什么人，太厉害了，这是神射手啊，射得又远又准。没人再敢上了。

项羽大怒，把大戟一挥，胯下乌骓马噌一下子就蹿出去了，亲自冲了上去。

刘邦这边这位神射手，叫楼烦，看着楚军阵中又冲出一位，急忙把弓拉满了，瞄准……可是，这次他的手哆嗦了，马也哆嗦了，远远地就看来将，杀气腾腾，二目如电，吼声如雷。我的妈呀，这是来了

187

个阎王啊！楼烦立马尿了，马也惊了，调头逃回本阵，再也不敢出来了。

汉军整个也被震住了！这什么人，太厉害了。

刘邦也好奇：去问问去。

一会儿，下面人汇报：大王啊，那就是霸王，真来了，亲自上来跟您挑战呢。

刘邦也来劲了：好，真有种啊，我也不能认怂，会会就会会。好几年没见面了，我也很想他。

别人拦也拦不住，赶紧给准备保卫工作。

刘邦提马上前。

远远地，还保持一段距离，大致能看清对方模样了，刘邦把马勒住了。

别看项羽能吓走楼烦，刘邦他可吓不住，他们是真正的棋逢对手。

我们可以想象一下，两千年前，在中国中部的大平原上，两个最牛的人物，各骑战马，身后不远处都是数十万雄师。那场面绝对是空前绝后的！

然后，开打吗？当然不能打。刘邦哪里打得过项羽啊？打不过怎么办呢？你打过架吗，打架打不过，当然就得骂街啦，这叫君子动口不动手。刘邦就把项羽给骂了一通，给项羽列了十条罪状，什么杀义帝、坑杀二十万秦军、火烧秦宫、盗挖秦始皇陵等等的吧，就你这样的人，项羽啊，你十恶不赦，你配跟我挑战吗？

项羽打仗行，骂街不行，气得脸通红，手底下一按绷簧，嗖的一声，一支暗箭射向刘邦。用"伏弩"射出一支箭来。

史书不可能写得很详细。我估计刘邦上来之前，手下跟项羽这边肯定得有个沟通：您得把兵器先扔一边，我们汉王才能上来跟你会面，斗智不斗力。

所以，项羽只能用伏弩，比较小巧，在对方看不到的地方藏着的。暗箭伤人，这也不大地道，搁以前，他也做不出这事来，这是实在没辙了。

刘邦没防备，这一箭正射在胸口上，幸亏是个小箭，力道也小，要不当场就被射死了。他身子往前一歪，脑子里飞快地转了一圈，顺势趴在了马背上，伸手摁住脚，喊了一嗓子：

虏中吾指。

——《史记·高祖本纪》

这王八羔子射中我的脚趾了。

拨马逃回本阵，直接回到大帐，起不来了。

刘邦演这个戏干吗呢？当然是为了稳定军心。这是关键时期，人们要是知道了他身负重伤，军心一散，就不堪设想了。

可是，手下人也都不瞎，而且他在大帐里躺了两天了，下面人们说什么的都有，眼看要乱。

怎么办？

张良说话了：大王啊，您现在说什么也得出去转一圈！打起精神来！让将士们看看您没事，这样才能把大家给稳住。

刘邦真是一汉子，纯爷们，生生拖着虚弱不堪的身子，忍着巨痛，骑着马又绕着大营转了一圈。然后，把大军安排好，跟项羽这边继续保持着对峙，他自己回关中去养病了。

从刘邦刚出道时，我就说过，刘邦既是一个"传说哥"，又是一个"败仗哥"，这是打了多少次败仗，多少次死里逃生啊，这回又差点被射死，又闯了一次鬼门关。这还不是头，以后还有好多次呢。

按下他这个"败仗哥"先不说，再去说说那位"常胜哥"——韩信，常胜将军，史书上就没写他打过败仗。

开头咱说了，项羽兵分两路，自己带一路来西边打刘邦；另一路派大将龙且带着去东边救齐国，打韩信。项羽把这么重的任务交给龙且，可见龙且在楚军是仅次于项羽的人物，而且上上回讲过，打黥布就是龙且带兵打的，打得黥布落荒而逃，连老婆孩子都没顾上带。

那个仗打得，比韩信打魏、赵、齐的仗都要惨烈。所以，龙且也是目空四海，谁也不服的主。特别是对韩信，他们都在项羽手下共过事，他对韩信太了解了：韩信以前都混不上吃，指着人家一练麻的大妈养了好几个月，还钻过小混混的裤裆，他是要脑子没脑子，要骨气没骨气，我打他都觉得丢人。

总之，龙且也犯了大忌讳了，骄兵必败。他带的兵很多，号称20万，再加上齐王和田横手下的兵马，合在一起，兵力的优势其实挺明显的。可是，他这一骄，手下谋士的建议，他就听不进去了，那种保守而稳健的战略战术就不屑于采用了，跟陈馀一样了。

另一方面，你看，韩信早年落下这么一个怂包的名声，竟然成了一个烟雾弹了，迷惑了对手，总使对手低估自己，自己的胜率便更高了，可见装孙子、认怂的好处还是很多的。

公元前204年11月，韩信带领的汉军与龙且、田横带领的齐楚联军对阵，拉开架势要开打，中间隔着一条潍河。

齐楚联军在河东边的高密这儿——莫言老家，他们两军在这里汇合的。

汉军在河西边。

临开打之前，韩信连夜派人把潍河的上游给堵上了，用了一万多个沙袋，筑起一道堤坝。也不是全部堵死，总之，流量小了，下游的河水浅了不少。

转过天来，正式开打，韩信先派一半的兵力渡河过去跟齐楚联军打。河水只有齐腰深，骑着马，蹚着水，就过去了。打了一阵子，过了河的汉军败退，又蹚水逃了回来。龙且笑了：我说韩信就是个怂包吧，这么不禁打，这就逃吗？你往哪里走，传令大军，冲！

他亲自带兵直冲上去，呼啦啦，都蹚着水过了河。龙且刚过了河，上游突然来了大水。韩信教人把坝给挑开了，水面唰一下子涨了一两米。大部分齐楚联军就被截住了，蹚不过去了，骑兵也过不去了，步兵也过不去了。韩信突然发力，把过了河的这一少半齐楚联军迅速全歼，龙且战死。没过河的联军一哄而散。最后，齐王被俘，整个齐地全部被韩信占领。田横仅带了几百人逃走。田横以后的故事，还很精彩，等刘邦打下天下之后再说。

韩信的这一仗可以说是威震天下的。是真正震了天下了。

首先，项羽吓坏了。龙且死了，龙且带领着差不多楚军一半的兵力，都完了。接下来，项羽将面临一个腹背受敌的局面，西边是刘邦，东边是韩信和彭越。

怎么办呢？没别的办法了，唯一的办法就是，得想办法把韩信拉过来。于是，项羽派人去找韩信。

韩信有可能被他拉过来吗？历史都是已经发生了的事，我们当然知道，韩信没被项羽拉过去。可是，在当时的情境下，韩信究竟要何去何从，怎样做这个抉择，其实也是在一念之间。

前面讲了，韩信算是一个暴发户，是从社会的最底层，坐着飞机起来的，公元前206年，从犯了死罪要砍头的底层军官，一步成了汉军统帅；然后，只用了短短两年多的时间，便把黄河以北全搞定了，又把项羽都打不下的齐国给全部占领了，都是大胜仗，而且都是出奇制胜，都跟玩似的。

你要是韩信，你会是什么感觉？绝对是上天了，太牛了，这就是天才啊，天下第一啊，独孤求败啊。在别人眼中，他也是战神了，攻无不克，战无不胜，所向披靡。

这时候，即便是神仙，也得膨胀！所以，韩信打下齐地之后，便派使者给刘邦送去一封信，说：大王啊，

齐伪诈多变，反覆之国也。

——《史记·淮阴侯列传》

齐国这边的人心眼太多，反复无常，而且又紧靠着项羽这边，不好控制。您看，要不这样，您把我封为"假王"，代理齐王，这样，我好开展工作，名正言顺了，老百姓们会更信服，齐地就好控制了。

刘邦听使者念完了信，火腾地一下就起来了：哦，我这天天跟项

羽死嗑，天天盼着他带兵过来帮我呢，他竟然想自立为王？

越说越有气，这就要骂街，忽然脚底下一疼。谁踩我脚了？一扭头，旁边张良、陈平正挤眉弄眼地冲他使眼色呢。张良小声说：大王啊，忍住啊，忍住，这不是发脾气的时候。您真把韩信惹毛了，麻烦可就大了。送他个顺水人情又如何啊。

刘邦反应多快啊，大笑，冲着使者：我早就想立韩将军为王了，什么"假王"啊、代理齐王啊，你们都听着，从今天开始，韩信就是齐王，齐国那一片都归他了。

然后，刻了个齐王的大印章，给韩信送了过去。

那么，韩信是不是就满足了呢？项羽又是怎样拉韩信的呢？下回再说。

韩信的
生死抉择

上回说到，公元前204年年底，韩信打败项羽的大将龙且，占领了整个齐国的地面，威震天下，搞得项羽和刘邦都很紧张。跟刘邦要官，要做齐王，刘邦也不敢得罪，立马就准了。

那么，韩信知足吗？这是个问题，人生走向哪里，往往都是受这个问题的影响。

韩信知足吗？他知足，他从心底里感激刘邦，至少从史书上来看，当时的韩信对刘邦是忠诚的。《史记》上详细记载了项羽的使者怎样游说韩信。这个使者一针见血地指出：韩将军啊，您不用感激刘邦，刘邦是靠不住的，刘邦这个人有两大缺点：

一是贪得无厌。灭了秦朝之后，项王分封天下，完了，各就各位，多好啊，天下苍生不就都幸福了吗？刘邦呢，他觉得自己吃亏了，打下了关中，又来打项王，非得天下都给了他才行。您跟这样的人混，你想想自己能剩下东西吗？

二是忘恩负义啊。刘邦，

> 身居项王掌握中数矣，项王怜而活之。
>
> ——《史记·淮阴侯列传》

有好几次，刘邦落在项王的手里，项王都可怜他，没杀他，放走他。您别以为真是他自己逃的，其实都是项王手下留情。可是呢？

> 然得脱，辄倍约，复击项王，其不可亲信如此。
>
> ——《史记·淮阴侯列传》

　　他只要逃脱了，立即就翻脸，一点也不知道感恩，回过头来就继续咬我们项王。他就是一条喂不熟的狗啊，他现在还没咬您，是因为项王还在，他还得利用您对付项王。哪天项王没了，您还跑得了吗？

> 当今二王之事，权在足下。
>
> ——《史记·淮阴侯列传》

　　汉王与项王现在就是一架天平，两边正好势均力敌。您就是那个"权"，您这个秤砣放在哪边，哪边就可以取胜。

　　您跟项王有旧，您最早起家不还是项王提拔的吗？抓住这个机会，跟项王站在一边，您至少可以三分天下有其一。那多好啊！

　　韩信没打哏，直接给拒绝了：你说得不错，确实是项王最早提拔的我，可我在他手下，

> 官不过郎中，位不过执戟。
>
> ——《史记·淮阴侯列传》

　　只给了我一个小芝麻官，就干点秘书、侍卫的活。

> 言不听，画不用。
>
> ——《史记·淮阴侯列传》

　　我的价值一点也发挥不出来啊。所以，我才转投汉王麾下。汉王待我那是怎样啊，

> 授我上将军印，予我数万众，解衣衣我，推食食我。
>
> ——《史记·淮阴侯列传》

　　让我当上将军，给我数万兵马统领，最好的衣服，他舍不得穿，

给我穿；最好吃的，他舍不得吃，给我吃。

言听计用。
——《史记·淮阴侯列传》

我说什么想法，出什么主意，他都全力支持。所以，我韩信才有今天啊。我听人说，有这个么说法：

人深亲信我，我倍之，不祥。
——《史记·淮阴侯列传》

如果有个人特别特别亲近我、信任我，我却背叛他，那是不祥的，会遭报应的。
所以我，

虽死不易。
——《史记·淮阴侯列传》

即便死了，我也不会变心的，我绝对效忠汉王。
使者见韩信的态度这么坚决，没办法了，无功而返。
不过，还有一个人不死心，就是韩信手下的大谋士蒯彻。上回说过，这小子不地道，小人儒。人家郦食其已经说服齐王归顺刘邦了，他还怂恿韩信突袭齐军。他也希望韩信背叛刘邦，自立门户，那样，他自己也好跟着封侯拜相。一般谁给谁出主意，多数都还是从自身的利益出发。
那么，怎么说服韩信呢？他要是还把项羽的使者那套说辞再讲一遍也没意思。蒯彻眼珠一转，计上心头，然后去找韩信，先是闲说话：大将军啊，我跟您说过吗，我以前跟高人学过相人之术，会给人看相。

韩信：哦，我还真不知道，那你说说，相人都怎么相呢？

蒯彻说：我相人，主要有三条，

贵贱在于骨法，忧喜在于容色，成败在于决断。

——《史记·淮阴侯列传》

看一个人是富贵还是贫贱，就看他的骨骼骨相；看一个人的心思，是忧还是喜，就看他的面色；看一个人做事是成还是败，就看他的决断力。

以此参之，万不失一。

——《史记·淮阴侯列传》

把这三条整明白了，一看一个准，万无一失。

韩信：噢，一看一个准，那你给我看看。

蒯彻往旁边看看：这个……

韩信立即明白了：哈，那谁，你们都出去吧。

旁边人都出去了。蒯彻这才说：

相君之面，不过封侯，又危不安；相君之背，贵乃不可言。

——《史记·淮阴侯列传》

韩信一笑：先生啊，什么意思？您再说明白点吧。

蒯彻：我的意思就是，相君之面，就按着您现在的想法，效忠刘邦，继续往前走，最多也不过是做一路诸侯，而且还可能做不安稳；相君之背就是，如果您换个角度，换套想法，就能成为一代帝王。

以当下的形势，您是天下之权，您帮刘邦，项羽就得完蛋；您帮项羽，刘邦就得完蛋。索性您谁也不帮，这样先形成一个三足鼎立的局面。然后，您慢慢整合黄河以北的燕、赵、齐，形成对刘邦和项羽的绝对优势，最终就可以将他们全部征服，您就是天子、帝王！

有道是：

天予弗取，反受其咎；时至不行，反受其殃。

——《史记·淮阴侯列传》

现在上天把机会给您了，您竟然不要，那就等着后悔吧；时机成熟了却不出手，那就等着倒霉吧。

韩信还是不为所动，说：

乘人之车者载人之患，衣人之衣者怀人之忧，食人之食者死人之事，吾岂可以向利背义乎？

——《史记·淮阴侯列传》

坐人家的车，就得给人家分担祸患；穿人家的衣服，就得给人家分忧；吃人家的饭，就得给人家效死力。我韩信有今天，吃的、穿的、用的，权力、地位、面子，都是汉王给的，我怎么能见利忘义呢？

蒯彻笑了：韩将军啊，您说得真好啊，您真是重情重义啊，我太佩服您了，太尊重您了。可是，您这样想，汉王未必这样想。即便汉王现在这样想，也跟您一样重情重义，但将来未必不翻脸。远的不说，咱就说张耳和陈馀吧，这俩人您太熟悉了，是吧？曾经这俩人是刎颈之交，天底下没比他俩的友情更深的了。可到最后，还不是打得你死我活吗？

这是为什么呢？因为，

患生于多欲而人心难测也。

——《史记·淮阴侯列传》

因为人的欲望无穷，人心难测啊。

友情是如此，君臣之情就更靠不住了。越王勾践要是没有范蠡和文种辅佐着，别说灭吴国了，他自己早死八回了，可是怎么着，最后还不是玩一个兔死狗烹，把文种给杀了。范蠡那是跑得快，要是跑得慢了，也肯定得让勾践杀害。

另外，还有一句名言，您应当也听说过：

勇略震主者身危，功盖天下者不赏。

——《史记·淮阴侯列传》

武功和谋略已经强到让君主都感觉受到威胁的人，就有身家性命的危险了；功劳大到盖过了君主的人，就没法再被奖赏了。

您现在就已经是这个情况了：

戴震主之威，挟不赏之功，归楚，楚人不信；归汉，汉人震恐。

——《史记·淮阴侯列传》

刘邦、项羽谁都不会信任您的，谁也不敢把您养在手底下的，您跟谁，都是死路！

蒯彻这番话说出来，韩信冒了汗了：先生，您不要说了，我好好想想吧。

蒯彻：好吧，您好好想想。我先走了。

过了几天，韩信还是没动静。

蒯彻一琢磨：看来这把火烧得还不够啊，我还得再给扇扇风。

他又来劝韩信下决心：大将军啊，估计这几天您也想得差不多了。有句话叫：

随厮养之役者，失万乘之权；守儋石之禄者，阙卿相之位。

——《史记·淮阴侯列传》

199

　　"厮养之役"就是砍柴喂马的杂役，小跟班、小跑之类的活儿，你要是就习惯了干这种活儿，那就得"失万乘之权"——指挥一万辆战车的那种权力，那种感觉，你这辈子就没机会感受了。"儋石之禄"，非常微薄的薪水，上班族，工薪层，你就挺知足，这是铁饭碗，舍不得撒手，那好吧，卿相之位，你这辈子就也没机会了。

　　您不要感觉，现在这一切，都是汉王刘邦给的，就很知足了。这跟帝王之位还差得远呢！您现在有机会争取，还犹豫什么呢？还有什么好迟疑的呢？

　　知者，决之断也；疑者，事之害也。

——《史记·淮阴侯列传》

　　什么叫智慧？敢想敢干，想到就做，善于决断，就是智慧。

　　犹疑不决是做事的大忌，坏事都坏在犹豫、迟疑上面了。

　　人为什么会犹疑不决呢，往往都是因为对于细节的问题过于算计。有道是：

　　审毫毛之小计，遗天下之大数。

——《史记·淮阴侯列传》

　　你要是让那些小细节、小问题占满了自己的心思，那就没办法去谋划天下大事了。

　　现在我已经把道理给您讲清楚了，您自己应当也已经想明白了，您怎么还不出手呢？

　　智诚知之，决弗敢行，百事之祸也。

——《史记·淮阴侯列传》

　　明明知道这个事是这么个理，得这么办，可就是下不了决心行动，所有的事都是这么出的问题啊！

夫功者难成而易败，时者难得而易失也。时乎时，不再来！

——《史记·淮阴侯列传》

成功不容易，时机难再来啊！

蒯彻绝对是位"格言帝"，每句话都那么经典。要不要背叛一个人，要不要采取决绝的手段，这可能是每个人都曾经历或面对过的问题，不论事大事小，当事者肯定都是非常纠结的，怎样让自己下决心呢？蒯彻的这番话，真是说绝了。

可是韩信最终也没有答应，因为他压根没想过要背叛刘邦，他也不相信刘邦会对自己下手，他坚信他们之间的感情是真的，是情同父子的。

仅仅如此吗？

对此，我也曾表示怀疑。刘邦这么精明，对韩信就没有限制防范的措施吗？就那么放心、放手把大军都交给韩信？当然不是，韩信手下两个主要的大将曹参和灌婴都是刘邦的心腹。这是有名的，史书上写的。没写的，类似的安插在韩信身边的人肯定也不少。所以，韩信要想背叛刘邦肯定不是简单的事。

但是，综合很多史料来看，那些人绝对制约不住韩信。韩信之所以没有背叛刘邦，说到底是他没有当帝王的野心，他重感情，他感激刘邦，信任刘邦。

反过来讲，这也说明，刘邦是善于打感情牌的。我在《简易经》里说过一句话叫：管理的最高境界是爱。维系一个组织，当然需要制度，但光靠制度是远远不够的，制度只能在常规状态下起作用，非常状态下，还是要靠感情。前面讲了，项羽打荥阳时，纪信为了让刘邦脱身，宁可自己去死。留下守城的两员大将，城破之后，也都宁死不投降项羽。这都不是制度能规定得了的。人心都是肉长的，以心换心，这正是儒家的管理思维。前面咱们讲过，儒家最高的品质是

"仁"，仁就是将心比心、以心换心的意思。

刘邦的感情牌不单纯是打给高级将领的，也打给下层的官兵。《资治通鉴》中写道：

> 汉王下令：军士不幸死者，吏为衣衾（qīn）棺敛，转送其家。
>
> ——《资治通鉴·汉纪二》

意思就是，刘邦率先推行了烈士抚恤制度。这又是个制度问题，我没有专门研究，估计在当时是其他诸侯想不到的，没有做的。刘邦做了，人性化，这事办得厚道，于是，

> 四方归心焉。
>
> ——《资治通鉴·汉纪二》

老百姓都乐意归附到刘邦手下，得民心了，得民心者得天下。项羽的日子可就要到头了。

公元前203年9月，项羽面对跟刘邦、韩信双线作战的局面，要坚持不住了。刘邦乘机又打出一张牌：霸王啊，您把我爹、我老婆还给我吧。

项羽一拨拉脑袋：那不可能，没门。

刘邦说：您只要把我爹、我老婆还给我，咱们就可以和谈。我现在有优势也不打了，咱们中分天下，以鸿沟为界，东边归你，西边归我。

项羽答应。把刘邦的老爸、老婆，都还给了刘邦。然后，引兵东归。

对于项羽和刘邦的这个约定，以鸿沟为界，为楚河、汉界，很多人不理解，觉得好像有问题。好像这样做，项羽太吃亏。鸿沟在荥阳东边，项羽凭什么要退回那么多？凭什么要放弃那么多？我是这样理解的，史书不可能把那个谈判的过程写得太详细，也不可能把那个协

议写得太详细。

我猜想，这个协议最终的达成，应当还是基于项羽在鸿门的那次分封天下。以鸿沟为界，项羽还是保留此前西楚国的七个郡；刘邦的，大致还是关中，再多一点；其他的几个诸侯国的范围还都大致不变，也就是变个王、换个侯。整体上，还回到秦以前的格局。这可能是他们谈判的结果。

这不是咱的关注点，咱还是关注人物、故事、智慧、精神，不考据，更不翻案。

接下来，刘邦想按照合约的约定，带兵回关中，却被张良和陈平拦住了：大王，您还真想遵守协议啊。现在项羽的楚军兵疲食尽，此天亡之时也，您还不赶紧灭了他。他要是回去缓上一年半载的，又缓过劲儿来那可就不好说了啊。正所谓：养虎自遗患也。后患无穷啊。

于是，刘邦率领大军越过鸿沟，追击项羽。

在固陵追上了项羽。结果怎么着？项羽反戈一击，又一次把刘邦打得大败。要不怎么说，刘邦是"常败哥"呢，到这时候了，他还打败仗呢。

这里首先有一个问题，就是，项羽怎么到了固陵了呢，他的西楚国都不是在彭城吗？要是去彭城的话，肯定走不到固陵的，固陵在彭城南了。

其实，这也很好理解，项羽的东路大军被龙且带领着，已经差不多全部覆灭了，不可能再去保彭城了。这时，他还有一个强大的南路军，一是淮河南边的原来黥布的地盘，再有就是他起家的江东。所以，项羽当然要往南路转移，然后，淮南是一道防线，长江又是一道防线。以后的历史中，凡南北战争，这一河、一江都是最主要的防线。

另一个问题是，刘邦怎么又败了呢？

为什么？因为韩信和彭越都没跟上来。刘邦本是约了他俩，一块合击项羽，结果这两人都没上来，没跟进。

刘邦气坏了，又气又急，单凭他自己手下的兵力，还是打不过项羽，这不要命了吗？

刘邦：子房啊，怎么办呢？

张良笑了：大王，您别着急啊。他俩就是想在这最后关头再拿您一把呗，彭越现在实际控制着魏地，可是，您也没给他封王。韩信呢？他虽然封王了，但那不是他跟您要的吗，好像名不正言不顺似的，而且，他家是淮阴的，属于楚地，所以，他心眼里是想当楚王。所以，您现在别犹豫了，赶紧封彭越、韩信，一个魏王，一个楚王，魏国那一片都给彭越，楚国那一片都给韩信。提前把利益分配的合同签订好，让他俩把心放肚子里，他们立马就得上来。因为那样，就不是帮您打项羽了，那是帮他们自己了。

刘邦一听：有道理，就这么办。

结果，韩信、彭越真就带兵上来了。

另外，刘邦还封了一个王，谁啊？黥布。封黥布为淮南王，这也没白封。咱刚才说了，项羽南路的重要力量，就是占领黥布的九江国的那支楚军。结果怎么着，那支楚军的将领起义了，背叛了项羽，迎回了黥布。这一下子，项羽南下的路被堵死了。

项羽该怎么办呢？下回再说。

霸王别姬及其失败分析

　　上回说到，刘邦给韩信、彭越、黥布都封了王，几路大军齐心合力围追项羽。

　　公元前203年腊月，项羽兵少食尽，被包围在垓下。就在今天安徽省的灵璧县境内，淮河北面。怎么会被包围在垓下呢？

　　《史记》里并没有详细讲，不过，野史、京剧里，都讲得有鼻子有眼的，说是大将军韩信调度汉军和各路诸侯的兵马，提前在垓下设下了十面埋伏，然后，派大谋士李左车诈降项羽，再忽悠项羽，把他给引入了垓下，进入了包围圈。

　　这十面埋伏，太厉害了，没死角，全覆盖，包围得很严实，项羽插翅难飞。著名的琵琶曲《十面埋伏》表现的就是这一段，琴声旋律非常急促、剧烈、紧张，形势危急。

　　怎么办呢？没办法，只能高筑营垒，困守，坚守阵地。按京剧《霸王别姬》里讲的，项羽还有一线希望，就是等待江东会稽那边过来援兵，他咬牙坚持着。

　　这天夜里，项羽正睡着觉，忽然听得四面楚歌。包围他的刘邦大军大半夜的都在唱歌，而且唱的都是楚地的歌。项羽大惊：怎么回事，难道刘邦把我的楚地全占了吗？他的军队里都已经是我楚国的人了吗？看来，我是真把民心给丢了啊，老百姓不要我了，大势去矣。

　　其实还没到那分儿上，这又是张良的计谋，这也是京剧里说的，张良故意教给汉军学唱楚地的民歌，而且专挑那种悲凉的、哀婉的，听了让人伤感、泄气的，半夜一起唱。兵法讲，攻城为下，攻心为上。

唱歌攻心，这太绝了。

项羽一听，就泄气了，他手下的楚军听了更泄气。这也看出音乐的作用之大，这一点，前面讲韩非子时也说过。"兴于诗，立于礼，成于乐"，您要把这句话真搞明白了，在实践中用活了，绝对是管理大师。

人就怕泄气，一泄气就坚挺不了了，军队没了士气，也就完了。

怎么办呢？喝酒。项羽也睡不着了，借酒消愁。

借酒消愁愁更愁。

旁边爱妃美人虞姬给倒酒，跟着一起喝。这是项羽最心爱的女人。

还有一样项羽最心爱的，就是他的乌骓宝马。这匹乌骓宝马跟着项羽出生入死的，那感情也不一般。养过宠物的都有体会，动物养时间长了，就相当于家里的一口人。项羽也让手下给牵进大帐里来。一手搂着心爱的女人，一手搂着心爱的马，项羽掉泪了。

有个问题，项羽怎么没孩子呢？都到这个时候了，他应当再稀罕稀罕孩子吧，《史记》里面就是没提这一块。按道理讲，项羽的女人不说三宫六院吧，肯定也不会只有虞姬一个，都三十了，怎么也该有几个孩子。这是个有趣的论文题目，可以考据考据。正史里没写。

项羽流着泪，悲歌慷慨：

力拔山兮气盖世，时不利兮骓不逝；骓不逝兮可奈何，虞兮虞兮奈若何。

——《史记·项羽本纪》

京剧里的这段念白都是非常有感觉的，只是演员都弄成大花脸、大胡子，太显老了，实际这时项羽只有三十周岁。这我让想到，京剧画这个脸谱，可能正是为了方便不同年龄的演员来演这个角色，把脸一画，什么年纪也看不出来了，都一样的感觉了。这样，一辈子都可以演一个角，一辈子吃这碗饭。

奈若何？项羽怎么办呢？突围。

可是，带着个女人，多累赘，虞姬便自杀了。京剧里她是抢过项羽的宝剑自杀的。

项羽的突围很顺利，他带着八百勇士，一下子就冲出了汉军的包围圈，从南边冲出去了。当时正是半夜里，汉军这边也看不出突围的是谁，还以为是出去搬救兵的呢。天亮之后，才知道是项羽跑了，赶紧派出大将灌婴领着五千骑兵追击。

项羽先是渡过淮河，一点身边的人，只剩下一百多了。他们继续往南逃，到了阴陵这个地方，迷路了。正好遇见一个农夫：嗨，老头，跟你问个路啊，往哪哪，怎么走？

可能因为着急，问得有点生硬了，估计也没下马什么的，不够客气。这个农夫烦了，随手一指：左。

左，好的。项羽拨转马头，奔左边下去了。结果，走着走着就没道了，一片沼泽地，这才知道上了那个农夫的当，只好再返回来。

所以，问道这可不是小事，咱们都有经历的，如果开着车问道，一定要下车，嘴得甜。而且，出门在外的，还得长个心眼，你得问那面善的人。或者，多问两人，彼此印证一下。唉，人在江湖，没办法。

项羽在这么个小细节上出了点问题，就耽误了大事了，耽误工夫了，他再返回来，就被汉军给追上了。

在东城这个地方，有个九头山，项羽身边只剩下28个人，都是手下最精锐的最忠心的骑兵勇士，被汉军围困在山上。汉军这边有好几千人，围得水泄不通。

项羽一看：完了，这是真到头了。弟兄们，今天可能就是我项羽的结局了。唉！我不服啊，这个结局完全是上天安排的，我不服！我起兵至今已经八年了，亲自打了七十余仗，"所当者破，所击者服，未尝败北"，我从来没有打过一次败仗。我打仗没有问题啊，可为何突然就落得这步田地呢？这是上天不公啊，是天妒雄才，天要亡我，我不得不亡。绝不是我打仗不行！我可以证明给你们看，就现在这个形势，大家听我指挥，咱照样可以杀他个三进三出，照样能杀他大将，夺他旗帜，也让你们能突围出去。

来吧！

项羽把这28个人分成四组，分别向四个方向突阵，直接生冲。项羽瞅准一员汉将，直冲过去，上去就把那个汉将斩于马下。另一个汉将飞马来追项羽，项羽回头一瞪眼，这哥们的马一下子就惊了，蹿出好几里地才稳住。

项羽的四组骑兵很快都冲出了第一层包围，顺利会和。然后，汉军又围上来，项羽又组织了一次突阵，又杀一员汉将，捎带杀了上百的汉军士卒，竟然真就成功突围而出，手下只折损了两个人。

项羽问道：弟兄们，我说得怎样，是"天亡我，非战之罪"。

手下都服了：大王，确实如此，真是天道不公！

接下来，项羽便逃到了乌江。

乌江是个地名，乌江亭，类似个乡镇的地方，不是说，乌江就是个江，它其实是长江边的一个渡口。

乌江亭长在此已经等候多时了，他怎么知道在这等着呢？当然是项羽提前就有安排的。史书不可能写这么细，这是不言自明的，这么重要的撤退，肯定整条线路要有准备的。

乌江亭长看项羽来了，赶紧迎上前来：大王啊，快快上船，这一带我都安排好了，别的船都已经烧了。咱们过了江之后，汉军没船可用，肯定就没招了。江东的地方也不小，还有数十万之众，以后咱机会还有的是。快上船吧。

项羽没动地儿，愣在那儿了，望了望滚滚长江，想起了一首歌：

滚滚长江东逝水，浪花淘尽英雄，是非成败转头空。青山依旧在，几度夕阳红。

——杨慎《廿一史弹词》

别笑啊，这不是说三国的，这是正经说项羽的，明代杨慎写给项羽的。

项羽长叹一声，苦笑道：亭长老兄，我谢谢你了。这匹马跟了我五年了，所当无敌，日行千里，送给你。弟兄们，我说了，是天要我亡，我不得不亡，渡江又有什么用呢？况且，当年江东八千子弟兵随我项家出来打强秦，打天下，而今一个也没有回来，纵然江东父老能原谅我，我又有何面目再见他们啊？我愧对他们。对不起了！

说完，项羽带着他的二十多个勇士，返身冲向渐渐追上来的汉军。

短兵相接，项羽如虎入羊群一般，又斩杀了数百汉军，身负十余处重伤，慢慢就坚持不住了。他抬头，正好看到一位汉将，叫吕马童，这人认识，老熟人，于是大喊一声：若非故人乎？这不是老吕吗？我听说，刘邦悬赏千金外加万户侯爵，要我这颗脑袋啊。我给谁不是给啊，我就送给你，做个人情吧。

说完，便自刎而死。

在场的几位汉军将领，呼啦全都冲了上来，把项羽给分尸了。然后，都被刘邦给封了侯，其中这位吕马童就被封在离我家乡不远的河间。不久前，网上还传一个新闻说，河间的吕马童墓被盗了。历史跟我们就是这么接近，一切都不算遥远。孟子有句话叫：

所过者化，所存者神，上下与天地同流。

——《孟子·尽心上》

这话讲绝了，这就是历史，这就是人生。

项羽死后，很快，整个楚地几乎都投降了，"独鲁不下"，唯独鲁地的几座城不投降。为什么呢？因为当年楚怀王封项羽为鲁公，把鲁地的这几座城都封给了项羽，项羽就是鲁地的君主。而鲁地是孔子的父母之邦，是儒家发祥地，最讲究忠君报国，所以誓死效忠项羽，不投降。

刘邦大怒，想派重兵把这几座城全给平了。又一想：算了，不能那样做，咱得转换角色了，以后，咱坐天下，就得鼓励这种忠君报国

项羽乌江自刎

的精神啊。

于是，刘邦派人带着项羽的人头，到这几座城走了一圈，晓之以理，动之以情。鲁地军民一看项羽真死了，这才死了心，才投了降。

然后，刘邦一看，既然你们这么效忠项羽，就成全你们吧，我就把项羽按鲁公之礼，安葬在你们这吧。最后，把项羽安葬在了鲁地的谷城。《史记集解》的作者裴骃是南北朝时候的人，他去实地考察过项羽的墓，当时，墓已经被毁坏了，但还有一块碑，写着"项王之墓"。现在这地方属于山东泰安，还有旧址残碑。

刘邦亲自为项羽发丧，大哭一通，其中滋味，咱们这些平凡草民可能永远体会不了吧。然后，对所有项家人，项氏宗族各旁支，都没有清算，没有搞什么夷三族、诛九族之类的。反而给项伯，还有几位项家人都封了侯爵土地，并且赐姓为刘。

这让我们想到，此前项羽要烹了刘邦的老爹老太公的那一段。刘邦不为所动，说我爹就是你爹，你要把你爹煮了，一定给我也分一杯羹。项羽气得要杀了老太公，被项伯给拉住，因为，"杀之无益，只益祸耳"。所以，项羽这边一直也没有把事做绝。说到底，两人争的是天下，是大丈夫之间光明正大的较量，没玩什么卑鄙下流的小人手段，没有什么纯粹个人的恩怨。可惜，这种风度和气概，后世不多。

另外，讲到这里，对于项羽的结局，可能多数人都还是抱以同情的。自古以来，无数读史者读到这里，都可能觉得惋惜，看戏剧之类的，可能更是容易同情项羽，甚至为之落泪。至今项羽还被看作一个失败的英雄，甚至看作是史上一个最伟大的失败者。

说实话，我倒不以为然。因为前面讲了，项羽其实是个杀人魔王，最爱干的就是屠城，还"杀降"，二十多万秦军俘虏被活埋。

总共不过两三页史书而已，前面这一页看着，还觉得恐怖、气愤，后面这页再看，却要为他流泪。就像看电影《画皮》时的感觉，周迅演的那个小唯，她本来是个吃人心的女鬼，要多恐怖有多恐怖、要多可恶有多可恶，可最后，当她死时，观众仍然为之感动。这是怎么了呢？这就是人性的弱点。

《菜根谭》中讲：

声妓晚景从良，一世烟花无碍；贞妇白头失守，半生清苦俱非。

人总是渐忘的，总是只能记住一个角色临谢幕时的样子。就像遗像，都是生前最后的样子。

弘一法师也有句话，叫：花枝春满，天心月圆。

他四十岁前，花枝春满，风流倜傥；四十岁后，参禅悟道，照样做高僧大德。

项羽之所以被看作一个失败的英雄，一个非常正面的人物，最大的原因，应当是由于司马迁对他的肯定。

这不是一般的肯定，而是绝对的至高的肯定。怎么这么说呢？《史记》总共一百三十卷，包括十二本纪、三十世家、七十列传、十表、八书。

这十表八书，都是大事年表、典章制度之类，这个得另说。剩下的本纪、世家、列传，都是记载历史人物的，是分了三个等级的。

本纪，是最高级的，都是记帝王、天子。

世家，低一级，差不多都是诸侯国君和刘邦手下的顶级的名臣。

然后列传，也都是牛人，什么类型的都有，包括最后的《太史公自序》，就是讲司马迁和他爹编辑史记的思路之类的，也算一个列传。

顶级的十二本纪，都是哪些帝王呢？

头一卷是《五帝本纪》。从黄帝开头，这是中华民族的祖先，第一位帝王。黄帝之后，传给他的孙子颛顼，这是第二位帝王。颛顼之后，第三位，是他的侄子，也是黄帝的重孙——帝喾。帝喾的儿子帝尧，是第四位。尧的女婿舜是第五位。总共五帝。

第二卷本纪是大禹开启的夏朝，夏本纪。

然后，殷本纪。

然后，周本纪。

然后，秦本纪。

然后，秦始皇本纪。

然后，项羽本纪。

再然后，才是高祖本纪，也就是刘邦的本纪。再后面就是西汉皇帝的了。

项羽是夹在秦始皇和刘邦之间的。秦始皇和刘邦可以说是史上最成功的且最牛的帝王，项羽坐他俩中间。

为什么这么安排呢？因为司马迁认为，项羽是足够伟大的。他说项羽：

> 羽非有尺寸，乘势起陇亩之中，三年，遂将五诸侯灭秦，分裂天下，而封王侯，政由羽出，号为"霸王"，位虽不终，近古以来未尝有也！
>
> ——《史记·项羽本纪》

项羽本来只是一个平民，别管他祖上是什么贵族、名将，到他这儿，他就是一个混迹民间的平民。要什么没什么，可就生生乘着陈胜起义天下大乱之势，一举崛起，只用了三年时间，就率领各路诸侯推翻了强大的秦帝国。然后，分封天下，实质上已经是一代帝王了。虽然好景不长，结局惨淡，但他的成就在那儿，那么伟大的成就是"近古以来未尝有也"，几乎就是有史以来也没有过的。

所以，司马迁给项羽也弄了一个本纪。

这里面，或许多多少少也有一点表达对刘氏皇朝不满的情绪；或许是对一种挑战强权的精神的标举，包括为刺客立传也是强调这一点。总之，将项羽列入本纪是一个引发历代读史者沉思和想象的问题。

那么，司马迁是怎样评价项羽的失败的呢？他认为项羽失败的原因是什么呢？他说了两句话。

头一句是：

羽背关怀楚，放逐义帝而自立，怨王侯叛己，难矣。

——《史记·项羽本纪》

这句话点出了两个问题：

一是，"背关怀楚"，放弃关中之地，重回楚地，建都彭城，这是一个大失误。关中才是王者用武之地，彭城则是四面受敌的地方，这一点，稍后讲刘邦选择国都时，再详细分析。更重要的是，如果项羽自己在关中待着，刘邦再加上两个脑袋，恐怕也不能从汉中打出来。

二是，"放逐义帝而自立"。注意这个"自"字。你打了半天，只是拿人家楚怀王当招牌，你老项家保着楚怀王，精忠报国的样子，然后，打下天下来了，就卸磨杀驴，最后还是你自己当楚王，搞了半天还是为了你一己之私利。那种道德的感召力一下子没了，没道德、没理想、没信念了，所以，失去了天下人心。

司马迁的第二句话是说项羽：

自矜功伐，奋其私智，而不师古。谓霸王之业，欲以力征经营天下。五年卒亡其国，身死东城。

——《史记·项羽本纪》

"自矜功伐"，自我感觉良好，以为自己能征善战，能打；

"奋其私智"，对自己的智力也自信满满，认为自己什么都懂，都明白；

"不师古"，就是不读书，不读史，不懂得借鉴古人的经验。

"霸王之业"，他认定自己的这番事业，自己开创的这个天下，是"霸王"，是以霸称王，以实力强大而称王。所以，他坚持"以力征经营天下"，就靠一个字：打。谁不老实，我就打谁，靠这个来维持天下。结果只当了五年霸王，就把天下丢了，身家性命也未能保住。

总之，司马迁认为，项羽所谓的"天亡我，非用兵之罪"，是荒

215

谬的，完全是因为他自己在人事上没有处理好，才一步一步走上失败的不归路，怨不着天。

这是司马迁的分析评价。司马光全部都给抄到《资治通鉴》里，说明他也很赞同这个评价。司马光还抄录了一种评价，是西汉扬雄说的：

> 汉屈群策，群策屈群力；楚憝群策而自屈其力。屈人者克，自屈者负。
>
> ——《资治通鉴·汉纪三》

这"屈"字，应当可以理解为驱动的"驱"，汉王刘邦胜在他能群策群力，驱动一群人研究策略，再用这些策略驱动更大的群体的力量；楚霸王项羽正相反，就靠自己，所以就败了。

"屈人者克，自屈者负"，我把它改得通俗一点，就是：用人者成，自用者败。

扬雄的这个分析跟刘邦自己的分析挺像的。刘邦怎么分析的呢？下回再说。

刘邦

用什么样的人

上回讲到，公元前203年的腊月——我说的还是阴历，项羽自刎于乌江，楚汉争霸以刘邦完胜而告终。刘邦把项羽安葬在谷城，大哭一通。

然后，干吗呢？回家。

回哪个家？回沛县，还是回关中？都不是。是回洛阳。此前刘邦跟项羽在荥阳、成皋抗衡，洛阳算是他的一个后方基地，洛阳又是东周古都，所以，他想把洛阳定为国都。

在回洛阳的路上，刘邦主要干了两件事。

第一件事：

> 还至定陶，驰入齐王壁，夺其军。
>
> ——《史记·高祖本纪》

大军走到定陶这个地方，刘邦故伎重演，给韩信又玩了一次"突然袭击"，直接冲进韩信的军营、大帐，收了韩信的军权：你不用带这么多兵了，老实做你的诸侯王吧，另外，齐王别做了，前些天我不是说了吗，你老家淮阴的，属于楚地，我正式改封你为楚王。

史书对这次夺军，没写什么细节，只这一句。让我感觉，这真是一物降一物啊，刘邦玩韩信，真是一玩一个准。韩信怎么就不懂得亡羊补牢的道理呢，以前在修武让刘邦夺了一回兵权，现在在定陶又让他夺一回。

其实，我自己也干过这么一手。

有一次，公司丢了点东西，就怀疑是以前的一个员工辞职之后没交公司钥匙，直接拿钥匙开锁进来的。当时想，他偷这么一次，不应当还有下次吧，不会这么大胆吧。所以，门锁也没换，也没报警。结果，过了几天愣是又被偷了一次。这次才着慌了，又是报警，又是换锁的。

所以，"亡羊补牢"这个老智慧，一定要牢记心间。

换个角度，也可以跟刘邦学学，凡是成功的做法，至少可以再试一次，很可能还会成功的。

第二件事是即皇帝位。

公元前202年的2月，在汜水之阳，刘邦即位，成为中国历史上第一位平民皇帝。

王侯将相宁有种乎？刘邦用他的人生实践告诉我们，帝王将相没种。皇帝轮流做，明年到我家，谁都有机会。

到了洛阳之后，刘邦大摆酒宴，文武百官喝酒庆祝。

刘邦非常开心，他问大家：诸位列侯，诸位将军，你们都说说，我为什么得天下，项羽为什么失天下？

有个大臣回答：

> 陛下使人攻城略地，所降下者因以与之，与天下同其利也。
>
> ——《史记·高祖本纪》

皇上啊，您的激励机制好啊，财散人聚。您要是派出谁去打哪个城池，一旦打下来就是谁的，谁不玩命啊，那是给自己干啊。在您手下干都能共享胜利果实，都有获得感。

项羽则没有这套激励机制，

> 战胜而不予人功，得地而不予人利，此所以失天下也。
>
> ——《史记·高祖本纪》

他手下将领攻下城来，打了胜仗，也得不到什么好处。好处都落项羽自己兜里了，不跟手下分享，所以失天下。

刘邦：不错、不错，不过，

公知其一，未知其二。

——《史记·高祖本纪》

还有更重要的一层原因，你没说出来，我告诉你吧。

夫运筹帷幄之中，决胜千里之外，吾不如子房。

——《史记·高祖本纪》

论谋略，谋划制定整个大的战略，这方面，这种智力、见识，我不如张良张子房；

镇国家，抚百姓，给馈饷，不绝粮道，吾不如萧何。

——《史记·高祖本纪》

论镇守国家，安抚百姓，征集粮饷，这种治理之才，我不如萧何；

连百万之众，战必胜，攻必取，吾不如韩信。

——《史记·高祖本纪》

论打仗，带兵百万，战无不克，攻无不胜，这种军事才能，我不如韩信。

三者皆人杰，吾能用之，此吾所以取天下者也。

——《史记·高祖本纪》

这三位都是人杰啊，人中之龙凤，都比我强，却能为我所用，所以我能得天下。

> 项羽有一范增而不能用，此所以为我擒也。
>
> ——《史记·高祖本纪》

关于用人智慧，这一番君臣对话可以说是史上最经典的，说绝了。这里面首先强调了，要做大事业，成败关键在用人。不论是大臣说的，还是刘邦说的，这是个共识，都是说，在用人上，跟项羽有高下之分，才打败了项羽。

那么，怎样用人呢？

"公知其一"，大臣讲了其一，就是要有诱人的激励机制，要利益驱动，要财散人聚。我曾经问一个汽车模具行业的大老板：你们怎么留住人才？他说：就一样，给钱给到心疼啊！

"未知其二"，这个其二是什么呢？刘邦说的这一通，这方面我不如张良，那方面我不如萧何，那方面我不如韩信，这是要表达什么呢？简单理解就是，刘邦得能玩得转那些比自己强的人。他比我优秀，这太好了，我不嫉贤妒能，我能把你摆弄顺溜了，老老实实跟我干。这样的老板很了不起。

再进一步理解，就是知人善任。最为难能可贵的是，刘邦很清楚自己的局限，知道自己在哪些方面的工作不如手下中的谁、谁、谁。好吧，这方面我不如你，我就听你的；那方面我不如他，我就听他的。孔子有句名言，叫：

> 三人行，必有我师焉。
>
> ——《论语·述而》

作为一个老板，你只要虚心地去了解，就会发现，几乎每个员工都可能有比自己强的地方。马云就说，他去听支付宝部门的工作会议，几乎都听不懂。

不懂那个业务，没关系，你只要懂那个懂业务的人就行了。

而且，你也不必要懂很多人，关键的几个人，你懂了，把他的能力发挥出来，把你的这个平台、这个体系整个给支撑起来。你就守住这个平台、这个体系就好了。所有人都会在这个平台上、在这个体系里，找到他自己的位置和奋斗的方式的。

接着讲故事，还是跟用人相关。

楚汉战争刚刚结束，项羽虽然死了，但项羽手下好多人物，还有其他的一些敌对势力，逃得逃、藏得藏，这都是潜在的危险。怎么办？两手：一手抓打击，一手抓招安。

比如，有一个叫季布的，本来是项羽手下的得力大将，战争期间，以勇猛闻名，好几次都差点把刘邦杀死。刘邦这会儿开始通缉他，悬赏千金，谁要是举报，得千金的赏赐；谁要是敢窝藏季布，夷三族。够厉害。

可是照样有人敢收留季布。什么人呢？用韩非子的话讲，就是侠者。所谓，"儒者以文乱法，侠者以武犯禁"。言下之意，当时在民间，一直有儒者和侠者两种力量，是国家管理的难题。

秦末之所以天下大乱，在里面搅和的，主要的力量也是这两种，刘邦、项羽、张耳、韩信都有点侠者的意思；萧何、范增、陈馀、郦食其等等，则是儒者的感觉。

所以，苏东坡的那篇《六国论》分析六国之所以能生存那么久，而秦朝之所以速亡时，就提出一个观点，他认为：一大原因在于，秦始皇不懂得养门客的好处。秦始皇应当效法此前六国的做法，把民间的这些儒者、侠者，以及"智、勇、辩、力"之类的人物，都想办法养起来，而不应当放任这些人在民间。

纵百万虎狼于山林而饥渴之。

——苏轼《六国论》

这些人物都是有能耐的，如狼似虎的，把他们撒在民间，他们又都不是老实种地养家的主，当然，就得"咬人"、造反。

总之，侠者是一种民间的有暴力倾向的力量。这种力量也是亦正亦邪的。

所以，司马迁对他们就颇有好感，前面讲过司马迁的《刺客列传》，聂政、荆轲啊，田光、高渐离等人，大致都是这种人物。他还专门写了一篇《游侠列传》，他不叫"侠者"了，改叫"游侠"，意思一样。

司马迁讲游侠：

> 其行虽不轨于正义。
>
> ——《史记·游侠列传》

这些人都不算良民，做的很多事也不大地道，不轨于正义。

> 然其言必信，其行必果，已诺必诚，不爱其躯，赴士之厄困。
>
> ——《史记·游侠列传》

但是这些人有一个特点，就是讲义气，言必信、行必果，说到做到，为了哥们弟兄能两肋插刀，万死不辞。

季布在从军之前，就是这么一个人物，所以也有很多这方面的朋友。项羽失败后，他先是藏在一个姓周的朋友家里。有一天，这个老周跟季布说：大哥啊，现在刘邦通缉你，风声太紧了，据说马上要搜到咱这了。咱想什么办法，也得把这关闯过去。我想了半天啊，只有一个道了，可是，您是盖世的英雄，我怕您受不了这个委屈。

季布：兄弟啊，要怎么委屈我啊，什么道啊，你说吧，我听你的。

老周：大哥，我说了，您可必须得听兄弟的。否则，您要是让官兵逮着，咱都得死，那我干脆现在就自杀，我死你前面。

季布：没这么严重，你说吧。

老周：大哥，现在我保不了您，但是鲁人朱家应当可以保您，没人敢搜他的家。虽然，咱之前跟他没什么交往，但他肯定知道您。我是这样想的，近期我联系他，卖给他十几个奴隶。您混在这些奴隶当中，过去，到他家去当奴隶，应当就能躲过此劫。

季布听完，脸色大变：这个……

他可是天下第一流的猛将，那种刚烈的气质你想去吧，现在竟然要让他卖身为奴，什么尊严都没有了。

季布运了半天气，最后一咬牙：好吧，兄弟我听你的。

然后，把头发剃光，换上破烂的粗布衣服，脖子上拴一个铁箍，就跟牲口似的。奴隶跟平民不一样，平民是自由的，奴隶没自由，跟牲口差不多的感觉了。这屈辱，季布忍了。

然后，送到了朱家的家里。此人姓朱名家，朱家，得说是江湖上第一号的人物。他就看出来了，这种人都是手眼通天的，极有眼力：噢，老周卖给我的奴隶中的这一个，准是他的好朋友，大名鼎鼎的季布，这是到我这避难呢。

可是，他并不挑明，把季布收下，给安排了活儿：哪哪儿那片地，以后就你负责种啊，去吧。

然后，悄悄嘱咐儿子们：那个奴隶可不是一般人，千万得优待，得好吃好喝的。

随后，又过了几天，朱家出发了。套上小车，去洛阳，去找滕公夏侯婴。

夏侯婴一见朱家来了，挺高兴，之前便有过交往、有交情：朱老兄啊，可想死我了，哪阵风把你吹来了，这回在我这可得多住几天。

朱家：没事，就是来看看您，让我多住几天，那我就多住几天喽。

朱家便住下了，住在夏侯婴家里。夏侯婴好吃好喝好招待，每天都叫一帮朋友来，陪着朱家喝酒。

有一天，只有他俩，闲唠嗑，唠着唠着，朱家便扯到了季布：滕

天下一流猛将季布为活命忍辱变身为奴

公啊，皇上为啥那么恨季布呢？通缉搞得那么紧张？

滕公：噢，你不知道啊，季布好几次差点把皇上给弄死啊，不抓着他，皇上那口气出不来。

朱家接着问：季布这个人，我还真没什么交往，不大了解，您说说，他到底是怎么个人物啊？

滕公：哎哟，这人真得说是个人物，是个英才，了不起，可惜跟错人了。

朱家赶紧跟进：哦，我明白了。依我之见啊，皇上这就不大对了。人家季布之前既然是跟着项羽，当然得对付皇上，各为其主嘛。这就得通缉追杀人家，那，项羽手下的人多了去了，你还都不放过了吗？那样的话，皇上的器量不是太小了吗，不得让天下人笑话吗？再者说，季布这样的英才，你真把他追急了，他还不得逃奔匈奴啊、南越啊，将来要是帮着他们带兵，咱不亏大了吗？这层意思，您应当跟皇上交流一下才好啊。

滕公立即明白了：噢，我说这是来找我干吗呢，这是来帮季布说情啊，季布肯定在他手上呢。不过，人家说的有道理啊。

滕公：好吧，朱老兄，你说的有道理，明天我去跟皇上说说去。

结果，刘邦听到滕公这么一说，立即同意了：好！好一个各为其主！

立即赦免了季布。后来，季布终又成为西汉的一代名将，以后，咱还会提到他的故事。

对此，司马迁感慨万端，他说：季布在霸王项羽的手下，还能落出勇猛之名来，那得是多猛多"刚"的一个人啊。这样的人物，肯定是不怕死的，视死如归，荣誉面子比生命重要得多。可是呢，他在项羽败后，偏偏表现出一副"贪生怕死"的样子，宁可卖身为奴，也得求活命，这是奇耻大辱啊，一点尊严都不讲了。

然而，这恰恰是季布真正了不起的地方，这叫"摧刚化柔"。他能做到这一点，就是因为，他有信念，他坚信自己还有未完成的使命，无论忍受怎样的耻辱，都要活下去。

正所谓，

贤者诚重其死。

——《史记·季布栾布列传》

有能耐的人，是真正慎重地看待死的问题的。

夫婢妾贱人感慨而自杀者，非能勇也。

——《史记·季布栾布列传》

很多寻常小人物，有点挫折、屈辱，动不动就自杀，那不是勇敢，那是女流之辈，是心眼小，不足为道。

司马迁的这番话其实是说的他自己，这是借题发挥。他自己被施宫刑，这是多大的耻辱啊，肯定也想过自杀。可是，最终也摧刚化柔，含羞忍辱，坚持活着，坚持写完旷世之作《史记》，实现生命的价值。

朱家呢，救了季布一命，这是冒着夷九族的风险，救了这个以前并没有什么交情的季布。他图什么呢？以后季布重新显贵，朱家"终身不见也"，一辈子也没去见过季布。老子什么也不图，就看你是个英雄，死了可惜。这就是侠！

当然，最大的赢家还是刘邦。他要的就是这个效果。什么效果呢？咱接着说。

季布的老舅叫丁公，也是项羽手下的将领。你还记得，刘邦第一次跟项羽对阵吗？彭城大战，刘邦惨败，56万大军被项羽3万精兵给打得稀巴烂。最后，刘邦只带了几十个人逃了出来。然后，去找孩子，找着孩子之后，楚军追得特别紧，刘邦好几次把孩子从车上端下来。那一段，你肯定有印象。其实，当时还有一个细节，咱没讲。就是，刘邦中间其实是被楚军给追上了，那边的将领正是季布的老舅丁公。刘邦当时跑不了了，打也打不过，怎么办呢？下跪呗，好汉爷饶命吧，只要您放了我，以后我一定怎么怎么报答您。——这场面是我猜的。

《史记》上面是这样写的，当时刘邦跟丁公说：

两贤岂相斗哉！

——《史记·季布栾布列传》

好汉何苦为难好汉？各自给自己留条路多好啊。

到底是怎么说的，咱就别深究了。反正最后，丁公就把刘邦给放了。

等到刘邦当上皇帝之后，丁公便来找刘邦，心想：怎么也得给我封个千户侯吧？要不是当年我放他，他早就见阎王了，还当什么皇上啊。

结果，一见面，就被刘邦给绑了，扔进死囚车里，游行示众：你们都看看啊，要不是有这种不忠不义的手下，项羽不可能失天下。这种人，该杀！

把丁公给砍了。

知道刘邦要什么效果了吧？他就是要强调一个忠君思想。忠君的人就是好人，不忠君的就是坏人。

更重要的一层意义还在于，刘邦悄然间开始了从打天下的思维向守天下的思维转换。如果现在项羽还没死，还打着呢？那么，他处理季布和丁公的方式，很可能是截然相反的。关于这种思维的转换，下回再讲，这里先不展开讲了。

接下来，再讲一个刘邦要招安的人。谁啊？田横。

前面第40回讲过，刘邦派郦食其去游说控制着齐地的田横，田横答应支持刘邦，放松了对韩信的防备。结果，被韩信突袭。随后，田横联合龙且，又被韩信打败。最终，打得只剩下了五百多人，投到了彭越手下。

等到刘邦当了皇帝，彭越被封为梁王。田横一看，不行，彭越靠不住了，便带着手下五百多壮士逃到了海上的一座小岛。

刘邦派使者去岛上招安田横：老田啊，以前咱们有误会，现在仗都打完了，一切都过去了，你赶紧回来吧。

田横对使者讲：您替我谢谢皇上，我不能回去了。当年我烹了郦食其，我以为他跟韩信一起玩我，现在他弟弟郦商是皇上的大将，我要回去了，郦商还不得找我报杀兄之仇啊，我不敢回去。请让我给皇上守这个海上孤岛吧。

郦食其的弟弟郦商确实很厉害，哥俩一文一武。当年郦食其投刘邦时，郦商就得算一方诸侯了，手下也是好几千号兵马了。跟着他哥前后脚都投到刘邦手下，战功卓著，很有分量。

刘邦听完使者的汇报，便把郦商找来了：郦商啊，现在有这么个情况，以前的事可都过去了。我得让田横回来，你小子要敢报仇，你一家子就都别想活了！

刘邦到死也都是这个德性，就这么粗野。

郦商赶紧遵命：行行行，都过去了，我不报仇。

刘邦转过头来，又冲使者交代：你都听好了吧，把这个情况去告诉田横，让他放心回来。他只要回来，封不了王，也能封个侯；要是给脸不要脸，还不回来，我立马派兵过去把他们杀光！

这一次，田横没办法了，只好带着俩随从，跟着使者，一起来见刘邦。

眼看快要到洛阳了，还有三十来里路，正好有个驿站。田横对使者说：先生啊，马上要见皇上了，我们得洗个澡，沐浴更衣，这样显得恭敬。

使者：好吧，你们洗洗吧。我们出去等会。

使者出去之后，田横对两个随从讲：两位贤弟啊，我跟刘邦当年是平起平坐的诸侯，现在人家是天子，我是阶下囚，这就够丢人的了。而且，我把郦家兄长给烹了，却要跟他兄弟同殿称臣共事，人家即便不敢动我，我心里又怎能无愧啊。刘邦不就是想见见我吗，就让他见我的人头吧，路不远了，也变不了样子。

说完就自杀了。

很快，田横这颗鲜活的人头被送到了刘邦跟前。

刘邦感慨万端：了不起啊，田家兄弟起自布衣，三人轮流称王，了不起啊，这是何苦嘛。

痛哭流涕了一番。然后，以王的规格厚葬田横，并且封田横的这两位随从为高官。

可是，葬礼之后，这俩随从不见了，找不着了。哪去了呢?

于是，好一通找，最后，发现这两人在田横坟墓上挖了个洞，钻进去，自杀在田横身边!

刘邦大惊，哎呀，看来田横身边这些人都是大贤啊，都是有血性的壮士，这些人我必须都得弄来，为我所用。赶紧再派使者，去请小岛上的那些人。

结果，岛上五百壮士，听说田横三人自杀，没有一个跟使者回来，于是全部自杀，一起赴死!

每次读到这里，我都是热泪盈眶。壮哉! 这就是名将，这就是两千年前的中国勇士，这就是生死相许!

刘邦团队的文治智慧

上回讲到，刘邦灭了项羽之后，本来打算定都在洛阳。

洛阳确实是好地方啊。你要到洛阳旅游，当地导游一上来就得跟你吹一通，什么一百年历史看上海，一千年历史看北京，两千年历史看西安，三千年历史看洛阳。也有的说，五千年历史看洛阳。

夏商周的国都差不多都在这一片，即便没在洛阳，也离着不远。确实得说洛阳是中华文明的重要发祥地。

以前好多外国学者都质疑，说中国的夏朝未必真有过，因为一直没有很有力的考古上的证据。就像商朝的殷墟那种，出土好多甲骨文，一看，文字写着呢，就是商朝。

一直也没发现过类似的"夏墟"。

直到"文革"前后，才在洛阳偃师挖出了一个二里头遗址，公元前2000年左右的，出土了好多东西，包括一个绿松石的龙形器物，很有名。我上洛阳博物馆去过，确实不错，出土的精品文物、好东西太多了。

对刘邦来讲，往近了说，大周朝八百年江山，有500多年国都在洛阳，这江山多稳当啊。所以，他也想定都洛阳。而且，离他老家近，手下人也都挺支持。

可是，有一个人不以为然，一个底层的小人物，叫娄敬，有学问，有思路。他本来是齐人，服兵役，要去陇西郡，到甘肃那边戍守边防。这是苦差事，他不愿意去。怎么办呢？他跟着部队经过洛阳的时候，正好洛阳这里有个老乡，是个大官。他便找到这位老乡：您帮我去跟皇上说说去，您给搭个桥，我想见见他，给他出个主意。

那时候，国家草创，还没有那么等级森严。这个老乡真就跟刘邦说了：皇上啊，我有个老乡，想来看看您老人家。

刘邦：好啊，来吧。

老乡回去跟娄敬说：老娄啊，皇上答应了，要见见你。你是不是捯饬捯饬啊，你这小羊皮袄得穿了三四辈子了吧，我给你换身新衣裳吧。

娄敬有个性，拍拍自己那件破破烂烂的羊皮袄，大笑：不用，用不着。咱就，

衣帛，衣帛见；衣褐，衣褐见。

——《史记·刘敬叔孙通列传》

咱平时穿什么，就还穿什么，不弄那虚飘的，就让他看看咱们老家的实在劲儿。

娄敬穿着破羊皮袄，跟刘邦见了面。

刘邦不错，备酒，管饭。刘邦这人有个特点，越是对底层的士卒，对老百姓，越没架子，跟谁要是扯个闲篇儿，就像一个村儿的穷哥们似的。对他手下的大官就不一样了，逮过谁来就给弄一通，所以，官们见了刘邦，都跟老鼠见了猫似的。

刘邦边吃边问：老乡啊，你说说，要给我出什么主意啊。

娄敬：皇上啊，您老人家是不是想跟周朝学，把国都定在洛阳啊？

刘邦：没错，就是这么想的。你怎么看啊？

娄敬：皇上啊，我说了，您老人家可别生气。您老人家跟人家周朝可比不了，周朝在创立之前，周文王、周武王他们的祖先已经经过了十几代的积累了。到了周武王灭商朝的时候，那几乎是水到渠成，天下归心。随后，周公把洛阳作为东都，陪都，是因为洛阳的位置正是"天下之中"。在这立都，方便各诸侯国来朝贡，到国都的路都差不多远。可是，洛阳有一个大问题，就是它没有什么像样的山川险

233

娄敬劝谏刘邦定都关中，因此成为被刘邦赐姓第一人

阻，易攻不易守。

周公当时，也是希望将来的周朝国君，要戒骄戒奢。你得做个有德的国君，因为，真要出个乱子，这个国都你守不住。

正所谓，

有德则易以王，无德则易以亡。

——《史记·刘敬叔孙通列传》

说白了，太平世，洛阳是个定都的好选择，乱世就不是好选择。

皇上，您老人家现在刚打完仗，还有好多不确定因素，还得说是乱世啊。您老要是定都洛阳，在这坐天下，恐怕坐不稳当。

刘邦：嗯，有道理。好！那你觉得哪儿做国都合适呢？

娄敬：关中，还是秦朝故都最好啊。

被山带河，四塞以为固。

——《史记·刘敬叔孙通列传》

有山河险阻，形势易守难攻，而且关中土地肥沃，有的是人，有的是粮。即便天下再有大动乱，你老人家也足以自保。这就像跟人打架似的，怎么样才算把对方制服呢？必须得把对方脸朝下摁地上，咱得一手掐住他脖子，一手把他胳膊拧到后背上，摁住，这叫，

夫与人斗，不搤其亢，拊其背，未能全其胜也。

——《史记·刘敬叔孙通列传》

把国都定在关中，那个掌控天下的形势，就是这样的，

搤天下之亢而拊其背也。

——《史记·刘敬叔孙通列传》

刘邦很兴奋，心想：真是人不可貌相啊，这个老乡，穿的跟个放羊的似的，说出来的话这么头头是道。

他扭头问旁边大臣们：你们都听到了吧，感觉怎么样啊？

都反对。刚才说了，刘邦手下这帮人都是洛阳周边这一片的，祖祖辈辈都在这里，过得也都挺好的，中国人都安土重迁，都不乐意：关中那么远，咱去那干吗呀？皇上啊，您怎么能听这个土老帽儿的呢？

刘邦一瞅，就张良没说话：子房啊，你什么意见？

张良一笑：皇上，我同意这老乡的说法，应当定都关中。洛阳在天下正中间，四面受敌，真要打起来，您守哪头是啊。而关中

阻三面而守，独以一面东制诸侯。

——《史记·留侯世家》

西边、北边、南边，三面都是大山围着，是天然屏障，受不到外面什么威胁，只有东边留着个关口，可以进出，可以控制天下。太平时，天下的物资可以通过黄河、渭河运到关中来；不太平时，大军可顺流而下，调运军队非常方便。

而且关中的农田水利有之前秦国的数世经营，郑国之渠之类的，粮食产量很高。正可谓，

金城千里，天府之国。

——《史记·留侯世家》

刘邦大悦：好！就这么办了，吃完饭咱就出发，去关中。另外，那个老乡叫什么来着？

娄敬：皇上啊，我叫娄敬。

刘邦：什么？刘敬？

娄敬：不是，皇上，我叫娄敬。

刘邦：行了，以后你就叫刘敬了，跟在我身边吧，给我当个郎中，干个秘书、顾问什么的。

这一下，娄敬成了刘敬，青史留名了，厉害了，刘邦真就听从他的意见，定都关中。

这么大的事，竟然是这么一个半道来的小人物给出的主意，不可思议啊，是吧？

对此，司马迁也发了一番感慨：有道是，

千金之裘，非一狐之腋；台榭之榱，非一木之枝也；三代之际，非一士之智也！

——《史记·刘敬叔孙通列传》

最名贵的裘皮大衣，都是用狐狸腋下的那块毛皮，用很多小块，拼接缝制出来的，不可能是用一个狐狸的；修建楼台亭榭需要大量的椽子，绝不是一根树的枝材就够用的；夏商周三代的事业，也绝不是凭一两个才智贤能之人就都能包办了的。

刘邦从一介平民百姓，到打下天下，手下那是有多少能耐人、多少才智之士啊，可是，照样有这些人想不到的、想不周全的地方，得让刘敬这么个过路的打酱油的来给提定都的建议。

可见，

建万世之安，智岂可专哉！

——《史记·刘敬叔孙通列传》

做大事业，不能专门只靠少数几个人的才智，更不能只靠自己一个人的才智。

接着说刘邦。

公元前202年，刘邦称帝之后，定都在关中，准确地说就是长安。当时，长安是个乡，在那一片，又新建的长乐宫之类的。

当时，刘邦没有立即搬进长安，而是先在栎阳落脚，长安那边先搞建设。建设了两年，才正式搬到长安。

不过，洛阳算是个陪都。好多时间，刘邦都在洛阳待着。

接下来，这一年里，还有几件大事，在《资治通鉴》里，有的就一笔带过了，比如，刘邦平定了燕王臧荼的造反，把臧荼给杀了，换成了自己的发小，同年同月同日生的卢绾当燕王。另外两个王，张耳和吴芮也死了，诸侯王位由儿子继承。这都比较简略。

写得详细的是，刘邦又收拾了一回韩信，把韩信从楚王降级成了淮阴侯。这一段，先越过去，以后再细说。

然后，比较消停了。刘邦开始剖符封侯，分封功臣。剖符，是什么意思呢？符，就是一种权力凭证。比如虎符，前面讲过信陵君窃符救赵，那就是虎符，铜的，老虎的造型，上面写着字，中间剖开，一分为二，君主拿一半，外面带兵的大将拿一半。君主要调动这支军队时，就派人拿着这一半虎符去找那个大将，见面后，两半往一起一拼，正好拼起来，就证明确实是君主派来的，是君主的意志。总之，它就是个凭证。

符的形制材料除了青铜的，也有木头的、竹子的。用法、意思都差不多，就是个凭证。我封你为侯了，你拿着这半个符，我的这一半放在宗庙里保管好，到什么时候，咱都认。另外，还有丹书铁券之类的，也都是一种认账凭证。

分封是要论功行赏的，谁的功大，封的地盘就大。谁的功最大呢？韩信被排除了。他已经被撸了，从楚王被撸成淮阴侯了，得靠边站了。之所以，要先撸了韩信，再封功臣，应当也是为了公平起见。

刘邦在正式即位之前，已经给好几个人封王，张耳、黥布等等，他们本来就是诸侯王，从项羽时期就已经是王了，还有彭越也得算是盟友，不能算是手下，可以另当别论。

唯独韩信，他是刘邦的手下，是被刘邦一手栽培提拔起来的，凭什么也给他封王呢？比你资格老的还有好多呢。就因为他翅膀硬了吗？不公平。

所以，必须先把韩信降成侯，不能让他当王了。这样一来，其他手下人也就都不敢有当王的想法了。

除了韩信之外，谁的功劳最大呢？刘邦直接内定了：功劳最大的人，当然是萧何，封酂侯，哪哪儿那万来户就是你的了。哦，对了，我记得当年，有一次我去咸阳出差，好几个同事、弟兄都给我送几块钱当路费，你比别人多给我两块。有这事吧？

萧何：皇上啊，这哪年的事啊，我早忘了。

刘邦：你忘了，我没忘，好吧，一块钱一千户，我再多封你两千户，老子不欠你这个情。

旁边有几位大将不大服气：皇上啊，我们天天给您冲锋陷阵，身上受了那么多伤，扎了那么多窟窿眼。萧何只不过干点舞文弄墨的活，从来没上过前线，凭什么他功劳最大？

刘邦大笑：你们不懂了吧，你们看那个打猎的，在前面追兔子的都是猎狗，可是，这猎狗必须得有人在后面指挥啊。最后，这个兔子打着了，你说是狗的功劳大，还是后面人的功劳大？你们就是那个狗，萧何就那个人！

那几个将领一缩脖子：又来了，咱这主公当了皇帝还这个德性。

没人敢言语了。

然后，还谁功劳大呢？张良。

刘邦：子房啊，齐国那边地好，你看着随便挑吧，给你三万户。

张良一笑：谢谢皇上，我不要这么多。我能追随您，这都是上天注定，您还记得咱们第一次见面在哪吗？

刘邦：子房，我当然不会忘记，当时我刚拉起队伍来，去投景驹，在留城遇到的你。

张良：对，就是在留城。您就把那个留城封给我吧。

刘邦：不行啊，留城太小了，几百户人家，太小了。

张良坚持。最后，刘邦说：好吧，子房啊，要都像你这么谦让，咱这个分封的工作就好做了。好吧，你就是留侯了。

就这样，封了二十多个功臣，这侯那侯的，有万户的、有千户

239

的。其他还有好多功臣，意见达不成一致，都争功，封少了都不干，甚至来找刘邦哭的闹的都有。

刘邦很头疼：好吧，这事先放放吧，萧丞相啊，你们再好好研究研究，以后再封。这会儿，我先把我老刘家的子弟们都封了吧。

于是，他的儿子、他侄子、哥哥、兄弟，都给封了王。这都是皇族，人们也没什么可攀比的。当时人的观念还都是家天下，现在天下都是老刘家的，人家愿怎么封就怎么封，而且，这也是效法周朝的做法，是对秦朝郡县制的一个改革。

说得再准确一点，刘邦其实是实行了一种封建制与郡县制并存的方式，拿出一多半的"天下"，划分成若干诸侯国，分封给功臣和刘姓子弟。剩下一少半，实行郡县制，朝廷直管。所以，接下来，虽然天下一统，但说起来，还是这国、那国的。

刘邦的分封工作告一段落，暂时没动静了。有一天，他发现，手下这帮还没被封的将领们，每天都三五成群地在一起嘀咕事。

刘邦：哎，子房啊，你发现了没有，他们嘀咕什么呢？

张良表情凝重：陛下，他们在搞串联，要谋反。

刘邦大惊：何出此言啊，子房，天下刚太平，谋什么反啊？

张良：您这一段时间，把自己家人和最亲近的功臣，封王的封王、封侯的封侯。以前跟您有仇有怨的，您也杀了不少。这些还没被封的都紧张，之前都跟您这么久，哪个身上没点过失啊，以前是打仗，用人之际，您都宽容、包容他们，现在他们怕您秋后算账。所以，正都琢磨谋反呢。

刘邦：噢，那怎么办呢？

张良：陛下，我问您，您想想，在这些将领里面，您最烦谁？

刘邦脱口而出：我最烦雍齿，最早我刚起兵那会，我让他守着我老家丰城，我自己带兵出去打，结果等我回来，他愣是叛变了，带着丰城投降了周市。以后，还有好几次，都给我整事，但是他给我立过不少功，所以一直忍着，下不了手杀他。

张良：好了，您听我的，立即给雍齿封侯，就都解决了。

刘邦照办，同时也催促丞相那边，你们抓紧拿方案，封侯这个事不能拖拉起来没完。

这一下，没被封的将领们终于踏实了。连雍齿那么遭恨的都被封了，我还怕什么啊，还急什么啊。慢慢等着吧，早晚轮上。

于是，这场危机便过去了。

现实里面，好多搭伙做买卖的，或者一块创业的，开头一块共患难，都挺团结的，轮到最后分享胜利果实的时候就乱套了，分赃不均、窝里反，这样的事太多了。从刘邦这，应当有所启发。

有一天，刘邦又感觉有点不对劲。每次把手下文武百官召集来开个会、吃个饭、喝个酒什么的，就不够这帮小子们闹腾的，大呼小叫的，甚至有喝高了动手打起来的，还跟当年在村里似的，哪哪都一点规矩也没有。

旁边有个人看出了刘邦的心思，这人叫叔孙通，是个大儒，曾经在秦二世手下做博士。陈胜刚起义的时候，秦二世问身边的博士们：你们说说，下面那些地方在闹腾什么呢？

好几位博士照实说：皇上啊，那是造反了，赶紧派兵镇压吧。

秦二世就烦了。

叔孙通赶紧说：皇上啊，根本不是什么造反，谁敢啊，哪那么严重啊，就几个小毛贼打劫什么的。

秦二世听了挺高兴。然后，凡是照实说造反的博士，全部抓起来。叔孙通说得好，赏。退朝。

叔孙通回去之后，有学生质问他：老师啊，您怎么能这样呢？不跟皇上说实话，一味迎合，这是阿谀讨好，这哪是君子之道啊？

叔孙通一撇嘴：我要按君子之道，实话实说，就回不来了，见不着你们了。随后他便逃回了老家薛城。正好项梁刚打到薛城，他就投了项梁。

后来，刘邦打下彭城之后，他又投降，跟了刘邦，还是当博士。刘邦不是讨厌儒生吗？见了儒生就把人家的儒冠摘下来往里面溺尿。没关系，我不穿儒服不就得了，你喜欢我穿什么衣服，我就穿什么衣服。这又不费劲。于是，搞得刘邦比较喜欢他，有时还会跟他要人：叔孙通啊，咱这用人之际，有什么人才，给我搜罗着点。

叔孙通专门找一些干过强盗的，身上背着什么案子的壮士、愣头青，把这样的人物举荐给刘邦。他手底下经常带着百十多号儒生弟子，这些弟子学生，他一个也不举荐。

学生们很不乐意：老师啊，您怎么能这样呢？为什么光举荐强盗不举荐我们呢？

叔孙通脸一沉：我举荐你们干吗，让你们去打仗啊，现在主公要的都是给他冲锋陷阵的，你们玩得了吗？真上去，还不都当了炮灰啊？好好活着，以后有机会，我会给你们想着的。

然后，终于等到了刘邦即皇帝位。叔孙通每天在旁边察言观色，这天，他一看刘邦皱着眉，就明白了，机会来了：皇上啊，您是不是看着文武百官都太没规矩了，太闹腾了，是吧？

刘邦：是啊，这得治理治理，你有办法吗？

叔孙通满脸堆笑：皇上啊，您算问着了，我太有办法了，对于这种立规矩、定礼制，这就是我们的专业啊。

儒者，难于进取，可与守成。

——《史记·刘敬叔孙通列传》

我们儒家啊，打天下，开拓局面，这种进取方面、创业方面，不大在行。但是，对于守成，儒家最在行了。这活儿您就交给我吧，我再去趟鲁地，召集些儒家学者来，一起把咱大汉朝的礼制给建立起来。

刘邦很高兴：好，不过，你可别弄得太复杂了。

叔孙通：您放心吧，

礼者，因时世人情为之节文者也。

——《史记·刘敬叔孙通列传》

礼制这东西，不是死规矩。历朝历代的礼制，都是结合当时的世道人情制定出来的，目的就是让人们的行为有规矩可循，看着更文明，不会太复杂的。

刘邦：好了，你去办吧。

然后，叔孙通去了鲁地，孔子的故乡，儒家的根儿在那，儒家好多大师级的人物都在那。结果怎么着？有两位最有名的大儒看不上叔孙通：你就是个阿谀求荣的小人而已，我们才不跟你共事呢。而且，

礼乐所由起，积德百年而后可兴。

——《史记·刘敬叔孙通列传》

礼乐的兴起，需要一个长期的过程，积德百年才可以。现在天下大乱刚渐消停，还不太平，你就要建立礼制，这不合古义。你快离我们远点吧。

叔孙通乐了：嚯，真拿自己当人啊，

真鄙儒也，不知时变！

——《史记·刘敬叔孙通列传》

迂腐啊，泥古不化，不知道与时俱进。

最后，他在鲁地找了三十多位"与时俱进"的儒生，带着回了长安。还有他的学生们组成一套班子，结合着秦朝礼制，开始研究制定汉朝的礼制。

用了一个多月时间，便弄得差不多了。给刘邦演示了一遍，刘邦很认可。然后，开始推广，教那些文武百官们。

最终，在公元前201年10月的一天，群臣按着这套礼制、仪式、礼节，上朝，觐见朝贺皇帝。那种庄严肃穆，那种天朝气派一下子就出来了。当天也是大摆筵席，没一个人敢大声喧哗的，全部规规矩矩的。

刘邦大悦：哇，我今天才算知道，当皇帝原来是这么尊贵的感觉啊！叔孙通，重赏，赐金五百斤！

叔孙通：谢主隆恩，皇上啊，这也不是我自己的功劳。我找的那些儒生，还有我的弟子们都出力了……

刘邦：好，全部封官。

随后，叔孙通把他得到的赏金全部分给了儒生们。

大家一下子都服了：老师啊，您真是圣人复出。

这个故事挺耐人寻味的，叔孙通被那两位鲁地的大儒视为阿谀求荣的小人儒，不肯与之为伍。然而，恰恰是这个叔孙通为儒家在新的时代找回了自己的价值和体面。

对此，司马迁大为赞赏，称赞叔孙通：

进退与时变化，卒为汉家儒宗。

——《史记·刘敬叔孙通列传》

懂得与时俱进的道理，最终成为汉初儒家的一代宗师。

大直若屈，道固委蛇，盖谓是乎？

——《史记·刘敬叔孙通列传》

看上去，他在曲意迎合，实际上却是致君行道所必需的，他的内心是直的。"道固委蛇"，天下的道路有笔直的吗？没有，都是蛇行的样子，弯弯曲曲的。骑自行车、开车的，那个辙迹也是这样的。

不过呢？那两位被叔孙通骂为"鄙儒"的人，却被扬雄和司马光称赞：

夫大儒者，恶肯毁其规矩、准绳以趋一时之功哉！

——《资治通鉴·汉纪三》

意思就是，礼制不应当向时代和世俗妥协，这两个人坚持得有道理，称得起大儒。

另外，他们的那句"礼乐所由起，积德百年而后可兴"确实值得回味。用现在的话讲，就是一个社会的文明程度是需要时间去培养的，是需要一个长期的稳定发展的社会环境作为基础的。现在总是说，中国游客不文明，到哪都大声喧哗，不排队，各种没规矩，而日本、欧美素质高，其实，不要着急，咱们只是还需要一点时间而已。中央文明委和各级文明办在这方面正做着很大的努力呢！

除了叔孙通，还有一个儒生，对于儒家与时代及皇权的结合，同样作出了很大的贡献，那就是陆贾。他在刘邦身边不少年，经常作为使者联络诸侯，做外交方面的工作。他最了不起的外交成就是联络南越王，这个以后再说。

儒家是很重视外交这方面的，孔子有句话：

> 诵《诗》三百，授之以政，不达；使于四方，不能专对；虽多，亦奚以为？
>
> ——《论语·子路》

你把《诗》三百读得滚瓜烂熟的，可是做官你做不好；出使四方也不能独立应对；即使书读得再好，又有什么用呢？

陆贾就是书读得好，也用得好的这种，事儿都办得很漂亮，很得刘邦的器重。

他时不时地向刘邦推荐：皇上啊，您没事时也看看诗书吧，《诗经》啊，《尚书》啊，都特别好。

有一次，刘邦烦了：

> 乃公居马上而得之，安事读书？
>
> ——《史记·郦生陆贾列传》

老子的天下都是马上打下来的，跟这些诗书有什么关系？

陆贾毫不示弱：

居马上得之，宁可以马上治之乎？

——《史记·郦生陆贾列传》

您马上得天下，还能马上治天下吗？

逆取而顺守，文武并用，长久之术也。

——《史记·郦生陆贾列传》

您得跟商汤和周武王学习啊，他们得天下，建立商朝和周朝，也是靠武力逆势而上打下来的。之后呢，要转换，转换成靠礼乐文化顺势而治来守成，这样文武并用，才是长久之术。秦始皇要是明白这个道理，就轮不到您当皇帝了。

一番话，把刘邦给噎得够呛：兔崽子，说得确实有道理啊。好吧，你小子把历代兴亡的经验教训什么的，给我总结总结，写出来我看看。

于是，陆贾写完一篇就给刘邦看一篇，随写随看。刘邦越看越上道，对儒家，对读书，越来越认可。

刘邦认字吗？不是说，"山东刘项不读书"吗？应当是认字的，就是不好读书而已。另外，他对文人、儒生不怎么感兴趣，这也是读书人自己要反省的问题，曾国藩也经常提醒手下不要被文人忽悠，秦始皇也烦儒生。说明，自古以来，读书人就有毛病。

这回讲的都是文的一方面，温和的一方面。下回，接着讲杀戮。

肯定是文武并用的，刚打下来的江山，哪那么容易坐稳的！

刘邦最强的对手是谁

上回讲了几段刘邦文治天下的故事。

不过，刘邦主要是马上皇帝。他当了皇帝之后，也没享过什么清福，直到死，都还在马上打啊打，有的是智取，有的是强攻，打完了这个打那个。

其中，最强的一个对手是谁呢？咱慢慢讲。

前面讲过，刘邦封过八个异姓的诸侯王，韩信、彭越、黥布、张耳、吴芮、臧荼、卢绾，还有一个也叫韩信（原名韩王信），是原来韩襄王的孙子。

张良最早要复国，辅佐的那个韩国王孙叫韩成，后来韩成被项羽封为韩王，随后又感觉他和张良都是亲刘邦的，就把韩成给杀了。

于是，刘邦又立了这位韩信做韩王。

这位韩王信立过不少军功，打下了原来韩国的十几座城池。不过，中间也出过问题。就是在荥阳失守时，守城大将周苛宁死不降，韩王信当时也在荥阳城，他投降了项羽。然后，瞅机会又逃回刘邦这边。刘邦也没有责怪，还是很器重，你还是韩王，封地差不多就是颍川郡这么个范围。

后来，刘邦当了皇帝，感觉颍川这块的战略地位太重要了，让韩王信管着不大放心。于是，把韩王信的封地给调整了一下，改成了太原以北这片，大致就是太原郡、雁门郡这片，这里大致就是老上党郡，也是原来韩国的地方。

刘邦还交给韩王信一个任务，就是一定要防备好北方的匈奴。

韩王信也很有责任心。本来他的治所在晋阳，可是他感觉晋阳离边塞太远了，主动要求搬到了马邑。

结果，匈奴大军南下，一下子把马邑给包围了。

刘邦赶紧派兵营救。可是，刘邦听说韩王信搞小动作，好几次派使者跟匈奴那边有来往，不知道鼓捣什么事。

刘邦起了疑心：这小子是不是要投降匈奴啊？

于是，他派人穿过匈奴的包围，进入马邑去见韩王信：皇上派我来提醒您，不要投降匈奴。

韩王信本来没想投降匈奴，他派使者跟匈奴来往，只是在想办法谈判，想让匈奴退兵。让刘邦这么一吓唬，慌神了。看来是没活路了，索性真就投降匈奴了。然后，反击太原。

可能他也是不满刘邦吓唬他，但主要原因是本来颍川那边是中原，非常富庶，太原这边要什么没什么，穷乡僻壤的。

韩王信这一反，刘邦正好，有段时间没打仗了，打吧，亲自带兵，北上来打韩王信。于是，大汉帝国第一次跟匈奴交上手了。

连开了两三仗，汉军都大胜，刘邦便有一点骄傲了。当时，他在晋阳坐镇，匈奴大单于冒顿带着主力在代郡和上谷郡这边。

刘邦派出使者，去见冒顿。其实就是打探虚实，沿途顺便查看进攻路线。

刘邦先后派出去的使者有好几位，打了十来个来回了，都说"可击"，可以打，看匈奴那个状态，士兵的状态、兵器的状态、粮草物资的状态，都不怎么样，应当好打。

刘邦很高兴。最后，又把刘敬派出去见冒顿，就是上次建议刘邦定都关中的那位老乡。同时，刘邦调集20万大军，开始北上。

走半道上，刘敬回来了：皇上啊，停吧。我知道前面的使者为什么都觉得匈奴可以打了。确实啊，到了匈奴那边一看，都是老弱病残。可是，在我看来，这是匈奴故意做出的假象，为的就是迷惑咱，引诱咱出动大军，他们肯定设了埋伏。所以，咱不能再上了。

刘邦大怒：胡说，你有什么凭据说匈奴有埋伏啊，我现在20万大军已经在道上了，你要动摇军心吗？来人，给我把这小子关起来。

于是把刘敬给锁了，关起来了。

刘邦气呼呼地说：我先留着你的狗命，等我灭了匈奴，让你看看，再砍你脑袋。

然后，刘邦带着大军就上去了，北上。这时是公元前201年的冬天。也没都上去，20万大军不可能齐刷刷的，说到哪就一起都到哪。刘邦先带着一少部分兵力到了平城。平城东边六七里地有个小土山，叫白登。就在这里，被匈奴四十万大军团团包围。

刘邦一下子傻了，后面的主力被切断了，上不来。而且当时天气奇寒，汉军好多士兵被冻掉了手指头、脚指头。粮草也没带。怎么办呢？叫天天不应，叫地地不灵了。刘邦这才后悔没有听刘敬的话，才知道自己遇到了平生最强大的对手！

那么，这位匈奴大单于冒顿到底是怎么个来头呢？这家伙确实是个狠角色！

前面讲过，方士给秦始皇找了一部纬书说：

亡秦者胡也。

——《史记·秦始皇本纪》

于是秦始皇派大将蒙恬带领三十万大军去打匈奴，把匈奴都打到了黄河以北，然后又追出老远去，还筑了长城，防匈奴。

结果，秦末天下大乱，秦帝国的边防军都调到中原打仗去了，也就防不了匈奴了。匈奴又厉害起来了。

当时匈奴的大单于叫头曼。单于本来是匈奴语的音译，匈奴语中完整的说法是"撑犁孤涂单于"。撑犁就是天的意思，孤涂就是子的意思，单于就是广大的样子，连起来就是天子广大。后来简称单于。

当时蒙恬打的匈奴大单于就是头曼，即冒顿的爹。冒顿本来是太子，等着接班呢。可是，头曼喜欢他的新皇后——匈奴不叫皇后，叫阏氏（yān zhī）。单于的女人，类似皇后，妃子的都叫阏氏。这个称呼很唯美啊。

刘邦不听刘敬劝阻，深陷白登之围

头曼喜欢新阏氏。于是，接下来，就是套路了。就像前面《韩非子》讲的，

> 其母好者，其子抱。
>
> ——《韩非子》

头曼因为喜欢新阏氏，也就只喜欢这位新阏氏的儿子了，就想废掉冒顿的太子之位。

怎么办呢？他先把冒顿送到另一个游牧民族月氏去当人质。这也跟战国七雄时，互送人质一样，也是联盟。

可是，头曼这个联盟太差劲，前脚刚把冒顿送过去，后脚就发动了对月氏的攻击。月氏这边急了，要杀冒顿出气，而冒顿竟然神奇地逃了出来。

老头曼很震惊，自己这个儿子太厉害了，不由得心生爱怜。唉，我这是犯糊涂了，这么优秀的儿子，我得给他机会啊，就拨了一万骑兵由冒顿统领。

冒顿则把心伤透了，寒透了，心里边跟他爹恩断义绝，开始谋划刺杀老头曼。他设计了一种带响声的箭——鸣镝，命令手下，我只要拿鸣镝射什么东西，你们必须也立即射这个东西，违者斩！

然后，出去打猎，他用鸣镝射鹿，手下也都跟着射鹿；他射鸟，手下也跟着射鸟，哪个要是反应慢了，就被他砍了。打了几天猎，都练顺溜了，手下都跟条件反射似的，指哪打哪。

有一天，冒顿竟然朝自己的马，射了一鸣镝。有的手下知道这是他的心爱之物，就犹豫了，是不是太子射错了。结果，就被砍了。

过了几天，他又射自己的老婆。这回又有人不敢射，也被他杀了。

再后来，他射老头曼的马，手下都毫不犹豫，齐刷刷全部射马。他知道时机成熟了。

有一天，出去打猎，冒顿在后面射他的父王，手下也是乱箭齐

发，一下子就把老头曼给射死了。

之后，又把所有反对派全部杀光，冒顿就成了匈奴大单于。冒顿的这个手段其实跟商鞅的立木取信差不多，只是太狠了，禽兽一般。

不过，如果他只是一个禽兽，只知道狠，跟老虎狮子似的，那也不会成多大事。他更重要的一个特点是：有政治家的眼光，政治家的意识。

当时，东胡很强大，派人来向匈奴索要千里马。

手下大臣都讲：单于啊，咱这是宝马，不能给。

冒顿不以为然：再怎么宝贝，不就是一匹马吗，为此得罪东胡，不值得，送！

东胡一看，挺容易，这个冒顿好欺负。于是，过了不长时间，又来跟他要个美女，要他的一个阏氏，这就有点太欺负人了。

可是，冒顿照样能忍：不就一个女人吗，有什么啊，送！

东胡得寸进尺，稍后又来索要一块地：从哪儿到哪儿，那一片，给我们吧。

有匈奴大臣讲：那块地寸草不生，送也无妨。

冒顿一听就急了：胡说！

地者，国之本也！

——《史记·匈奴列传》

土地乃国家之根本，怎能送人？拉出去砍了！

于是，匈奴倾巢而出，发动突袭，大破东胡。紧接着又把月氏、楼烦等好多胡人部落，都打下来了，地盘、人口、畜产等越来越多，实力越来越强。同时，不断南下，长城挡不住了，因为刘邦跟项羽正打得热火朝天的，没人顾得上防匈奴。所以，代郡、上谷郡这些长城南边的地区，也都被冒顿占据了。长城以北，更是他的了。

而且，从他开始，匈奴建立起了比较稳定的国家形态，整个官僚体系还有各种制度都相对规范了。还有就是匈奴史，在此以前的都比较零散，内容很少，以后的就全了，一代代的单于，都干了哪些事，史书的记载都比较完整了。

总之，冒顿开创了匈奴鼎盛的时代，他跟秦始皇、刘邦相比，也是有一拼的，也得说是创业垂统、开宗立派的，是开国之君，雄才武略。所以，他能把刘邦给困住，这并不偶然。

刘邦怎么办呢？明打实在是打不过了，必须从暗处想办法。暗处想什么办法呢？间谍。当年被项羽困在荥阳时，不就是给了陈平四万两黄斤出去搞离间计什么的吗？这一次，陈平又发挥了他神奇的间谍活动能力。他在极短的时间内，竟然就搞定了冒顿的阏氏。这也是套路，前面咱至少讲过两个类似的案例，张仪被困楚国时，勒尚为救他，就去搞定楚怀王的宠姬郑袖；孟尝君被困秦国时，也是偷出一条白狐皮袄去搞定秦王的宠姬。

这位阏氏劝冒顿：

两主不相困。

——《史记·匈奴列传》

两个君主之间不宜把事做绝。您就是杀了刘邦，也没什么好处啊，中原也不适合咱匈奴生活。而且，咱有咱匈奴的神保佑，刘邦有汉人的神保佑，您和刘邦之间可不是一般人之间的争斗，还有各自的神在后面呢。咱还是适可而止吧。

这位阏氏很了不起，她不是找男人来哭闹撒娇的，她知道自己男人的弱点，她以理服人。匈奴的鬼神观念很浓厚，而且，当时冒顿跟韩王信的配合上有点问题，他们不是联合作战对付刘邦吗，因为一点儿事，对韩王信有猜疑。

冒顿一想：现在打刘邦，也打不下来，这么相持着，夜长梦多，别再被韩王信给算计了。最终，他决定放弃，主动把包围圈打开了一个口子。

正好赶上大雾，刘邦在滕公夏侯婴和陈平的护卫下，悄悄潜出，跟后面的主力会合。

冒顿也撤了。

刘邦留下樊哙带着一部分兵力，继续对付匈奴和韩王信，自己就回去了。回来的路上，把刘敬给放了：真让你小子说着了，我这光听前面那些使者的话了，差点没把老命扔这。那些孙子们我都给砍了。你，封侯，给你两千户封地。以后有什么好建议，多提啊。

刘敬很高兴：谢主隆恩，您放心吧。我再好好琢磨琢磨。

然后，刘邦继续往回走，往南走，经过赵国，回关中。他回去了，可冒顿没回去，还是在代郡、上谷郡这片，没事就跟汉军打，打得刘邦也没脾气。怎么办呢？一晃差不多又是一年。

有一天，刘邦把刘敬叫来：刘敬啊，你给我出出主意吧，怎么对付冒顿呢？

刘敬：皇上啊，这问题我也想了很长时间了，没什么好办法。只有一个办法，可是，我不敢说，我怕说出来，您再生气，再把我关起来。

刘邦：别磨叽，有什么办法？赶紧说。

刘敬：皇上啊，我说了，你老人家也未必肯做呀。

刘邦把眼一瞪，这就要发火了。

刘敬赶紧说：和亲。把鲁元公主嫁给冒顿做他的阏氏，那样，肯定就得是他的正宫皇后，将来，生了儿子，肯定就是太子，以后当上大单于，那就是您的外孙子，冒顿就是您的女婿。平时，咱这花不了、用不了的营生，多给这闺女家倒腾点，走得近一些。不就成一家人了吗？

刘邦一撇嘴，一拨拉脑袋：不行，我只这么一个闺女，即便我答应，我媳妇也不答应啊。

刘敬：那就没办法了，您要是找个假公主冒名顶替，早晚得露馅，反而弄巧成拙；或者送个侄女什么的，分量就轻了，肯定当不了正阏氏，将来生了儿子也接不了班，白折腾。反正我就这么一个主意，您自己定夺吧。

刘邦咬了半天牙，最后把心一横：好，就这么办！

可是，别的事，他这个皇帝一言九鼎，说一不二，说了就算。这个事不行，这是家务事，得跟他老婆吕后商量。这话一提，吕后就烦了：刘三儿，你个怂包！为了你打天下，我们娘仨跟你受了多少罪啊。好不容易，你当上皇帝了，还不让我们享福啊？你跟你那些小媳妇们还能随便生，我可就这俩孩子，就这一个闺女。你要是把她嫁去匈奴，我就不活了！

天天没别的事了，一哭二闹三上吊。最后，刘邦也没辙了，只好弄了一个假公主跟匈奴和亲，让刘敬给送嫁，嫁给了冒顿。

对此，司马光感觉挺冒火的，这也确实太怂了，真是民族耻辱。他说：自古以来的帝王都有这个对付夷狄的问题。无非两个办法：

服则怀之以德，叛则震之以威。

——《资治通鉴·汉纪四》

你要是跟咱好好来，咱就跟你也好好来；你要是不老实，那就打，打服你。从来也没有靠这种政治婚姻的手段，老爷们打不过了，就把姑娘、闺女推上去。还有比这更无耻的吗？再者说，那个冒顿连他亲爹都给射死了，还会在乎你一个外国老丈人吗？

而且，当时鲁元公主早就嫁人啦，嫁给张耳的儿子张敖。头两年，张耳已经死了，张敖现在是赵王，鲁元公主是人家的赵王后，你怎么去把人家夫妻拆散了，再嫁给匈奴去啊？

虽然最后没这么做，弄了个假公主，但你有这个想法也不对啊。不过，从这一点上也能看出，刘邦对这个姑爷赵王张敖是够不待见的。就因为他不待见张敖，他还差点被人暗杀了。

怎么回事呢？

刚才讲了，白登之围之后，刘邦返回关中的路上，经过赵国。张敖看老丈人从门口上过，当然得好好招待，要多恭敬有多恭敬。可刘邦呢，一点长辈的稳当样儿也没有，骂骂咧咧的，数落张敖，要多难听有多难听。弄得张敖手下的一帮大臣们，都听不下去了，忍不了了。为首的两个大臣，一个叫贯高，一个叫赵午，私下找张敖：大王啊，刘邦一点也没拿您当国君啊，我们特冒火。我们得帮您出这口气，杀了他得了。

张敖吓一跳，紧张起来了，下意识地咬手指头，把手指头都咬破了，流血了，他也没觉察：爷爷们啊，打住吧。咱这一切都是皇上给的，受点气受点气吧，要什么紧啊。这可不是闹着玩的，千万别再说这话了。

贯高、赵午不死心：好吧，您就当我们没说。

然后，他俩回去开始谋划算计刘邦。

过了不到一年，刘邦亲自北上又打了一次韩王信，中间再次经过赵国。当时天色渐完，正好经过一座小城，刘邦想在当地的馆舍住下，赵国的官员们已经把馆舍都收拾好了。可是，他忽然感觉心怦怦跳，好像要有什么事似的。他问手下：这什么地儿啊？

手下：回皇上，这是柏人县城。

刘邦一惊：柏人、柏人，迫于人也，就是受制于人的意思。这地方不能住，走！

这一走，也就躲过了一劫。因为，就在柏人的馆舍之中，贯高等人早就埋伏好了刺客。刘邦真要住下，可能就完了。

这个事情，一年后被人揭发出来了。

这还了得。刘邦震怒：来人，去把张敖他们都给我抓来！

赵午和十多个参与此事的赵国大臣，一听朝廷来抓人了，怎么办？自杀！都自杀了。

贯高气坏了：你们都是群什么人啊，你们一死百了了，咱赵王怎么办啊？要都自杀了，谁还能说清赵王与此事无干系啊！

于是，贯高跟赵王张敖一起被抓到了长安。

然后，贯高可就遭罪了，严刑拷打，鞭子抽，刀子扎，打得贯高体无完肤。说！是不是张敖主使你们刺杀皇上的？

贯高打死也是那一句：此事与赵王无关，都是我们自己干的。

257

审案的廷尉也没办法，跟刘邦汇报：皇上啊，什么刑都用了，这个贯高太有骨头了，就是不招啊，一口咬定就是自己干的，跟张敖无关。

吕后赶紧在一边也跟着求情：我就说啊，张敖那是咱姑爷，为了咱家闺女，他也不能害你啊。

刘邦的火腾一下就起来了：你懂什么，姑爷怎么了，他张敖要是当上皇帝，什么女人不是他的。

不过，刘邦对贯高挺佩服：真是壮士！有种。我就喜欢这样的人。这样吧，你们找个跟他有私交的朋友，私底下问问他，到底跟张敖有无关系。硬的不行，来软的。

然后，真就找了一位贯高的故人、老朋友。这人带上酒菜到监狱里去看望贯高，把酒言欢：兄弟啊，你跟我说实话，到底有没有赵王的事啊？

贯高苦笑：我这是夷三族的罪过啊，赵王跟我再亲，还比我爹娘、老婆、孩子亲吗？真要是他主使的，我干吗不把他供出来啊，我争取立功表现啊，给我家人争取点活路。可是，明明他就不知道，我能诬告人家吗？

最终，刘邦信了，把张敖给放了。而且，也原谅了贯高，打算把贯高也给放了。那个朋友赶紧去监狱给贯高报喜讯：好消息啊，赵王被无罪释放了，而且皇上决定赦免你。

贯高：真把赵王放了！

朋友：千真万确啊！你也马上就能出去了。

贯高哭了：唉，好啊！我总算没有牵累赵王，我死而无憾了！我感谢皇上的原谅，但我自己不能原谅自己啊，我这是弑杀国君的重罪啊！

说完绝亢而死，自己掐断脖子上的大动脉，自杀了。

这又是一位燕赵悲歌士！

好了。下回看刘邦怎么对付韩信吧。

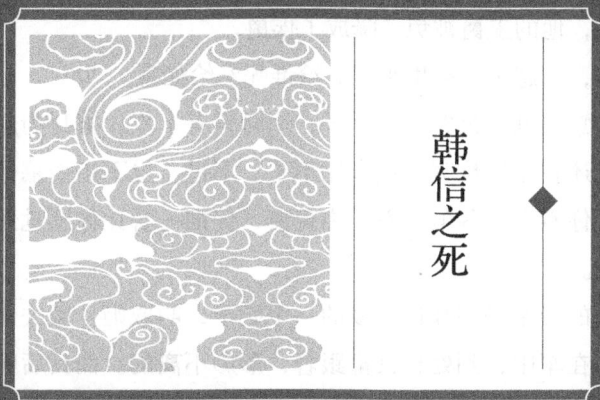

韓信之死

上回讲到，刘邦讨伐韩王信，经过赵国，差点没被赵王张敖的手下给杀了。这个暗杀事件后来被揭发出来，虽然最后张敖被无罪释放，但是，他的王爵被免，降成了侯爵。

于是，"赵王"空出来了。给谁呢？给如意。

刘如意是刘邦最宠爱的儿子，当时只有十岁，被封为赵王。咱十岁时可能还在家尿炕呢，这真比不了。不过，也不用羡慕他。历史，就是要让你看看那些乍一看让你羡慕，仔细一看让你感觉还是自己幸福的人们。

如意的母亲是刘邦最宠爱的一个妃子，叫戚姬，戚夫人。戚姬常年跟刘邦在军中，到处打仗都跟着，形影不离的。而吕后呢，要么被项羽扣着当人质，要么总是在大后方待着，跟刘邦聚少离多。而且戚姬肯定比吕后年轻漂亮。总之，小老婆就比较得宠。

还是那句话：其母好者，其子抱。如意相应地就更讨刘邦的喜欢，没事便搂过来，稀罕一通：哎，这孩子随我，将来肯定有出息，比太子刘盈强多了。

戚姬立即往刘邦身上一粘：皇上啊，咱如意这么随您，您干脆让如意当太子吧，将来把这天下给您治理得井井有条，多好啊。

有上这么几回之后，就把刘邦给说动摇了，把几个亲信的大臣找来：咳，有那么个事，你们说，我要改立如意当太子，怎么样？

大臣们都得说是亲大臣啊，都反对：别、别，皇上啊，这事使不得，废长立幼，这是要乱套啊，您知道吗？

刘邦一撇嘴，不以为然：我知道什么啊，我知道天下是我的，我爱怎么地就怎么地！这事就要这么办，改立如意做太子。

说着，眼就瞪起来了。

大臣们都不敢言声了，心说：这祖宗又要拿出那副无赖劲来，咱先沉沉再说吧。

可是，有个大臣，叫周昌，不管这套，上前一步：不不不行，不不不不……

他不不半天，也说不出话来，因为他口吃，是个结巴，越是着急越说不出来。他哥哥周苛，前面讲过，就是当年守荥阳宁死也不向项羽投降的那位。这哥俩对刘邦都是赤胆忠心的。

刘邦让周昌这一通结巴，给逗乐了：周昌啊，你别别别着急啊，你慢慢慢点说，怎怎怎么不行啊？

他也学周昌。

周昌稳了稳，说道：皇上啊，

臣口不能言，然臣期期知其不可！陛下欲废太子，臣期期不奉诏！

——《史记·张丞相列传》

有个成语，叫"期期艾艾"，这个"期期"就是从周昌这儿来的。"艾艾"，那是说三国名将邓艾，也是个结巴。

刘邦大笑：好吧，我期期不废太子了，以后再说吧。

随后，吕后就给周昌跪下了，因为她在旁边房里偷听呢，全都听到了：老周啊，要不是你，我们娘俩就完了。

于是，刘邦把如意封为赵王的同时，安排周昌做赵国丞相，辅佐如意，也是保护如意。因为，他知道，哪天自己不在世了，吕后肯定会算计收拾如意母子。真有那一天，吕后别人的面子不给，一定会给周昌面子，这样，有可能保得住如意。可惜的是，他低估了吕后，绝对想不到自己的老婆竟然那么狠，狠到什么程度呢？下回再说那段。

周昌之前的赵国丞相叫陈豨（xī），这个名字很少见，当时的楚人管小猪叫"豨",陈小猪,不知道这算个爱称啊,还是后来因为他造反,刘邦给他改成的这个名,很可能是后来给改的。估计本来就是那个希望的希,后来成了反贼,就给加了个豕字旁。

我读曾国藩,有一段著名的刺马案,清末四大奇案,两江总督马新贻光天化日之下,被一个平民刺客给刺杀。那个刺客本来叫张文祥,可是,曾国藩上报朝廷的汇报中,就给这个"文"字,加了个三点水,改成张汶祥。这种做法叫作污名化。

陈豨此前的事迹,史书里一点也没有提到。大致上,他是刘邦的一个亲信,很有才能。此前,他不但当着赵相——赵国丞相,还兼着代国丞相,还管着赵国、代国两个诸侯国的边防军,这个实力太大了,比一般的诸侯王要厉害。

周昌当了赵国丞相,陈豨还是代国丞相,两国军权还掌握着,而且他手下有很多门客,跟战国四君子似的养士。有一次,他回朝廷,随从车辆竟然有千乘之多,经过邯郸时,把所有的客栈都住满了。这个声势、排场太大了,太打眼了。

周昌把这个情况,秘密地汇报给了刘邦:皇上啊,陈豨手握重兵,养这么多门客,会不会整事啊?

刘邦一皱眉:嗯,派人秘密地去调查调查他。

结果这一查,发现,陈豨的这帮门客,五行八作,鸡鸣狗盗,干什么的都有,而且好人少,好多都是作奸犯科之辈,都有案子在身,很多都能牵连到陈豨身上。

陈豨很快也知道刘邦在调查自己,就害怕了。韩王信也听着信了,立即派人来联系陈豨,搞策反。这样一来,有内因,又有外因,就差一导火索了。

正赶上,刘邦的老爹太公死了,刘邦派使者召陈豨回去参加葬礼。陈豨一琢磨:这正调查着我呢,这时候让我回去,什么意思啊?不行,回去肯定死路一条。去他的吧,就造反了。然后,迅速控制了赵、代两国的大部分区域。这是公元前197年的9月。

刘邦怎么办呢?打!又一次亲自出征。他怎么不派个大将带兵去打呢？打韩王信，亲自打；打陈豨，又是亲自打。以后，打黥布还是亲自打。这个问题值得思考。

刘邦带着兵，顺利进驻邯郸。他感觉很庆幸，陈豨如果先夺取了邯郸，并在漳河阻击他，他就不好打了。

他把周昌叫到跟前：周昌，你这样，马上去，在邯郸当地人中给我找几个出头露脸的来，我看看能不能提拔他们做带兵的将领。抓紧时间！

周昌很快找了四个人来，都是邯郸当地有头有脸的。

刘邦歪着脑袋，把这几位上上下下打量了几眼，张嘴便骂：就你们这几块料，还能带兵？

把这几位给骂蒙了，吓坏了，这是要干吗啊，都趴地上，不敢言语。

没想到，刘邦紧接着又大笑：哈哈，老子就要用你们这几块料，灭陈豨那个兔崽子！传旨，封这四位将军千户侯！

这几个人都高兴坏了，心情如过山车，闹了半天这是玩得刘氏幽默。

身边人也都很意外，小声说：皇上啊，您这是干吗啊，以前跟您打天下，出生入死好多年，您都还没给封侯呢。这几位寸功未立，就给他们封侯，说不过去吧。

刘邦黑着脸：唉，你们不懂。现在咱手头上兵太少，调彭越、黥布的兵都调不来，眼下必须把邯郸当地的兵源组织起来。靠谁啊？只能靠这四个当地人。就别管他们有才没才了，现在换人也来不及了，就得靠他们，只要能调动他们的积极性，四个千户侯算什么啊？另外，陈平呢？让你调查陈豨手下的部将都是什么情况，你调查得怎么样了？

陈平：启禀皇上，陈豨的部将多数都是商贾出身。

刘邦：好了，这就好办了。商人不就图钱吗，这事你知道怎么办吧？拿钱砸，要多少钱，给你多少钱。

陈平办这个太顺手了，很快就搞定了陈豨的很多人。

接下来，用了一个来月的时间，便大致平定了陈豨的这次叛乱，把陈豨的主力给歼灭了。陈豨带着很少的兵力，又打了几年游击，后来被樊哙给彻底灭了。

陈豨这一篇翻过去了，且说，刘邦班师回朝，才知道发生了一件大事。什么啊？韩信死了。

咋回事呢？这又说来话长了。前面关于韩信的事情，都越过来了，现在补上，从头说。

前面第44回讲到，刘邦灭了项羽，在回洛阳的路上，在定陶这个地方，又驰入韩信的军营，收了韩信的兵权。这个兵权应当是韩信作为大将军的兵权，并不是说，韩信手下就没有兵了。其实，他手下直接指挥的他的嫡系的兵力还是很强的。这些兵，随着他被改封楚王，也就变成了楚军，成了诸侯国的兵力。

接下来，韩信就任楚王，国都在下邳，就是张良给黄石公拾鞋的那个下邳。他老家淮阴离着下邳也不远，都属于他的楚国。他先回了趟老家，父母都不在了，也没什么亲人，他只找三个人：

头一个就是当年在河边给他每天带饭吃的漂母。还真找到了，本来地方也不大，分别也没几年。这位好心的漂母在他人生最低谷的时候，给了他饭吃，给了他期许和激励。他承诺过，要报答人家，现在终于来履行这个承诺了，送给漂母千两黄金。现在，江苏淮安还有漂母祠、漂母墓，都是文物保护单位。这样一个普通的大妈流芳百世了。这也就像我前面讲过的，成为一个伟大生命的一部分，是实现人生价值的一个捷径。韩信不朽，跟他生命有交集的这些人也跟着能青史留名。当然了，也得体现一种价值，漂母身上体现的就是善、母爱、助人这些美好的人性的价值。

韩信找的第二个人是当年那个亭长。他有段时间一连两三个月，每天上人家蹭饭吃，然后有一天早上去了，发现人家已经把饭都给吃光了，他就烦了，再也不去了。现在，那个人还是亭长。他给这个亭长一百块钱，说：这应当够当年的那些饭钱了，你这个人不行，小人也，为德不卒。

——《史记·淮阴侯列传》

做好人好事，你得做到底啊，不能做到半截，就不做了啊，送佛得送到西天嘛——那时还没佛这概念啊。韩信这个思维也够可以的，这也让我想起一个小故事。

说有个老头，每天在门口坐着，享受那种清静时光。可是，突然冒出几个小孩，每天到点就来这附近玩，吵吵闹闹的。老头嫌闹得慌，想撵这些孩子们，也没啥理由，地方是大家的，又不是谁自家的。怎么办呢？他想了个办法。

这天，他看孩子们又来玩了，就招呼他们过来：哎，小朋友，来来来，爷爷这有糖，每人三块。孩子们啊，你们可得天天来啊，我太寂寞了，你们这一来，给我带来好多快乐啊。以后，只要你们来，我就给你们糖吃。

孩子们接过糖，都太高兴了：谢谢爷爷，谢谢爷爷，以后我们天天来陪您。以后，每天再来时，老头真就每天给糖。可是，给得糖越来越少。开始给三块，后来给两块，再后来给一块，再后来接连三四天，老头一块糖也不给了。

孩子们烦了：这老头，真小气，他不给咱糖，咱就不上他那玩去了。

以后，再也不来了。老头终于恢复了往日的清静。

人的这种心理，很微妙啊。你对他好、好、好、好、好，有一天，不那么好了，他就烦你了。在他心中，你就还不如那些从来不对他好的人了。

所以什么呢？可以得出很多种结论来。不过，我想对年轻的朋友，特别是大学生们讲一种结论，这句话你们一定要记住。

这个结论是：亲情常常输给所谓的爱情。你会感觉那个给你泡了两次方便面的人，比给你做了二十年饭的人更让你感动。醒醒吧，孩子。

韩信找的第三个人是那个逼他钻裤裆，让他忍胯下之辱的小混混。他把这哥们提拔成了中尉，这可是大官，这跟现在的"中尉"军衔可不一样，那时候，中尉相当于首都公安局长，或者叫警备司令，是韩信亲兵卫队的大总管。

这说明，韩信也不是常人思维。他跟手下介绍这个人时说：我这哥们绝对是一壮士，是个人才，当年愣是逼我钻他裤裆。当时，我也想杀他，凭我的功夫，还是能杀他的，又一想，算了，大丈夫小不忍则乱大谋，真要是杀了他，我也就没有今天了。

接下来，韩信的楚王王位还没坐热乎，也就坐了大半年。那头，刘邦便坐不住了。当年冬天，即公元前202年的冬天，有人向刘邦打小报告：韩信要谋反。

到底谁告的，史书没讲。到底韩信是不是要谋反，刘邦也没打算再调查调查、核实核实什么的，他就一个想法：老子得赶紧收拾他。

怎么收拾呢？

把几个心腹大将召来，把这个情况一说，人们立即炸了：打他，皇上，您赶紧发兵，我们去把他活埋了！

只有陈平没言语。

刘邦：陈平，你怎么看？

陈平：皇上啊，这事没这么简单。我问您，有人密告韩信谋反这事，除了咱们这些人，还有其他人知道吗？

刘邦：这是绝密，没人知道。

陈平：那么，韩信自己知道吗？

刘邦：他自己应当也不知道。

陈平：那还不错。那么，您现在嫡系的部队能强过韩信掌握的部队吗？有优势吗？

刘邦一皱眉：这个，要是不加上诸侯国的兵力，还真比不过韩信，没优势。

陈平：皇上，我再问您，咱现在这些将军们有比韩信还会带兵，还会打仗的吗？

刘邦：没有。

陈平：既然如此，发兵去打韩信就悬了，没胜算啊。

刘邦脸色很难看：怎么办呢？

陈平一笑：皇上啊，咱这样，咱这么这么这么办，应当不用费什么劲，就能把他拿下。

刘邦一听，好，依计而行，立即宣布：我现在刚打下了天下，要效法古代的帝王，要巡狩，要去各诸侯国视察，秦始皇五次巡游天下吗，我也要巡游，另外，哪天我到了楚国西边的陈县，咱们要搞个诸侯大会。所有诸侯到时一块在陈县聚一聚。

很快地，刘邦巡游到陈县了，各路诸侯王，不管异姓的还是同姓的，都陆续地赶到陈县。

韩信有点进退两难。他能猜到刘邦这是有心弄自己，怕自己去了陈县就得被刘邦收拾了。想发兵造反吧，又觉得自己也没啥罪过，刘邦不至于拿自己怎么地。而且，各路诸侯王都在陈县，他真要造反，那边一致都跟着刘邦打自己，那个造反肯定也成不了。

怎么办呢？有个心腹给他出主意：大王，项羽的大将钟离昧不是藏在咱这吗，皇上一直通缉他，也通缉不着。为了这个，可能对您有看法、有误会。您干脆把钟离昧杀了，皇上一高兴，跟您喝顿酒，肯定这事就应付过去了。

韩信一狠心，好吧，这也确实是条道儿，便把钟离昧叫来了：老兄啊，咱们多少年的交情，最早在项王手下咱就是朋友。现在，我是想尽力保你，可是我连自己也要保不住了。对不起了啊。

钟离昧一听就明白了，苦笑两声：想不到你韩信就这么两下子啊。刘邦之所以不敢发兵打你，是因为他知道我在你手上，我是你的帮手。我要是死了，你也就快了。

说完就自杀了。

韩信带着钟离昧的人头到陈县参加诸侯大会。一到会场，就被抓了。现在中纪委抓人也这样，专拣开大会时抓人，好抓。

韩信被关进囚车，委屈至极，气坏了，冲着刘邦喊：冤枉啊，我冤枉！你难道真是"狡兔死，走狗烹；飞鸟尽，良弓藏；敌国破，谋臣亡"吗？打下天下来了，你就要烹我，是不是？

刘邦也喊：吵吵什么啊，抓你是因为人家告你要造反！

刘邦把韩信押回洛阳之后就给放了，楚王免掉，降级为侯，淮阴侯。

刘邦做事情还是有底线的，他也得说是侠者出身，对于韩信这样的英雄豪杰，又是他一手提拔起来的，他是打心眼里爱惜的，那种感情可以想象。而且，他是皇帝，如果上来不分青红皂白就把韩信给砍了，跟天下人也不好交代，那样，诸侯大会上的各路诸侯得怎么想啊。

他就想，彻底收了韩信的兵权，你小子哪也别去了，就在我眼皮子底下待着吧，谅你不能怎么蹦跶了。

韩信随后就像个文官似的，每天上下班，上朝退朝，心里面要多郁闷有多郁闷。他本来自负的要命，满朝文武没有一个入他眼的，曹参、灌婴这个级别的曾经都是跟他混的。可是，这群他不待见的人，现在都跟他成了平级的同事了。唉，真是够没劲了。天天请病假，我病了，上不了朝了，在家窝着。

有一次，也不知有个什么事，他去樊哙家。樊哙可是刘邦的一担挑啊，也是著名将领，以勇猛著称，粗人，可是对韩信毕恭毕敬，"跪拜送迎，言称臣"，为臣拜见韩王，您能来我这，我太荣幸了，这么跟韩信说话。韩信表面上也可以，啊，樊将军什么什么的。可回去之后，就对人当笑话讲了：没想到，我这辈子竟然混得跟樊哙一个杀狗的为伍了。

随后，这话肯定就传出去了。你说，这得多招恨啊。所以，最后仅凭吕后一个妇人就把他给办了，多半就因为他这张嘴，把人都给得罪了，关键时候根本没人帮他。

韩信唯一服的，只有刘邦。为什么服刘邦呢？

他们之间有一次闲聊。一开始是聊这帮将领，谁谁水平怎样，能带多少兵；谁谁水平怎样，能带多少兵。聊到最后，刘邦问：韩信啊，你看我能带多少兵？

韩信答：皇上啊，您最多带十万。

刘邦又问：那你呢？

韩信毫不谦虚：

臣多多而益善耳。

——《史记·淮阴侯列传》

刘邦大笑：好一个多多益善啊。你多多益善，怎么还是让我给抓了呢？

韩信一撇嘴：皇上啊，是这样，虽然您带兵的能耐不算大，但您带将的能耐天下无双。而且，您是，

天授，非人力也！

——《史记·淮阴侯列传》

听明白了吗？韩信服的是两条：一是刘邦用人的才能；二是，"天授，非人力也"。其实头一条，韩信这是卖个乖而已，他能带兵多多益善，当然也能带将。韩信真心想说的，可能只有第二条，就是他得认命，天意如此。

司马迁著《史记》，对自己有一个期许，就是那句著名的话：

究天人之际，通古今之变，成一家之言。

——司马迁《报任安书》

天人之际，天与人之间的边际。有的事情就是天授的，天决定的，人力办不到。这上面体现着中国人的宗教情怀，中国人的人生观与世界观，值得玩味，以后咱再讲。

那么，韩信最后是怎么死的呢？

史书上说的是，韩信最后确实是谋反了。说，陈豨被派去掌管赵、代军权之前，跟韩信有一次密谈。韩信主动提出，只要陈豨起兵造反，他就会在朝中配合，里应外合。后来，陈豨真就造反了，刘邦亲自带兵北上，本来要带着韩信从军，可是韩信装病故意不去，想在长安发动政变，攻杀吕后和太子。

可是，发动政变得有兵啊，得有政变的人啊。韩信又没有军权，怎么弄呢？说是，韩信准备假传圣旨，把长安监狱里关的犯人都释放了，把达官贵人家里的家奴也都给解放了，然后组织这些人去攻打吕后。

有点扯啊，是吧。对于吕后编的这个故事，只能让人呵呵了。史书就这么记的，咱就这么听吧。

结果，韩信解放家奴的计划还没实施，就被人给告发了，告给吕后了。吕后找来相国萧何：老萧啊，你看怎么办？

萧何说：皇后啊，您放心吧，成也萧何，败也萧何嘛。韩信是我举荐起来的，现在我灭他。

然后，萧何派了个太监去召韩信：宣淮阴侯韩信入宫，皇上已经把陈豨给灭了，回来了，要召见诸侯群臣进宫一起庆贺。有病也得去。

韩信信以为真——到死还是这么傻，这就是一物降一物啊。韩信一进宫门，便被埋伏好的武士给绑了。就地正法，没得缓，直接就给砍了，夷三族。

那个时代最杰出的军事统帅就这样被一个妇人给杀了，还给编排了一个那么拙劣的理由。

刘邦听完整个过程之后，且喜且怜之。

喜的是这头猛虎，这个心腹大患终于解决了。韩信太厉害了，也太年轻了，到死时，只有35岁啊。他灭掉项羽时多大年纪呢？29岁。可是，刘邦已经老了，60岁了，又是一身伤病，哪天说走就走。刘邦在，韩信还有个怕的，刘邦要没了，谁也降不住韩信！

怜的是什么呢？天下是韩信给打下来的啊，这孩子没做什么对不

立下汗马功劳的韩信惨遭吕后毒手

起自己的事啊，一次一次让自己夺军、夺权，现在又夺了命。唉，内心有愧啊！

刘邦问吕后：韩信临死前说什么了吗？

吕后：噢，说啦，他说了一句，

吾悔不用蒯彻之计，乃为儿女子所诈，岂非天哉！

——《史记·淮阴侯列传》

刘邦：蒯彻，这小子我知道，有一套。来人，把那个蒯彻给我抓来。

过了几天，蒯彻抓到。刘邦亲自审问：是不是你之前教给韩信，让他造反？

蒯彻老实承认：是啊。可惜这傻小子不听啊，所以才有如今的下场。

刘邦大怒：把他拉下去，烹了，下锅煮了。

蒯彻大喊：冤枉啊。

刘邦差点没气乐了：你这还冤枉啊？

蒯彻：是啊，皇上。我教韩信，那不是现在啊，我教韩信那时候，独知韩信，不知陛下，那时候，他就是我的君，我只为他尽忠。那时候，天下还不知道是谁的呢，打我这样主意的人多了去了，您还都给烹了吗？

刘邦一拨拉脑袋：好，有理，放人！

韩信死后，刘邦也就快了，他死的时候，其实也挺难受的，怎么个难受劲呢？咱们下回再说。

另外，那个造反的韩王信，也是公元前196年死的，被刘邦的手下将领给打死了。两韩信，几乎同时而死，也挺宿命的。

刘邦版
霸王别姬

上回说到，吕后杀了韩信，刘邦且喜且怜之。除掉了一个心头大患。

然后，还有一个跟韩信分量差不多的人物。谁啊？彭越。

刘邦看彭越也不顺眼，正憋着气呢。为什么呢？上回讲了，刘邦带兵北上打陈豨，到了邯郸之后，封了四个当地人为侯，为的是动员当地的兵源。因为，刘邦征调各路诸侯王的兵，人家都不来。也不明说不来，都各种理由，要么拖着，要么派点人来应付一下，没人真心诚意。其中就包括梁王彭越，他跟使者说：您回去跟皇上说吧，我病了，实在去不了。我让那谁谁带着兵跟皇上去吧。

刘邦当然很生气：你真病假病啊，怎么早不病晚不病偏偏这会儿病呢？肯定是装病。于是，回到东都洛阳之后，又打发一个使者到彭越的国都定陶，把彭越骂了一顿，连骂带吓唬。

彭越挺委屈，他是真病了，想去洛阳跟刘邦当面解释一下。他手下一个谋士劝他：大王啊，皇上让您跟着打仗，您说有病去不了。现在又要去洛阳，皇上得怎么想啊，怎么这会儿没病了呢，更说明之前是装病。那样的话，准保有去无回。不如反了吧！

彭越不敢造反，也不敢去洛阳了，跟刘邦的使者说：先生啊，皇上骂我的，我一定好好领会学习，您回去跟皇上解释一下吧，我确实是病了。

然而，不怕没好事，就怕没好人。彭越一个手下跟彭越有矛盾，彭越想杀他，这个人跑到洛阳告状：皇上啊，彭越跟谋士商量谋反来着，我亲耳听见的，怎么怎么说的。

刘邦更气坏了。怎么收拾彭越呢？他又把陈平等人找来，研究出一套方案，派出一批特工，都以使者的身份，再去找彭越。见面之后，出其不意，就把彭越给控制了。究竟怎样的细节，史书也没写。反正就把彭越生生给抓了，押回洛阳，交给廷尉，关进大牢，审。审了一通，最终认定彭越"反形已具"，确实是有谋反的样子。请皇上发落吧。

刘邦还不错，没立即给砍头，而是把彭越贬为庶人，发配到蜀地。

其实，一看这个谋反就是生扣的帽子。真要是谋反，派多少特工去也抓不回来啊，那样的话，彭越得是怎样高度戒备啊。而且，刘邦也不可能给判这么轻，至少也得夷三族。

所以，彭越感觉特别冤。有什么法子呢，走吧，就被押着往蜀地去，往西走。结果，半道上正好碰上吕后。吕后正好从长安往洛阳来。

吕后一看：这不彭越吗？哎哟，这是怎么了？

彭越看吕后这意思，还挺向着自己似的，以为见着救星了，哭了：皇后啊，是这么回事，我这是被冤枉的啊。您可得给我做主，帮我去跟皇上好好说说。

吕后：好，彭越，没问题！你给咱大汉江山立这么大的功劳，皇上不能冤枉你。那谁谁啊，你们都听着，梁王得跟我回洛阳见皇上去，蜀地先不去了。

于是，彭越跟着又回了洛阳。他以为，即便不官复原职，起码也不用发配了吧。可他哪知道，吕后这个史上最毒的女人，她见了刘邦，就把刘邦给数落一通：老头子，你是不是又犯糊涂了？彭越这样的人物，你把他扔天边上去，他也照样厉害啊，不知哪天就得杀回来。幸好，我把他糊弄回来了，赶紧杀了他，麻利儿的！

刘邦有点为难：他没什么罪过啊，给他安了个罪名，发配了，也可以了。

吕后：你快歇歇吧。这事你不用管了，我给你办吧！

刘邦：好吧，你能耐你弄吧。

于是，吕后暗中找来一个彭越的手下：那谁啊，告诉我，你有什么愿望，我都可以满足你，你只要去举报一下彭越谋反就行了。

然后，就在韩信被杀死的两个多月后，彭越也被杀死了，以谋反之罪被夷三族，还被枭首示众。刘邦还下令：都瞅好了，谁敢给彭越

275

收尸，就一块逮了，全部杀掉。

有道是，一不做，二不休。既然认定彭越谋反了，就得弄得跟真事似的，很愤怒的样子。其实也收不了尸了，光剩下人头了，身体整个的都被剁成了肉酱，这叫菹醢。醢刑，是专门用在谋反的罪犯身上的。

结果，当天就有个人来到彭越的人头下面放声大哭，一边哭着，一边祭拜行礼，还念念有词的，也不知道他念叨的什么。旁边官兵一看：好小子，还真有胆大的啊。就抓了，给刘邦送来了。

刘邦心中窃喜：真有种啊，我喜欢。我得再吓唬吓唬他。来人，拉下去，把他给我烹了！

武士们呼啦一下就把这人给架起来了，要往开水锅里扔。

这人喊了一嗓子：停，我还有一句话！说完了，再烹我。

刘邦：停，停，好，你说说吧。

这人不卑不亢、不慌不忙，往那一站，把刘邦给数落一通。主要意思就是刘邦忘恩负义，彭王给你立这么大功，当初彭王要是支持项羽，你小子早就喂狗了。现在，也不知道真的假的，因为点什么破事，你就把他夷三族了，你手下那些功臣们还不都人人自危啊。彭王有恩于我，他死了，我也不想活了。赶紧烹吧！

刘邦大笑：好！真是个汉子，重情重义啊。放了，给封官！

刘邦这个性格得说是英雄本色啊，司马迁也是由衷赞赏。

这个人是谁呢？他叫栾布，《史记》里他和季布并列一传。之所以列在一起，估计是因为他俩都叫布，都是跟刘邦对着干过，却被刘邦爱上的那种壮士，而且后来都成为汉朝名将。

栾布跟彭越不是一般交情，他们是发小，小时候在一块玩，又出去一起打工。后来两人各自发展，栾布成为燕王臧荼手下的将领。刘邦灭臧荼时，把他也给俘虏了，也要砍头，被梁王彭越给及时地救下了。

刘邦杀彭越的时候，栾布正好到齐国出差去了，回来才知道彭越已经被枭首示众，而且禁止收尸什么的。他不管那套，把我一起杀了，正好。我的好兄弟、恩人又是国君，死了，我也不活了。他立即跑到示众的地方，冲着彭越的人头，汇报了一通出差的工作情况。旁边人还以为他发神经呢，也不知道他念叨的什么。

司马迁把他和季布放在一个传里，还有一层用意在于要做一个对比。季布是宁可卖身为奴也要保命，摧刚化柔；栾布则是视死如归。同样都是英雄所为，同样都是对生命的重视，表现出来却截然不同。这很值得我们认真反思。我读《史记》，就是读到这篇《季布栾布列传》，才读出了那种荡气回肠的感觉。

接下来，还有一个让刘邦惦记着的人，就是黥布。

栾布说得没错，韩信、彭越被接连杀死之后，"功臣人人自危"，都怕下一个就会是自己。

刚才讲了，彭越是被施以菹醢之刑，被剁成了肉酱。然后，这些肉酱被分开装饭盒里，

盛其醢遍赐诸侯。

——《史记·黥布列传》

各路诸侯，一家送一饭盒，里面是彭越的肉酱，这就是谋反的下场。

你想去吧，收到饭盒的人都得是什么感觉啊。

现在纪委每天搞警示教育，参观监狱、做纪录片什么的。我看，怎么弄也没这个震撼。

别人怎么被震到，史书没写。《史记》上只写了一个人的反应，就是淮南王黥布。当时，黥布刚打猎回来，听说皇上给订了份外卖送来了，接过饭盒一看，吓坏了。

因大恐，阴令人部聚兵，候伺旁郡警急。

——《史记·黥布列传》

把使者打发走了之后，立即开始秘密召集兵马，一级战备，探子们都撒出去，盯着旁边郡国有什么风吹草动，随时报告！

还是那句话，不怕没好事，就怕没好人。

就在这个紧张时期，黥布的后院出了点麻烦。他有个特别宠爱的王妃，他感觉有点问题，什么问题呢？他这个爱妃生病了，去一个医生家里看病，看完病之后呢，没立即回王宫，而是留在医生家里吃饭。而且，还有一个男人作陪，帅哥，也是黥布手下的一个官。

这情况传到黥布耳朵里了。暗中调查一番，发现，这小子竟然在追求他的爱妃。

男人最怕什么？最怕头上长草，长青草，绿。

黥布大怒：去把这小子给我抓来！

结果，这小子早跑了，跑长安去了，跟刘邦告状：皇上啊，黥布要造反了，他正集结兵力什么的呢，您得先下手为强啊。

刘邦立即派人调查。

黥布一看这架势，爱咋地就咋地吧。我得先把这个气给出喽，当即把那个情敌的全家给杀光，然后发兵造反。那个势头也是很凶猛，迅速占领了挨着淮南国的荆国和楚国。

刘邦当时的身体已经不大行了，正生着病，本来想派太子刘盈带兵去打黥布的。可是，架不住吕后又一通哭闹，而且，更重要的是，她冲刘邦讲的那套理由太充分了，很有说服力，她说：皇上啊，他爹啊，那黥布是天下第一流的猛将，又擅长用兵。你让咱儿子去跟他打，那打得了吗？他也没打过仗啊，咱那些将领们以前都是跟你称兄道弟的，在他们眼中，咱儿子还是个娃娃，他们能听他的指挥吗？你说，那羊能指挥狼吗？真要这么上去了，黥布放手打上一个胜仗，他就得一鼓作气打到长安来，那时你后悔就晚了。你现在是有病，可是，你为了老婆孩子，说什么也得再拼回命，还是你亲自去吧！

刘邦听完，气得够呛：老子就知道这个兔崽子指望不上。好吧，你说得也确实有道理，我还是自己上吧。

那么，吕后怎么这么会说呢？因为后面有高人指点。什么高人呢？商山四皓，四位隐居在商山的绝世高人。怎么回事呢？

上回说到，刘邦特别宠爱戚姬戚夫人，"其母好者，其子抱"，也就特别宠爱戚夫人生的儿子赵王如意，就想废了太子刘盈，改立如意，将来传位给如意。

当然，喜欢哪个孩子也全是因为孩儿他娘。孩子特别小的时候，可能是这样。孩子大了之后，是不是讨他爹的喜欢，跟他娘是谁，可能就关系不大了，就得看父子之间直接接触交流的情况怎么样了。而且，刘邦想要废立太子，不可能跟大臣们说，我喜欢如意他妈，不喜欢刘盈他妈。他当时的理由是：刘盈"不类我"，"如意类我"。太子刘盈不随我，跟我思维方式不一样，做事方式不一样，老是拧着；如意随我，将来，让我放心。所以，我想把皇位传给如意。

刘邦这种心理，为人父母者都可能有所体会的——当然，你得有两个以上的孩子，这挺正常的。

大臣们多数都反对，包括周昌期期不奉诏，把刘邦给逗乐了。

刘邦表面上同意不废了，实际上一直没死心。吕后很紧张，怎么办呢？我得找人给我出主意。找谁呢？找张良。吕后打发他二哥吕释之去找张良。张良当时是半隐居的状态，刘邦要是有什么要紧事，比如打韩王信、打陈豨，就把张良叫来，问问计策什么的。平时，张良不问世事，因为他觉得自己人生的使命已经完成了。为韩国报亡国之仇，散尽家财，博浪沙刺杀秦始皇，然后辅佐刘邦灭了秦朝，刘邦封韩王信为王，应当也是冲着他的面子。另外，

> 以三寸舌为帝者师，封万户，位列侯，此布衣之极。
>
> ——《史记·留侯世家》

这都到头了，一个布衣百姓的人生理想全部实现了，没事了。接下来干吗呢？

> 愿弃人间事，欲从赤松子游耳。
>
> ——《史记·留侯世家》

人间的事我不管了，接下来，我就跟赤松子混了。赤松子是上古

神仙，意思就是我只管一心修仙修道了。

怎么修呢？

> 学辟谷，道引轻身。
>
> ——《史记·留侯世家》

辟谷，就是不食五谷，不吃饭；道引，大致就是气功和体操。

这都是道家的修身养性之术。张良身体不好，体弱多病，他通过修炼辟谷和道引之术来调理自己。这种修炼方式，直到今天仍然有很多人在练习，据说效果都很好。

张良至少活了七十来岁，他的出生年月，史书没有记载，不过，前面分析过，他应当比刘邦年长。然后，他是刘邦去世八年后才死的。刘邦是享寿六十。所以说，张良得活到了七十岁以上。人生七十古来稀，一个体弱多病的人，能有这样的寿命，说明他的这种辟谷、道引的养生方式还是靠谱的。

我见过练习辟谷的，给我感觉，他的状态确实不错，眼睛特别亮，气质跟常人也大不一样。弄得我也有心练练，不过，一琢磨得坚持多少多少天不吃饭，还是算了吧。

吕后跟我想法一样，她后来有一次硬是劝张良吃饭：子房啊，

> 人生一世间，如白驹过隙，何至自苦如此乎！
>
> ——《史记·留侯世家》

人活这一辈子，就像白马飞奔过一条缝隙，眨眼间便过去了，该享受就享受吧，你不吃饭，这得多难受啊，必须吃啊。

张良：好吧，我吃。

应付着吃了几口。以后，还是一直坚持辟谷。

这一点上，也看出张良对于道家思想的高度认同，且认真实践。包括，前面他只要留城很小的地方做封地，也是基于一种道家智

慧——谦退保身，功成身退。

他并不是刘邦的嫡系，他是半道上才来的，跟萧何、曹参、夏侯婴这些人都没法比。所以，虽然他是刘邦最重要的谋臣，但很少主动献计，好像只有两三次是他主动给出主意的，鸿门宴前是一次，同意韩信封齐王算一次，这都是比较紧急的情况，还有烧栈道也算一次。别的时候，都是刘邦问计于他，子房啊，你看这事怎么办啊？他才说，您应该这么办这么办。不问到他头上，他不言语。当然，这首先是一种帝王师的姿态。《易经》里有句话：

> 匪我求童蒙，童蒙求我。
>
> ——《易经·蒙卦》

做老师的，没有上赶着学生，教学生如何如何的；都得是学生有求教，才教。

另外，这更是一种明哲保身的做法。

在刘邦废立太子的这件事上，张良更不可能主动找刘邦提什么建议。所以，吕释之找到张良之后，劈头盖脸地质问张良：老张啊，你不够意思啊，你是皇上最器重的谋臣，现在皇上要废太子，你怎么就不劝劝呢？怎么能袖手旁观呢？

张良赶紧解释：吕老兄啊，不是我不劝啊，问题是，我劝也劝不了啊。以前我给皇上出谋划策，那都是打天下的事，都属于工作上的事情。现在这事是皇上的家务事，骨肉之间的事，外人说不上话的，一百个张良劝也不管用的。

吕释之：那我不管，反正我妹让我找你，你必须给想个招。

张良：好吧，我琢磨琢磨。这样，有这么个招，可能管点用，我也不确定啊。你去跟皇后说，有四位高人，是以前秦朝的博士，现在都隐居在商山，都八十多岁了，头发全是白的，号称"商山四皓"——皓就是白嘛。四个白头翁都是大才、奇才，皇上一直想请他们出山，可是请不动。人家嫌咱皇上一身流氓气质，逮谁骂谁，这个，人家受不了。你想什么办法也得争取把他们请出来，当太子的门客，每天跟着太子。哪天让皇上看见，皇上肯定就会对太子另眼相看的，或许能打消废立之念。

吕释之很高兴，按着张良教的，卑辞厚礼，真就把"商山四皓"给请来了。

然后正赶上刘邦要派太子带兵去打黥布。这四个老头一商量：咱来不是吃闲饭的，咱是来保太子之位的，便跟吕释之、吕后说：坚决不能让太子去，

> 太子将兵，有功则位不益太子；无功还，则从此受祸矣。
>
> ——《史记·留侯世家》

你即便打胜了黥布，立了大功了，还能有什么好处呢，太子不已经到头了吗？可万一没打胜，或者出点什么问题，那不就正让皇上有借口了吗，不就正好废了你吗？所以，坚决不能去。皇后娘娘啊，您就跟皇上这么说，就行了。

于是，吕后按着商山四皓教的，真就把刘邦说服了。

刘邦拖着病体，亲自带领大军，去打黥布。公元前196年10月，两军交战，当时，刘邦远望黥布的阵列——这完全是项羽的套路啊，哼……刘邦气得够呛，向黥布喊话：老布啊，你没事造什么反啊？

黥布给回了句：咱也想当皇帝呗。

刘邦大怒：冲！

一举把黥布击溃。黥布只带着很少的兵落荒而逃，最后，被他大舅哥长沙王吴臣，就是吴芮的儿子给诱杀了。

刘邦在这次战役中，也受伤了，被流箭射中。本来他就有病，现在更厉害了。他便想赶紧把"废太子改立如意"的事给落实了，再拖下去，不知哪天自己一觉睡着就醒不了了。可大臣们还是都反对。

这一次，表现最激烈的是叔孙通，就是那个为汉朝建立儒家礼制的大儒，他是太子太傅，太子的老师。他说：皇上啊，秦始皇的教训

不就在这摆着吗，他要早早把老大扶苏的太子之位给明确好了，稳当住了，可能就亡不了国了。

太子，天下本，本一摇，天下振动。

——《史记·刘敬叔孙通列传》

太子，是国家稳定传承发展的根本。这上面出一点问题，有一点动摇，事关江山安危啊。

今天，咱的太子仁孝，没什么缺点毛病啊；吕后娘娘跟您是结发妻子，同甘共苦这么多年，您干吗对这娘俩这么决绝啊？

总之，您要是不听我劝，非要废长立少，我就一头撞死在您面前！

然后，真就要撞死。

刘邦赶紧叫人给拉住了：行了，行了，听你的，不废了。

可是，刘邦嘴上这么说，心里呢，还是不甘心。

这一天，刘邦感觉身体状态不错，把家人还有最亲近的大臣叫到一起吃饭。发现太子带的四个随从太酷了，别人的随从都是金童玉女美少年，太子带了四个老头，须眉皆白，衣冠甚伟。便问：哎，这几位都什么人啊。

商山四皓施礼回答：回皇上，老朽谁谁谁，这是谁，这是谁。

刘邦大惊：早就听说您几位了，请你们多少次，你们都不出山，没想到今天得见啊。

商山四皓：真对不起啊，皇上，之前，我们没来，是怕适应不了您的脾气。可是，太子仁孝，礼贤下士，天下闻名，所以，我们来追随太子了。

刘邦很高兴：哎呀，有劳几位啊，以后太子还得劳烦您几位多费心。

随后，宴会散了，刘邦把戚夫人叫到跟前，指着商山四皓的背影：唉，心肝啊，你死心吧。我爱你，爱你们娘俩，想废了太子，立如意。可是，现在太子有这样的高人辅佐，他的位置已经稳当住了，动不了。以后，你就好好地侍候吕后吧！来、来、来，为我楚舞，吾为若楚歌。

——《史记·留侯世家》

再给我跳一支舞吧，我再给你唱一支歌。

戚夫人泪如雨下，翩翩起舞。刘邦也悲凉满怀，一歌三叹：

鸿鹄高飞，一举千里。羽翮已就，横绝四海。

横绝四海，当可奈何？虽有矰缴，尚安所施。

——《史记·留侯世家》

横绝四海，当可奈何？

我刘邦从一介平民，一举千里，用无数成功，最终，累积成了皇帝。天下都是我的了，可是，又能如何？照样有无可奈何之事！

虽有矰缴——矰缴就是箭身后面连着绳子的那种箭，可是往哪射呢？作为皇帝，我对所有人物生灵，都有生杀予夺的权力，可是，有这个权力又能如何呢？我能随随便便用这个权力吗？想把太子废了就废了，我能吗？不能。

当了皇帝，恰恰是没了自由，恰恰更多的身不由己啊。

在我看来，这番悲凉的歌舞，是刘邦与戚夫人的一出霸王别姬。

项羽、虞姬的霸王别姬是在一片刀光剑影之间，战马嘶鸣，野火燃烧，两个相爱的人相继自杀，非常悲壮。

而刘邦与戚夫人呢？是在富丽堂皇的皇宫深处，在富贵的巅峰，刘邦的歌声，伴着戚夫人的舞蹈，一生繁华，即将落幕。

不久，刘邦在家人的陪伴下，病死在床上；而他最爱的女人戚夫人，被他的患难妻子吕后剁掉手足，挖去双眼，成了"人彘"；他最爱的儿子如意，最终也没有保全性命。甚至其他的几个儿子也没保住。

这样的一场霸王别姬，是不是更沉痛绵长呢？

好了，下回再说刘邦之死。

刘邦之死

上回讲到，刘邦带病出征，灭了淮南王黥布。

在他回来的路上，正好经过沛县，他的家乡，他的整个青春都在这里，所有的作为一个平常百姓的日子都在这里，他的一多半的生命都在这里。

他肯定知道，这是他最后一次回家乡的机会，不能再匆匆而过了，就住下了。然后，

悉召故人父老子弟纵酒。

——《史记·高祖本纪》

把父老乡亲们都叫来：喝酒！老少爷们们，今天我请客，大家随便喝。

刘邦喝得高兴了：拿筑来。

手下赶紧把筑给捧上来，就是高渐离玩的那种乐器。

刘邦一边击筑，一边放声高歌：

大风起兮云飞扬，威加海内兮归故乡，安得猛士兮守四方！

——《史记·高祖本纪》

他不是自己唱，还有乐队伴奏。准确地说，是一个合唱团给他伴唱。

他提前挑了120个沛县的小孩，组成一个合唱团，提前都教会了。这些孩子们跟着刘邦一起唱。

在孩子们的童音歌声中，刘邦把筑放下。

高祖乃起舞，慷慨伤怀，泣数行下。

——《史记·高祖本纪》

此时，刘邦的身体已经不大行了，又喝了很多酒，晃晃悠悠，跌跌撞撞，那是怎样的一番心境呢？那么多的悲欢离合，那么多的生死劫难。他肯定会想起很多人，爱过的人，恨过的人。他会想到他的父亲，他知道，这绝对是他父亲最喜欢的场面，他老人家要在，该有多好啊。

刘邦其实挺孝顺的。当年项羽要烹了他父亲，他却说，烹了就得分他一杯羹，那是非常情境下的一句气话。

他得了天下，当了皇帝之后，

五日一朝太公，如家人父子礼。

——《史记·高祖本纪》

每五天都得过去看一次父亲，给父亲请安，跪下磕头，行家人父子之礼。

有一天，刘老太公的管家给老头提了个建议：老爷子啊，有道是，

天无二日，土无二王。

——《史记·高祖本纪》

现在普天之下，那得是皇上最大啊。他是人主啊，您是他爹不假，可也是人臣啊。人主拜人臣，这不大合适。

如此，则威重不行。

——《史记·高祖本纪》

287

这有点影响皇上的威严。您说是吧？

太公觉得有道理：儿子打天下我也没给帮上什么忙，我这还给儿子造成不好的影响，这不行。

于是，下次刘邦再来给他请安时，老爷子早早地迎候在门外。刘邦有点奇怪，紧着上前两步。

老爷子赶紧倒退两步，倒着走，引领刘邦进门。刘邦大惊，一把把他爹给拽住了：爹啊，您这是怎么了，怎么跟我还用这个礼节啊？这不反了个了吗？

太公说了：儿啊，你现在是皇帝、人主，不能因为我，乱了天下的规矩、礼法。

刘邦被气乐了：爹啊，您可逗死我了，这都什么礼法啊。叔孙通呢，你赶紧给我把这一块设计设计啊。到什么时候，爹也比皇帝大！父子在前，君臣在后。

于是，把他爹给尊为太上皇，在皇上上面。老爷子踏实了。

过了一段时间，刘邦感觉他爹不大开心，闷闷不乐。

刘邦：爹啊，您这是怎么啦？哪不舒服吗？有什么事吗？

他爹也不说：啊，没事，我哪有什么事啊。

随后，刘邦问他爹身边的人：老爷子这是怎么啦？

有人说：回皇上，老爷子就是想家啊。虽然如今好吃、好喝、好住、好穿的，但是他闷得慌啊。他的那帮朋友，都还在老家丰县呢，什么屠贩少年、酤酒卖饼的、斗鸡蹴鞠的，跟那帮人在一起，老爷子才快乐。这里，什么都没有。

刘邦一听：对啊。这事好办，那谁谁，这样，你去趟丰县，把我爹的那帮熟人，整个朋友圈，全部都给搬到长安来。原来干什么的，到这还让他干什么；原来住什么的，咱照样还给他盖什么。咱就把我爹在丰县的生活整个复制过来，给弄成一个新丰县。

费了老大劲，真就弄好了，老爷子终于高兴了。

有时，刘邦还跟他爹开开玩笑，逗他爹开心。公元前198年，未央宫终于建设完工，一个庞大的宫殿建筑群，要多气派有多气派。

刘邦召集诸侯百官,一起庆贺,大摆筵席,老太公太上皇也在座。刘邦端起杯酒来,给老爷子敬酒:爹啊,以前您老人家总是看不上我,嫌我每天瞎混,也不知道挣钱养家,不如二哥能过日子。现在您再看看,是咱这个家业大啊,还是二哥家业大吧?

把老太公乐得合不上嘴了。

可惜的是,老人家转过年来就去世了。也算是年到寿到,可是做儿女的心中不免也觉得遗憾吧。

刚才咱讲到的未央宫,据说,比现在北京紫禁城大六倍,是中国历史上最大的宫殿建筑群之一。谁主持修建的呢?丞相萧何。

当时刘邦正在北方打韩王信,回到长安一看:我天,这也太夸张了,老萧啊,家里边这什么事我都交给你办,从不过问。我相信你都能按照我的意志把事情办好。现在天下还乱着,今天这边造反了,明天那边出事了,我这整天在外面到处灭火,还不知道,这天下能不能坐稳呢?你修这么大宫殿干吗?这不劳民伤财吗?是不是想让我走秦始皇的老路啊?

一番话,把萧何吓得不轻,赶紧解释:皇上啊,正因为天下还没有安定下来,老百姓还没有各就各位,才方便组织起来搞这样的工程,这也是拉动内需啊。不但不会劳民伤财,还能创造就业机会呢。而且,

天子以四海为家,非壮丽无以重威。

——《史记·高祖本纪》

天子拥有整个天下,宫殿就得与这种身份、地位相匹配,不然的话,那种威严、权威就体现不出来啊。

刘邦一听:噢,有道理,好,想得周到,确实高明,我真是服你啊!好,重赏。

刘邦从始至终,都是服萧何的,当年他混社会、当亭长,都是萧何给罩着。以后,打天下,刘邦长年带兵在外,关中完全交给萧何掌

管，兵源、粮草物资等等都是刘邦的生命线，都是交给萧何攥着的。像韩信这样的将领也都是萧何给提携起来的，他提携的其他将领，肯定还有很多。

还有，最早在沛县起兵之时，多数人心中是首推萧何做首领的，只是他不愿意当这个头儿，才让给了刘邦。

所以，在整个汉军的体系里，萧何的分量其实是可以跟刘邦抗衡的。

不过刘邦对萧何既依赖，又有一种不安。跟项羽在荥阳抗衡的那段时间，刘邦数次派使者回关中慰问萧何，非常殷勤。

有个手下提醒萧何：丞相，大王这是对您不放心啊。

萧何苦笑：你说得没错，确实是这么回事，怎么办呢？

手下：丞相啊，您得让大王有个抓手，我看，不如把您家里的子弟，青壮年，也都送到前线去，送到大王的身边吧。

萧何：好，就这么办，给他个抓手。

结果，这么一弄，果然刘邦就踏实多了。

后来，刘邦去打陈豨，萧何在长安帮着吕后把韩信给杀了。刘邦在洛阳听到这个消息之后，立即派使者回长安，给萧何又升了一级，从丞相升为相国，封地又给增加五千户，而且，还送给萧何五百个侍卫。这待遇太高了！长安的官员们都来给萧何道喜、道贺。唯有一个隐士，叫召平，他是来慰问萧何的：萧相国啊，听说你要倒霉了，我来慰问慰问你。

萧何不敢小看召平，这人在秦朝被封东陵侯，一改朝换代，成了平头百姓，在长安城东种了一块瓜地。聪明人做什么事，都比一般人漂亮。召平的瓜种得太好了，又大又甜，人称"东陵瓜"。萧何问：召先生，何出此言呢，有什么要指教我的吗？

召平说：皇上给您新赐了这些，您不会真以为是爱您吧？韩信这刚整乱子，皇上那心里肯定长草了，他这是疑心您呢，那五百个侍卫就是看着您，防备您造反的！

萧何心里咯噔一下。随后，按着召平教的，辞让了封地，而且自掏腰包，捐出多少多少家财来充作刘邦的军费。意思就是，我要这么多财产没用，我也不想着收买人心、装备造反军什么的，以此打消刘邦的顾虑。

然后，萧何又感觉不大对劲，还得弄点别的，好让刘邦对自己放心。弄什么呢？这就接上今天的故事了。刘邦打完黥布，在沛县又住了几天，就回来了。一进长安，便被一大群老百姓给拦住了，都堵在道中间。干吗呢？告御状！告谁啊？告萧何。给刘邦呈上一大摞告状信：皇上啊，萧相国欺压百姓，以低价强买民宅、民田，您得给我们做主啊！

刘邦大怒：大胆萧何！这事我知道了，我会给你们个交代的。

可实际上，他心里一点也没生气，反而很轻松愉快，高高兴兴进了未央宫。

一会儿，萧何就来了，进宫来行礼：拜见皇上。

刘邦笑着问萧何：老萧啊，缺钱啊，是吧？欺负老百姓，强买民宅民田！你看看这摞告状信吧。你自己去安抚安抚这些人吧。

萧何赶紧跪下磕头：微臣罪该万死，确实有点老财迷了，办了些糊涂事。您千万恕罪啊。

刘邦：没事，没事。缺什么你跟我说啊。我那上林苑里，给你划出点来不就完了吗？

萧何：谢主隆恩，谢谢皇上。哦，对了，皇上啊，您这说到上林苑，我也觉得，您这个皇家园林太大了，好多地方也都照顾不过来，也都荒着，挺可惜的。长安本来耕地就少，好多老百姓家都没地种。您看，能不能开放出一部分上林苑，允许老百姓耕种，咱也可以稍收点费用，不是……

萧何正说着呢，冷不丁就听砰的一声。

刘邦一拍桌案：住口！来人！把萧何给我拖下去！

萧何蒙了，稀里糊涂地被扔进了牢里。

旁边人看刘邦生那么大的气，也没人敢劝。过了几天，瞅着刘邦气消了，有个手下近臣跟萧何关系不错，问刘邦：皇上啊，萧相国犯了什么大罪过，惹您生这么大气啊？

刘邦长叹一口气：是这么回事，我听说李斯给秦始皇当丞相，他怎么当呢？

有善归主，有恶自与。

——《史记·萧相国世家》

落好的事，都让皇帝落；当恶人、背黑锅的事，都自己担着。可是，你看看萧何呢？他正相反！他为民请命，嫌我的上林苑占得地太多了，要开放出去给老百姓种，这不就是收买人心吗？他是一心为民的好丞相，我是与民争利的坏皇帝，你说他安的什么心啊？

手下：皇上，您快别生气了。您怎么还提李斯呢，要不是因为他，秦朝还亡不了呢。萧相国辅佐您这么多年，他能安什么心啊。他要是有二心，早就对您下手了，还用等到这会儿啊，是吧？您消消气，早点把萧相国放出来吧，他也那么大年纪了，真要在牢里有个三长两短的，您心里肯定也不好受。

刘邦心里也一疼：是啊，别把老萧给气死。好吧，传旨，快去把萧相国放出来。

萧何从监狱里一出来，家都没回，直奔未央宫，弓着背、赤着脚，来向刘邦谢罪。他在监狱里早就想明白了，他多聪明啊：皇上啊，谢谢您不杀之恩，老臣知错了。

刘邦一翻白眼：你错什么了啊，你一点错也没有，你为民请命，想为老百姓办好事，可是我呢，不批准。说明，我就是一个混蛋皇帝，你就是那个好丞相、好相国。我之所以把你关起来，就是要让全天下都知道知道，你萧何是多么多么好的人民的丞相，我是多么差劲的皇帝。行了，你回家去歇着吧。明天照常上班，照常当你的好丞相、好相国。

这就是君臣之际啊。为君难，为臣不易。不过，总算是善始善终，萧何这一篇总算是翻过去了。

然后，人生如白驹过隙，刘邦的这匹白驹快到站了。

时光进入公元前195年的2月，刘邦又听说一件烦心事，让他很痛心的，他这辈子最亲近的一个朋友，比亲兄弟还亲的一个人，背叛了他。

谁啊？卢绾。

在整个刘邦团队中，卢绾绝对是他最亲近的人。滕公夏侯婴跟刘邦很亲近，但跟卢绾也比不了。萧何、曹参更比不了，刘邦跟他们的关系更多是工作上的依赖，敬重可能多一点。跟卢绾则是从童年就建立起来的信任，是一种不分彼此的感情。

他俩的父亲就是好朋友，都在一个村里长大的；然后，刘邦跟卢绾又是同年同月同日生，老哥俩同一天一人得一大胖儿子，村里的人都为他们高兴，"里中持羊酒贺两家"，都拿着酒、带着肉，到他们家里庆贺。然后，两个孩子一起长大，"俱学书，又相爱也"，一起上学，又是好朋友，一直到成年，都特别好。村里人又特别赞赏，"复贺两家羊酒"——当时的民风多好啊。

再后来，刘邦混社会，卢绾一起跟着，好的时候一起吃肉喝酒，落难时，一块倒霉。打天下时，卢绾又是贴身大秘，后来被封为太尉，这是最高的官了。

> 出入卧内，衣被饮食赏赐，群臣莫及。
>
> ——《史记·韩信卢绾列传》

吃喝不分，睡觉几乎也不分。

所以，刘邦打下天下之后，异姓封王的本来只有七个人，两韩信、彭越、黥布、张耳、吴芮，还有臧荼，这些人本来就是诸侯，都有重兵。然后，臧荼造反，被灭了之后，他这个燕王之位就空出来了。这个王位给谁呢？

照理应当封给刘姓，刘邦自家的叔侄子弟。可是，刘邦没有，生生给了卢绾。萧何啊、曹参啊，你们功劳再大，也白搭，都得干瞪眼。

那么，这么亲密，怎么还造反呢？这个不必细说了，中间多少也有些误会，好像是说卢绾跟那个造反的陈豨还有胡人暗中有联络。

卢绾本想来跟刘邦解释一下的，可是又很难解释得清楚。

刘邦一听卢绾要造反，立即急眼了，派樊哙、周勃带大军来打卢绾。卢绾带着几千兵马，弃城而逃。他还是想找刘邦好好解释解释，可惜，没有解释的机会了，最后只好投奔了匈奴。

为什么没机会了呢？因为，当时的刘邦已经病重，起不来了。

当时，吕后给请来一位名医，经过一番望闻问切，医生最后说：嗯，还能治。

人们都挺高兴的，一下子紧张的气氛变轻松了。

刘邦却一点也不高兴，反而扯着嗓子把这个医生大骂一通。

> 吾以布衣提三尺剑取天下，此非天命乎？命乃在天，虽扁鹊何益！
>
> ——《史记·高祖本纪》

老子本是布衣平民，就一个平头百姓，提三尺剑，用了几年时间就打下了天下，当上了皇帝。靠的是什么？是天命！天命让我活我就活，天命让我死我就死，就是扁鹊来了又有什么用？皇后啊，难为你请来这位医生，好好赏赐他，我不治了。

最早读到这里时，我是一拍大腿，刘邦真豪杰也！看破生死，何其洒脱！

后来，真正读通了《史记》——也不敢说真读通了，只是认识更深一点了，才感受到司马迁融入在《史记》里的那种强烈的天命观，这是一种宗教情怀，也是一种悲剧精神。

不是只有刘邦持这种天命观，项羽、韩信在生命的最后，也是秉持同样的观念。

还记得项羽最后怎样说的吗？他说的是：

> 天亡国，非战之罪也！
>
> ——《史记·项羽本纪》

韩信怎么说的呢？

吾悔不用蒯彻之计，乃为儿女子所诈，岂非天哉！

——《史记·淮阴侯列传》

我们再看看孔子怎么说的呢？

颜渊死，子曰："噫！天丧予！天丧予！"

——《论语·先进》

孔子还说：

天生德于予，桓魋其如予何？
天之未丧斯文也，匡人其如予何？
不怨天，不尤人，下学而上达，知我者其天乎？

——《论语》

谁说中国人没有信仰，这就是中国人的信仰。

刘邦笃信天命，不再治疗，很快人就不行了。

吕后抓紧最后的时间，问：皇上，您百岁后，等萧相国也死了，谁接他的丞相之位啊？

刘邦答：曹参。

吕后问：那么，曹参之后呢？

刘邦答：王陵，让陈平帮着他，还有周勃，以后老刘家要靠周勃渡一次难关，让周勃当太尉，掌兵权。

吕后继续问：再然后呢？

刘邦摇摇头，不言语了。

公元前195年4月，刘邦驾崩，享年62岁。

刘邦让我们见识了创业垂统打天下的开国之君，必须有的两大品质：

一是，超然生死，不怕死。怕死谁还敢打天下啊？

二是，知人善任，知人至深，用人如神。难怪韩信服他，不能将兵但能将将。

司马光在《资治通鉴》里写完刘邦之死，是这样盖棺定论的：

初，高祖不修文学，而性明达，好谋，能听，自监门戍卒，见之如旧。初顺民心作三章之约。天下既定，命萧何次律令，韩信申军法，张苍定章程，叔孙通制礼仪；又与功臣剖符作誓，丹书铁契，金匮石室，藏之宗庙。虽日不暇给，规摹弘远矣。

——《资治通鉴·汉纪四》

刘邦不读书，简单认些字，算不上有文化。但是，他有天分，有智慧，善于思考，善于听取别人的意见。而且没有架子，跟守门站岗的最底层的官兵也能哥们儿爷们儿的扯闲篇。

他对于形势有准确的把握。刚入关时，天下还乱着，他治理关中约法三章：杀人者死，伤人及盗抵罪。老百姓很高兴。等到天下打下来了，他便进行周密细致的制度建设，萧何修订法律，韩信立军法，叔孙通制定礼仪，还有张苍修订历法度量衡之类的。

对于手下功臣，该灭的就给灭掉，该安抚的就通过剖符作誓、丹书铁契的形式，也就是立个合同，承诺给你什么什么好处，永远不变，以这样的形式安抚功臣。

他真正做皇帝的时间不过六七年，就把所有这一切都搞定了，那得多忙啊，绝对是"日不暇给"，但"规模弘远"，通过这一系列做法，为大汉王朝打下了传承四百年的坚实基础。

好了，下回讲吕后，最毒妇人心。

吕后为什么
那么狠毒

上回讲到，公元前195年4月，汉高祖刘邦驾崩。

此时，如果你是吕后，会有什么感觉？会不会像第19回韩非子的东方帝王术中提到的那样，吕后会长舒一口气：哎呀，皇上可算死了，我儿的太子之位终于稳当了，不用再提心吊胆地担心被废掉了。

会这样想吗？不是这样的。吕后感觉天都要塌了。一日夫妻百日恩，百日夫妻似海深。此前纵然有对刘邦的千般怨恨，此刻也都一笔勾销，只念着患难夫妻，九死一生，打下这份家业有多不容易。

这不是一份小家业啊，这是富有天下！剩下这孤儿寡母的，吕后当时是四十多岁，儿子刘盈只有十五六岁，这娘俩坐天下，坐得了吗？没有了刘邦这根擎天柱，谁能依靠啊？

手下那帮大臣将领早年都跟刘邦一样的平头百姓，有的比刘邦混得还强呢，都跟在刘邦身边，眼瞅着他一天一天打下了天下，当上了皇帝，所以也没啥神秘感。那么，凭什么刘邦能当皇帝，我就不能当？

谁不想当皇帝啊？

虽然韩信、彭越、黥布，这些厉害角色都被刘邦给收拾了。可剩下的这帮人，随便哪个出来，对付他们娘俩也都绰绰有余。

怎么办呢？秘不发丧，不能让人们知道刘邦死了。然后，想办法把将领们都召进宫来，像杀韩信似的，全部杀光光。不这样弄，这天下坐不稳。

谁是可信任的人呢？跟谁商量商量呢？

没人能商量，她一个妇道人家，跟谁也说不上话，除了一个叫审食其的大臣，这是她最亲信的人。因为，之前楚汉争霸的时候，审食其一直像个家人一样陪伴在吕后和太公的身边，跟着一起在项羽手下当人质，一起共患难。

她跟审食其商量，审食其也拿不定主意。一晃就过去了四天。

宫外边的人们就听着信了，要沸腾。

郦商跟审食其的关系不错，来找审食其，说：老审啊，外面现在都在传皇上已经驾崩了，吕后要把大臣们都杀喽。有这事吗？这可太危险了，真这么弄，绝对得天下大乱。现在很多大将带着重兵在关外，真要乱了，他们带兵杀回来，大汉江山立马就得完蛋。

审食其立即转告给吕后。吕后这才打消了这个危险的想法，规规矩矩地给刘邦发了丧，安葬在长陵。然后，公元前195年5月20日，十五岁的刘盈即位，就是汉惠帝。吕后成为太后。

这段小插曲给我们一个印象，就是吕后表现出深切的不安和焦虑。

这让我们想到，此前，赵高劝刚即位的胡亥杀光兄弟。

皇权太诱人，谁都想得到，所以，皇权的周围永远都危机四伏，杀机重重。

孔子有句话：

> 其未得之也，患得之。既得之，患失之。苟患失之，无所不至矣。
>
> ——《论语·阳货篇》

这句话讲尽了人性的弱点，所有的人性恶的表现大致都可以此来解释。

关于吕后，后世对她的评价，主要就是一个词：狠毒。从前面讲的她杀韩信、杀彭越，便可见一斑，后面还有更狠的，咱慢慢讲。她为什么那么狠毒？大致就因孔子这句话：苟患失之，无所不至。

前面，她怕儿子失去太子之位，她最大的敌人是戚夫人。戚夫人年轻，常年跟刘邦在外征战，讨刘邦的喜爱，生的儿子刘如意也特别随刘邦。就看这名字吧，如意，称心如意。

吕后呢，早年跟刘邦是贫贱夫妻，有道是，贫贱夫妻百事哀，恐怕当年的幸福指数就不算高的。而且她比刘邦小十几岁，论门户，她嫁给刘邦那是下嫁。而刘邦不事家人生产，又贪财好色，所以，很难讲两口子有多恩爱。后来，刘邦出来打天下，楚汉相争那些年，一多半时间，吕后都在项羽的手下当人质，那是怎样的一种煎熬啊！回到刘邦身边之后，又常年在长安待着，聚少离多。两口子之间那种疏离感可想而知。

这种疏离感也必然影响到儿子刘盈，他肯定同情母亲，对刘邦也会有种抵触的心理。一个青春期的男孩，这种心理常常是明显的。所以，刘邦对儿子刘盈自然也有不满，觉得刘盈仁弱，不随自己，不如小如意。刘邦数次要废刘盈，改立如意，那绝不是闹着玩的。那是跟吕后恩断义绝的架势，这让人多寒心啊。寒心也没办法，刘邦还活着，只能委屈隐忍，刘邦不在了，她还得隐忍，因为当务之急是巩固自己和儿子的权力。

所幸的是，萧何、曹参、陈平、王陵等人，都是刘邦早就选好的人，都保持着对刘邦的忠诚，一切都稳稳当当。

这么着过了半年，都挺好。

好了，爆发吧。

吕太后先是把戚夫人打入冷宫，剃光头发，带上刑具，每天舂米、推磨。我要先让你遭遭罪！让你受受累，受受羞辱！

戚夫人很委屈，很难受。

春且歌曰："子为王，母为虏，终日舂薄暮，常与死为伍。相离三千里，当谁使告女。"

——《汉书·外戚列传》

她一边舂米，一边唱歌。《尚书》里有句话：

诗言志，歌咏言。

——《尚书·舜典》

300

诗歌是表达思想、宣泄情感的。戚夫人肯定也是个才女。刘邦也是多才多艺的，他们是志趣相投，在这种人生最悲苦的情境里，正好激发起她的创作冲动。不自觉地，这首无限悲凉的诗歌就唱出来了。儿子在三千里外为王，自己则在濒临死亡的境地里挣扎，怎么办呢？

太可怜了。

吕太后听到耳朵里，感觉可不是可怜：嚯，这是发牢骚啊，你还想指望你儿子来救你呢？好啊，原想着，你要是好好求求我，没准我还能饶了你。你竟然还发起牢骚来了，好吧，你不是还指望你儿子吗，我这就弄死你儿子！

然后派使者去赵国，召赵王如意回长安。结果，使者前后去了三次，都被辅佐赵王的赵相周昌给挡回来了：对不起啊，赵王正生病呢，去不了。使者先生啊，你回去跟太后好好解释一下吧。

弄得吕太后也没脾气，因为前面讲了，周昌是恩人啊，前面他拼死劝刘邦不能废太子，结巴着嘴说，废太子可不行，期期不奉诏。

怎么办呢？这样吧，使者，你去先把周昌给我召来吧，告诉他来长安开个会。周昌没理由拒绝，这是工作，只好离开赵国，奔长安来了。他头脚走，另一位使者就到了，来召赵王如意。

这次没人保驾了，小如意也就十二三岁，没什么主意，跟着来了。小皇帝刘盈非常善良，有爱心，跟如意小哥俩关系很好。他知道他老妈要害如意，听说如意来了，早早就出了长安城，在霸上接上了如意，直接给带回皇宫，然后形影不离地带着弟弟，保护弟弟，吃饭睡觉都不分开。

吕太后想害如意，没机会下手。没关系，没机会等机会。

然后，在公元前195年12月的一个早上——刘邦是4月死的，还在这一年里——这天大清早，天还没亮，汉惠帝刘盈出宫去打猎。小如意年纪小，赖床起不来，没跟着。刘盈打着猎，心里就感觉不踏实：不行，我得赶紧回去。

可惜，他还是晚来一步，小如意已经被弄死了。

刘盈大哭一通：哎呀，怎么能这样啊，奈何？奈何？

这是自己亲妈干的，无可奈何。

然后，好多天他都不去看他妈，也不给问安什么的了。

这一天，吕太后派人来了：皇上啊，太后派我来请您过去。

刘盈：干吗？我忙呢，我不去。

使者：太后说了，让您必须过去，过去看个东西，看"人彘"。

刘盈：噢？人彘，这是什么东西？

使者：您过去就知道了。

刘盈的好奇心被勾起来了：好吧，走吧，去看看去。

然后，到了吕太后这边：娘啊，您叫我看什么东西？

吕太后的表情很复杂，很神秘的样子：在厕所里边呢，你进去看
看吧。

刘盈更好奇了：噢，还在厕所里。

很怪异的感觉。进去一看，吓一跳。怪不得说是"人彘"呢，乍
一看，像个小猪，肉墩墩的，彘就是猪的意思。仔细一看，分明是一
个人，一个剁掉了手、剁掉了脚、挖去了眼睛、说不出话来的挣扎扭
曲的女人。

刘盈被吓傻了，跌跌撞撞地退出来：娘啊……这这这……吓死我
了……

吕太后把眼一瞪：吓什么吓！没出息，有什么可害怕的。

刘盈：娘啊，这这这是什么人啊？

吕太后：这是戚夫人，是咱们的敌人，她以前要置咱们娘俩于死
地……

刘盈根本听不进去了，放声大哭，然后一病不起。一下子病了一
年多，后来身体恢复得好一些了，就派人给吕太后传话过去了：

此非人所为。

——《资治通鉴·汉纪四》

娘啊，我知道您的用意，是想让我不要这样仁弱，要我跟您和父

亲学，学得冷酷无情。可是我学不来啊，在我看来，这不是人能干的事。这个天下，我管不了。您自己看着弄吧。

从此，汉惠帝基本不干了，也就是皇上的活儿不大干了，每天就吃喝玩乐，过一天算一天，就这么混了七年，直到公元前188年8月驾崩。

所幸的是，这七年中天下太平，这得说是得益于刘邦对身后事的周密安排，特别是他指定的那几代丞相，萧何、曹参，还有王陵、陈平，都很得力，治理天下都有一套。这方面的情况放到下一部书中再说。

接着讲吕太后。汉惠帝死时只有二十出头，吕太后只有这么一个儿子，母子连心，那得多难过啊，痛哭不已。

可是，旁边有人发现，太后这哭的，光打雷不下雨，没流眼泪。

当时，张良的儿子叫张辟强，只有十五岁，在皇帝身边当侍中，正在旁边，他提醒丞相，当时的丞相是王陵和陈平：两位丞相，你们发现了没有，太后干嚎，不掉泪，是什么意思呢？

丞相：真是的啊，是什么意思呢？

张辟强说了：这还用说吗？皇上刚死，皇子又都太小，太后心虚啊，她怕你们这些权臣对她不利。

丞相：哦，有道理，怎么办呢？

张辟强说：太后要是忌惮你们，你们可就悬了。要想让太后心安，最好的办法就是火速地把老吕家——太后的娘家人给举起来，让他们掌握长安的军队，能保卫太后的安全。那样，太后就踏实了，你们也就踏实了。

于是，王陵和陈平照办。吕太后的眼泪才终于掉了下来，真哭了。而老吕家的权势就在这时，一下子起来了。

吕太后的心态也相应地发生了转变。此前，她一门心思只是保儿子，保住儿子的太子之位，保住儿子的皇位，杀韩信、杀彭越、杀戚夫人和如意，都是为了这个目的。

还有一次，差点把齐王刘肥给杀了。前面讲过，刘肥是刘邦的外妇所生，是庶长子，比刘盈年纪还大。这对刘盈的皇位自然也是有挑战的，而且，你想，刘邦的外妇，在作为内妇、正妻的吕太后心中当

303

然也是可恶的。

那是汉惠帝即位的第二年，刘肥到长安朝贺，汉惠帝请刘肥吃饭。家宴嘛，汉惠帝请刘肥坐自己上首：哥哥啊，你上座。

吕太后在旁边看着就烦了，叫人悄悄地倒了两杯毒酒，捧到刘肥跟前：大王啊，请您向太后敬酒。

刘肥也没多想，端起一杯就往吕太后这边走，要敬酒。

汉惠帝一看，要敬酒，咱哥俩一块敬多好呀，他端起另一杯来，跟刘肥并排走到吕太后跟前。

吕太后吓坏了，也顾不得什么了，一甩手就把汉惠帝手里的酒给打翻了：不用你敬！

把汉惠帝给整蒙了，呆住了。

刘肥很聪明，脑子一转，身子一歪，差点倒了，把那杯酒也给洒地上了：哎哟，太后啊，孩儿罪该万死，我醉了，您看，这酒都洒了，我喝不了了。就把这一关给糊弄过去了。

事后，刘肥找人确认了当时的情况，确实是杯毒酒。吓坏了。太后要对自己下手，这还跑得了吗？怎么办呢？

手下有个谋士给他出主意：大王啊，太后最疼爱两个人，一个是皇帝，另一个就是她女儿鲁元公主。皇帝这什么也不缺，可是鲁元公主不行啊，本来跟着张敖做赵王王后，日子挺好的。可是，后来因为贯高那件事，张敖的赵王也给免了，现在鲁元公主名下的封地只有几座小城而已。您的封地却有齐地七十多座城。现在马上献出几座来，送给鲁元公主，太后一高兴，您也就没事了。

刘肥赶紧照办。果然，吕后挺高兴，以后便没再算计他。

说到鲁元公主，吕太后对这个闺女的疼爱，简直有点过分了。不是有点过分，是太过分了。怎么太过分呢？是这样的：

汉惠帝即位的第四年，吕太后竟然把鲁元公主和张敖生的女儿，嫁给汉惠帝，立为皇后。为的是"重亲"，亲上加亲。你说这个吕太后够愚昧、够糊涂吧。

她心眼里，当然是为了疼孩子，疼鲁元公主，疼外孙女。可是，没这么疼的啊，不可思议，亲舅舅娶外甥女。而且，当时，这位小外甥女只有十一岁。吕太后还心急火燎的，想让小外甥女赶紧给自己生个孙子，生个皇子。可是，

> 万方终无子。

——《汉书·外戚传》

什么法都想了，就是怀不上。

怎么办呢？正好有个妃子生了个儿子，吕太后便把那个妃子杀了，把孩子抱过来，就说是这个小张皇后生的，给立为了太子。汉惠帝死后，这个小太子即位，吕太后"临朝称制"，亲自坐朝，执掌天下。

从刚才说的吕太后的这段愚昧行为，我们也可以看出一个问题，就是，在前期，也就是汉惠帝活着时，吕太后的感情主要还是放在自己亲生的儿女身上的，并没有想着给娘家吕家如何如何。

因为按以后的常规来讲，比较强势的太后都会给当皇帝的儿子，娶一个自己娘家的侄女做皇后，以此来加强、提高娘家的势力。可是，前期吕后并没有这样做。

然而，后期，儿子没了，这个依靠没有了，女儿鲁元公主在汉惠帝死后第二年也去世了。白发人送黑发人，吕太后心中的悲凉可想而知，那种孤独与焦虑也可想而知，于是，她别无选择地转向了对娘家的依靠，开始拼命地支持吕家。

她违背了刘邦的遗嘱——非刘氏不得封王，一步一步地，给吕家人封王。先给她去世的老爹吕公和大哥追封为王，然后又给三个侄子吕台、吕产、吕禄，还一个侄孙吕通都封王。二哥吕释之后来也被追封为王。

封王，不是给个荣誉称号，有个虚名就完了的。它是有其名就有其实的，封了王就得有国，就得有诸侯国的封地。

诸侯国封地从哪来呢？只能从刘氏的诸侯王手里弄过来。于是，矛盾出来了。

一开始，吕太后还是比较慎重的，有个什么事都征求一下丞相的

意见。后期，她感觉权力稳固了，手段便变得生猛了，非常狠毒。而且，她似乎尝到了狠毒的甜头，越狠，权力越稳。

她临朝称制的第四年，弄死了小皇帝。因为这个小皇帝长大一点了，懂事了，他听说自己不是张皇后亲生，亲生母亲被太后弄死了，很愤怒：等我长大后，要给妈妈报仇。

这还了得？吕太后把小皇帝给关起来，对外宣称是得了重病，不适合当皇帝了，废掉。随后，这个可怜的小孩就"被病死"了。

然后，改立汉惠帝的另一个小皇子做皇帝。这个小皇子是谁生的，也有点说不清，只有吕太后自己明白。她继续临朝称制。

到第七个年头，她弄死了刘邦的第六子赵王刘友。为啥呢？吕太后给刘友安排了一个王后，老吕家的姑娘。刘友烦吕家，根本不搭理这个老婆，每天只跟其他的王妃在一块。这位小昌王后就向吕太后告状了：二姑啊，二姑奶奶啊，刘友每天骂咱吕家，说熬死您之后，就发兵灭咱吕家。

吕后便把刘友给召来了，也不见面，把刘友住的地方派兵一围，不管饭，谁送饭抓谁，最终，把刘友给活活饿死了。

过了一段时间，还是这一年，又弄死了刘邦的第五子刘恢。也不算是吕后弄死的，但她有责任。怎么回事呢？吕后给刘恢也配了一个王后，也是吕家的姑娘，她的侄孙女。这个侄孙女跟吕后一样的性格，霸气，控制欲超强，把刘恢特宠爱的一个妃子给毒死了。刘恢悲不自胜，竟然自杀了。

还是这一年，刘邦小儿子的燕王刘建病死了。刘建有个小儿子，照理可以继承燕王位的，吕太后派人过去，秘密地把这个刘邦的小孙子给杀掉。然后，把燕国封给了她的侄孙。

我感觉，吕后是真不爱刘邦啊。

以上说的这些，基本就是吕后留给历史的印象：青竹蛇儿口，黄蜂尾后针，二者皆不毒，最毒妇人心。

可是，吕后执掌天下的这十几年——这里面也包括汉惠帝的七年，却是当时的老百姓过得最舒服的十几年，为什么呢？下回再说。